Landwirtschaft 2030

Signale erkennen. Weichen stellen.
Vertrauen gewinnen.

DLG-Wintertagung 2017
21. bis 22. Februar 2017 in Hannover

Archiv der DLG
Band 111

Landwirtschaft 2030

Signale erkennen. Weichen stellen.
Vertrauen gewinnen.

Herausgeber:
DLG e.V.

Bibliografische Information der Deutschen Nationalbibliothek
Die Deutsche Nationalbibliothek verzeichnet diese Publikation in der Deutschen Nationalbibliografie; detaillierte bibliografische Daten sind im Internet über http://dnb.ddb.de abrufbar.

Die Vervielfältigung und Übertragung einzelner Textabschnitte, Zeichnungen und Bilder, auch für den Zweck der Unterrichtsgestaltung, gestattet das Urheberrecht nur, wenn sie mit dem Verlag vorher vereinbart wurden. Im Einzelfall muss über die Zahlung einer Gebühr für die Nutzung fremden geistigen Eigentums entschieden werden. Das gilt für die Vervielfältigung durch alle Verfahren, scannen der Abbildungen, einschließlich Speicherung, Veränderung, Manipulation im Computer und jede Übertragung auf Papier, Transparente, Filme, Bänder, Platten und andere Medien.

Alle Informationen ohne jede Gewähr und Haftung.

© 2017   DLG-Verlag GmbH
          Eschborner Landstraße 122
          60489 Frankfurt am Main
          Telefon: (069) 24788-451
          Telefax: (069) 24788-484
          E-mail: dlg-verlag@dlg.org
          Internet: www.dlg-verlag.de

Gedruckt auf chlorfrei gebleichtem Papier.

Landwirtschaft 2030
Signale erkennen. Weichen stellen. Vertrauen gewinnen.

Reihe: Archiv der DLG, Band 111
Tagungsband der DLG-Wintertagung 2017 vom 21. bis 22. Februar in Hannover
Hrsg.: DLG e.V., Frankfurt am Main

ISBN 978-3-7690-4076-0
Redaktion/Lektorat: Dietrich Holler (verantwortlich), Hans-Georg Burger, Rainer Rupalla
Herstellung: Daniela Schirach, DLG-Verlag, Frankfurt am Main
Layout: DLG-Verlag, Frankfurt am Main

Inhaltsverzeichnis

Einleitung/Vorwort — 9

Strategie Landwirtschaft 2030: — 9
Gemeinsam den Modernisierungspfad gestalten
Carl-Albrecht Bartmer, Präsident der DLG

I. Landwirtschaft 2030 – Zukunftsfähig und gesellschaftlich akzeptiert — 13

Landwirtschaft 2030 – 10 Thesen — 15
Signale erkennen. Weichen stellen. Vertrauen gewinnen.
DLG-Vorstand

II. Landwirtschaft und Gesellschaft — 33

Der grüne Zeitgeist und die Sehnsucht der Städter nach dem Land — 35
Das Zeitklima wirkt sich auf das Bild der Landwirtschaft und auf die Anforderungen der Bürger aus
Dr. Thomas Petersen, Projektleiter, Institut für Demoskopie, Allensbach

Landwirtschaft braucht den Dialog — 47
Wie mit Kritik und Vorwürfen umgehen? –
Die wichtigsten Säulen für den Dialog mit der Gesellschaft
Hubertus Paetow, Landwirt, Finkenthal (Mecklenburg-Vorpommern); DLG-Vizepräsident und Vorsitzender DLG-Testzentrum Technik & Betriebsmittel

Raus aus der Abseitsfalle! — 57
Tierhaltung neu denken –
Anforderungen an Transparenz und Lösungsweg
Dr. Reinhard Grandke, Hauptgeschäftsführer der DLG, Frankfurt am Main

Inhalt

III. Globale Agrarproduktion und Agrarhandel — 65

Globale Agrarproduktion und technischer Fortschritt — 67
Herausforderungen und Trends
Prof. Dr. Matin Qaim, Universität Göttingen

Perspektiven für den internationalen Agrarhandel — 77
Dr. Klaus-Dieter Schumacher, Beratung, Analyse und strategische Entwicklungen der internationalen Agrarmärkte, Seevetal

Zukunftslinien der Agrarmärkte — 91
Entwicklungen und strategische Herausforderungen – Bedeutung und Konsequenzen für Standort Deutschland
Dr. Reinhard Grandke, Hauptgeschäftsführer der DLG, Frankfurt am Main

IV. Landwirtschaft 2030 – …im Pflanzenbau — 105

Pflanzenbau 2030 — 107
Problemfelder und Herausforderungen – aus der Sicht der Landwirtschaft
Hubertus von Daniels-Spangenberg, Marktfruchterzeuger in Könnern (Sachsen-Anhalt); Stellvertretender Vorsitzender des Aufsichtsrates der DLG

Produktionsprozesse im Pflanzenbau — 119
Grenzen der Systemverträglichkeit und Chancen für eine stärkere Resilienz
Prof. Dr. Werner Wahmhoff, Stellvertretender Generalsekretär, Deutsche Bundesstiftung Umwelt, Osnabrück

Inhalt

V. Landwirtschaft 2030 – …in der Tierhaltung   135

Zur Zukunft der Tierhaltung in Deutschland   137
Problemlagen und Entwicklungschancen –
aus der Sicht der Landwirtschaft
*Philipp Schulze Esking, Landwirt und Tierhalter, Billerbeck;
DLG-Vizepräsident und Vorsitzender Fachbereich Ausstellungen*

Zukunftsfähige Tierhaltung 2030   147
Probleme, Herausforderungen und Entwicklungschancen –
aus der Sicht der Nutztierwissenschaften
Prof. Dr. Dr. Matthias Gauly, Freie Universität Bozen (Italien)

„Ich wünsche mir mehr Leidenschaft für Tierhaltung"   165
„Die Durchschnittsbürger bilden die Mehrheit und die sollten wir
erreichen" – Einschätzungen eines jungen Tierhalters mit
Passion und Pragmatismus
Stefan Teepker, Interview mit dem Vorsitzenden der Jungen DLG

VI. Mit Nachhaltigkeit zu einer zukunftsfähigen Landwirtschaft   171

Indikatoren als Steuerungsinstrumente für eine nachhaltige Landwirtschaft   173
*Meike Packeiser, Fachgebietsleiterin Nachhaltigkeit und
ländliche Räume, Fachzentrum Landwirtschaft, DLG e.V.,
Frankfurt am Main*

Wie stehen Landwirte zu Nachhaltigkeitssystemen?   201
Ergebnisse einer aktuellen Studie vom Forschungsdepartment
Agrarökonomie in Weihenstephan und von der DLG
*Dipl.-Ing. agr. Veronika Hannus, Forschungsdepartment Agrarökonomie,
Wissenschaftszentrum Weihenstephan, TU München*

Nachhaltige Landwirtschaft –
Ernährung sichern, ohne biologische Vielfalt zu zerstören   207
*Dr. Valentin von Massow, Vorsitzender des Stiftungsrats,
WWF Deutschland*

Inhalt

VII. Risikovorsorge, Landwirtschaft und Gesellschaft — 221

„Sicherheit bedeutet immer ein akzeptables Risiko" — 223
Der Sicherheitskonsens für Landwirtschaft und Lebensmittel muss mit der Gesellschaft gefunden werden
Prof. Dr. Dr. Andreas Hensel, Interview mit dem Präsidenten des Bundesinstituts für Risikobewertung (BfR), Berlin

VIII. Digitalisierung und zukunftsfähige Landwirtschaft — 231

Schlüsseltechnologie Digitalisierung, Landwirtschaft und Gesellschaft — 233
Welchen Beitrag leistet sie zur Steigerung von Effizienz, Produktivität und gesellschaftlicher Akzeptanz?
Ulrich Wagner, Geschäftsführender Gesellschafter der Wimex Unternehmensgruppe, Regenstauf (Landkreis Regensburg)

Bildnachweis — 255

Carl-Albrecht Bartmer, *Präsident der DLG*

Strategie Landwirtschaft 2030: Gemeinsam den Modernisierungspfad gestalten

Die Welt bleibt nicht stehen, Herausforderungen ändern sich heute schneller denn je. Ein erfahrener Unternehmer wird dies regelmäßig zum Anlass nehmen, seine betrieblichen Entwicklungspfade, seine Konzepte daraufhin abzugleichen. Ein realistisches Bild der Zukunft zu zeichnen und daraus die Herausforderungen für die Landwirtschaft abzuleiten, ist eine der wichtigsten Aufgaben der DLG. Im Herbst 2016 hat eine 50-köpfige Expertenrunde in Rahmen einer zweitägigen Klausurtagung der DLG dafür die Grundlagen gelegt. Teilnehmer waren Mitglieder führender Gremien der DLG sowie Persönlichkeiten aus Wissenschaft, Zivilgesellschaft und Politik.

Gemeinsam den Modernisierungspfad gestalten

Zukunftsstrategien basieren idealerweise auf einer schonungslosen Analyse des Status Quo, getragen von dem Wissen, dass nur der zukunftsfähig ist, der zur Selbstkritik fähig ist, der die Zeichen der Zeit, die Signale erkennt. Deshalb sind Gedanken über Nährstoffüberschüsse, Artenrückgang, Klimawandel, nicht artgerechte Tierhaltung, Modernisierungsbedarf für das EU-Beihilfesystem, auch über ein zu schärfendes Berufsethos oder Kommunikationsdefizite nicht Nestbeschmutzung, sondern Ausdruck von Selbstbewusstsein, kraftvoll die Weichen in Richtung Zukunft zu stellen. Und es wäre doch fatal, wir würden Dritten mitunter durchsichtigen Motivationen die Gestaltungshoheit für eine „Agrarwende" überlassen, ohne in die Diskussion unsere Expertise einzubringen.

Ziel ist eine Strategie Landwirtschaft 2030, die Antworten auf die großen Herausforderungen der Branche liefert: auf die noch einmal dynamischer steigende globale Nachfrage nach Agrarprodukten, auf die Globalisierung und die mit ihr verbundene Allgemeinverfügbarkeit neuer Technologien. Wir spüren, dass mit knapper werdenden natürlichen Ressourcen auch unsere Produktionssysteme hinterfragt werden müssen. Nicht zuletzt weist uns darauf eine immer lauter werdende gesellschaftliche Debatte hin. Wir müssen ernst nehmen, wenn besorgte Fragen zum ökologischen Zustand unserer Agrarwelt, zur Ethik unserer Tierhaltung gestellt werden. Hier gilt es, auch in der Gesellschaft neues Vertrauen zu gewinnen.

Aus den Ergebnissen der Klausurtagung und den anschließenden Diskussionsprozessen in Gruppenarbeiten hat der Vorstand der DLG in „10 Thesen" die Fundamente für die Zukunftskonzeption „Landwirtschaft 2030" zusammengefasst. Die „10 Thesen" mit ihren Erläuterungen sind dem vorliegenden Band im ersten Kapitel vorangestellt. Sie bilden das Gerüst, dessen konkrete Umsetzung uns in den nächsten zehn Jahren beschäftigen wird. Der erste große Aufschlag dazu wird die DLG-Wintertagung 2017 in Hannover sein. Jeder auf seinem Betrieb, die DLG-Ausschüsse als Plattform des Erfahrungs- und Ideenaustauschs, Technologieanbieter von der Züchtung bis zu Maschinen- und Stallbau, die ganze Wertschöpfungskette Agrar ist gefordert, den Rahmen mit konkreten Lösungsansätzen zu füllen.

Aus der Mitte der Agrarwelt senden wir hiermit ein wichtiges Signal: Wir sind selbstkritisch und zu konkreten Lösungen bereit. Wir laden über die Branchengrenzen hinaus zur Diskussion ein. Wir brauchen zur Umsetzung der zukunftsorientieren Lösungsansätze ein gesellschaftliches Klima, das Innovationen zulässt. Nicht idealisierte Konzepte der Vergangenheit, sondern Fortschritt verschafft uns die Freiheitsgrade, eine der herausforderndsten Phasen der Agrarentwicklung erfolgreich zu meistern.

Gemeinsam den Modernisierungspfad gestalten

Die „10 Thesen" zur Weiterentwicklung der Landwirtschaft stellen ohne Zweifel eine Herausforderung für den landwirtschaftlichen Unternehmer und für die Innovations- und Anpassungsfähigkeit seines Betriebes dar. Doch die Landwirtschaft hat immer wieder bewiesen, dass sie in der Lage ist, sich den großen Herausforderungen der Branche erfolgreich zu stellen. Das wird auch in Zukunft so sein.

Lassen Sie uns gemeinsam den Modernisierungspfad Landwirtschaft 2030 gestalten. Ich freue mich auf Ihre Gedanken und Ihr aktives Mitwirken.

Dieser Tagungsband enthält neben den „10 Thesen" die Impulsvorträge der Klausurtagung zu grundlegenden Teilaspekten und ergänzt um weitere Beiträge von Teilnehmern an den Diskussionen. Sie zeigen den Status quo, die Bestimmungsfaktoren und Entwicklungspfade auf, vertiefen den Wissensstand und bringen neue Aspekte in die Konzeption einer zukunftsfähigen, wirtschaftlich tragfähigen und gesellschaftlich akzeptierten Landwirtschaft ein.

Allen, die zu diesem richtungsweisenden Band und zum Gelingen der DLG-Wintertagung 2017 beigetragen haben, danke ich herzlich.

Frankfurt am Main, Januar 2017

Carl-Albrecht Bartmer
Präsident der DLG

I. Landwirtschaft 2030 – Zukunftsfähig und gesellschaftlich akzeptiert

DLG-Vorstand

Landwirtschaft 2030 – 10 Thesen*)

Signale erkennen. Weichen stellen. Vertrauen gewinnen.

Im Jahr 2030 steht die globale Landwirtschaft vor der Herausforderung, Lebensmittel für 8,5 Mrd. Menschen bereitzustellen. Die globale Nachfrage wird 2030 nach Berechnungen der Welternährungsorganisation (FAO) bei 2,7 Mrd. t Getreide, 131 Mio. t Schweinefleisch, 132 Mio. t Geflügelfleisch und 884 Mio. t Milch und Milchprodukten liegen. Verglichen mit dem Jahr 2015 sind dies Bedarfssteigerungen in Höhe von rund 8 % bei Getreide, 19 % bei Schweinefleisch, 17 % bei Geflügelfleisch und 10 % bei Milch- und Milchprodukten.

Im gleichen Zeitraum wird global die pro Kopf verfügbare landwirtschaftliche Nutzfläche von rund 2.200 m² im Jahr 2015 auf rund 2.000 m² im Jahr 2030

---

* Die 10 Thesen sind Ergebnis der DLG-Klausurtagung „Landwirtschaft 2030", die am 11. und 12. Oktober 2016 in Frankfurt am Main stattfand.

Landwirtschaft 2030 – 10 Thesen

zurückgegangen sein. Gründe dafür sind Bevölkerungswachstum, Urbanisierung, Wüstenbildung, Bodendegradation und Versalzung.

Im Jahr 2030 sollen zugleich die im Jahr 2015 beschlossenen Millenniumsziele der Vereinten Nationen erreicht sein. Das Kernstück der Agenda 2030 bildet ein Katalog mit 17 Zielen für eine nachhaltige Entwicklung. Im Zielkanon sind alle 17 Ziele gleichrangig und eng miteinander verknüpft. So bilden Produktivität und der Schutz wichtiger Umweltgüter, wie Klima, Boden, Wasser und Artenvielfalt, zusammen mit den anderen Zielen eine Einheit. Ziel 2 beschreibt das für die Landwirtschaft herausragende Thema: „Hunger beenden, Ernährungssicherheit und eine bessere Ernährung erreichen sowie eine nachhaltige Landwirtschaft fördern." Auch wenn sich möglicherweise nicht alle Ziele erreichen lassen, setzen sie dennoch einen sinnvollen normativen Rahmen für die Herausforderungen an eine Landwirtschaft 2030.

Gleichzeitig müssen die Produktivität gesteigert, die mit der Landwirtschaft verbundenen Umweltschäden reduziert und die Nutztierhaltung so organisiert werden, dass sie von einem breiten gesellschaftlichen Konsens getragen wird. Jede einzelne dieser drei Aufgaben bedarf für sich genommen bereits einer gewaltigen Kraftanstrengung. Alle drei Probleme gleichzeitig zu lösen, Landwirtschaft also nachhaltiger zu machen, erfordert von allen Beteiligten ein hohes Maß an Engagement, Innovationskraft, Know-how, Kreativität und Veränderungsbereitschaft. Diese Herausforderungen betreffen alle Agrarstandorte weltweit, insbesondere jedoch die fruchtbaren europäischen Landwirtschaftsflächen.

Die Landwirtschaft hat immer wieder bewiesen, dass sie in der Lage ist, sich den großen Herausforderungen der Branche erfolgreich zu stellen. Das wird auch in Zukunft so sein.

Was dazu notwendig ist, beschreiben die 10 Thesen der DLG:

1 Wissen, Können und Wollen in Übereinstimmung bringen.
Der Landwirt braucht eine fundierte und umfassende Ausbildung und muss sich als ehrbarer Unternehmer von seinem Berufsethos leiten lassen.

2 Nährstoffüberschüsse, Artenrückgang, Klimawandel und Tierwohl in den Griff bekommen.
Dafür sind Innovationen notwendig. So werden die Produktionssysteme nachhaltig.

3 Innovationen ermöglichen.
Innovationsbereitschaft, Erfindergeist, Forschungsfreiheit und angemessenes Risikomanagement sind wesentliche gesellschaftliche Voraussetzungen für eine nachhaltige Landwirtschaft.

Landwirtschaft 2030 – 10 Thesen

4 Tierhaltung zukunftsfähig machen.
Wirtschaftlichkeit und Tiergerechtheit sind in der Nutztierhaltung gleichermaßen wichtig. Zielkonflikte können durch präzise Tierbeobachtung, sorgfältige Tierbetreuung, gute Genetik und innovative Tierhaltungssysteme minimiert werden.

5 Pflanzenbau mit Umwelt- und Naturschutz in Einklang bringen.
Artenrückgang, Nährstoffüberschüsse und Resistenzen lassen sich vermindern. Sensibilisierung der Akteure, innovative Technik, leistungsfähige Sorten, präzise Düngemittel, wirksame und umweltverträgliche Pflanzenschutzmittel helfen dabei.

6 Die revolutionären Potenziale der Digitalisierung konstruktiv nutzen.
Der Strukturwandel gewinnt auch durch Digitalisierung weiter an Dynamik. Strukturen und Beziehungen in der Wertschöpfungskette Lebensmittel ändern sich fundamental. Digitalisierung sollte für nachhaltige Produktivitätssteigerung genutzt werden.

7 „Faszination Landwirtschaft" erklären.
Landwirte sollten sich der Auseinandersetzung mit der Gesellschaft stellen. Diese Auseinandersetzung sollte von allen Beteiligten fair und respektvoll geführt werden. Dazu gehören Zuhören, realistische Selbsteinschätzung, sachliches Argumentieren und mutige Handlungsbereitschaft.

8 EU-Agrarpolitik weiterentwickeln.
Mit öffentlichen Geldern sollten nachhaltige Produktionsweisen unterstützt werden. Anhand von Indikatoren sollten die so erbrachten Leistungen und die Wirksamkeit der Politikprogramme quantifiziert und transparent dokumentiert werden.

9 Internationalen Agrarhandel mit Zielen der Entwicklungspolitik in Einklang bringen.
Handel braucht verbindliche Standards zu Nachhaltigkeit, Good Governance und Korruptionsbekämpfung, um Produktionsdefizite ausgleichen und Wohlstand für alle Partner schaffen zu können.

10 Internationalen Agrarhandel mit Zielen der Entwicklungspolitik in Einklang bringen.
Handel braucht verbindliche Standards zu Nachhaltigkeit, Good Governance und Korruptionsbekämpfung, um Produktionsdefizite ausgleichen und Wohlstand für alle Partner schaffen zu können.

Landwirtschaft 2030 – 10 Thesen

Wissen, Können und Wollen in Übereinstimmung bringen.

Der Landwirt braucht eine fundierte und umfassende Ausbildung und muss sich als ehrbarer Unternehmer von seinem Berufsethos leiten lassen.

Die fundamentalen Anforderungen an die Landwirtschaft bestehen darin, Produktivität mit Ressourcenschutz und Ansprüchen der Nutztiere in Einklang zu bringen. Dazu braucht der Landwirt die Bereitschaft, diese Anforderungen mit entsprechendem Know-how auf dem Betrieb umzusetzen. Wissen, Können und Wollen. Seit langem zeigt sich, dass die Qualität der Berufsausbildung stetig ansteigt. Neben die klassische Berufsausbildung als Landwirt tritt ein immer größerer Anteil an höherwertigen Berufsabschlüssen wie Techniker, Meister, Ingenieur, Bachelor oder Master of Science. Wichtig hierbei ist der ausreichende Praxisbezug. Auch die Anzahl von abgeschlossenen Promotionen im Studiengang Landwirtschaft hat sich seit Beginn des Jahrtausends gut entwickelt.

Die landwirtschaftlichen Prozesse sind hochkomplex. Durch den technischen Fortschritt, der mit großer Geschwindigkeit wächst, werden die Arbeitsvorgänge in der Landwirtschaft immer wissens- und kapitalintensiver. Daher muss das sehr gute Aus- und Fortbildungsniveau der Landwirte weiter ausgebaut werden. Um Landwirtschaft in Feld und Stall verantwortlich ausüben zu können, sollte eine angemessene Ausbildung zwingend vorgeschrieben sein. Um die Kenntnisse von Betriebsleitern und Mitarbeitern auf dem neuesten Stand zu halten, sollten regelmäßige Fortbildungen nachgewiesen werden.

So können die landwirtschaftlichen Prozesse kontinuierlich verbessert, Innovationen auf den Betrieben gut umgesetzt und der Gesellschaft angemessen vermittelt werden. Auch umweltorientierte und tierethische Aspekte gehören stärker in alle Ausbildungsgänge integriert. So sind die Voraussetzungen des Wissens und Könnens gegeben.

Wie sieht es mit dem Wollen aus? Aus der Verbindung von Produktivität, Umweltschutz und tiergerechter Nutztierhaltung im fruchtbaren Austausch mit der Gesellschaft bildet sich das tragfähige Selbstverständnis des ehrbaren landwirtschaftlichen Unternehmers. Das Berufsethos, das mehr ist, als das ausschließliche Verfolgen des ökonomischen Prinzips. Es umfasst das Bewusstsein, dass neben der Produktion die bewirtschafteten und gestalteten Kulturlandschaften und die gehaltenen Nutztiere eine eigene Berechtigung haben. Neben ihrer produktionsbasierten Zweckbestimmtheit haben Kulturlandschaften einen Anspruch an Regeneration und Nutztiere einen Anspruch an Tiergerechtheit.

Landwirtschaft 2030 – 10 Thesen

2 Nährstoffüberschüsse, Artenrückgang, Klimawandel und Tierwohl in den Griff bekommen.

Dafür sind Innovationen notwendig. So werden die Produktionssysteme nachhaltig.

Die wissens- und innovationsbasierte Landwirtschaft hat zu beachtlichen Produktivitätsschüben geführt. An einigen Punkten überschreitet der Modernisierungspfad allerdings die Grenzen der Nachhaltigkeit und er gefährdet die Resilienz der Systeme.

Einige Entwicklungen in der Landwirtschaft werden in der gesellschaftlichen Debatte besonders kritisch hinterfragt: Einerseits die zu hohen Nährstoffüberschüsse in den (sogenannten) Hotspots der Tierhaltung, andererseits der Rückgang der Artenvielfalt in intensiv genutzten Agrarlandschaften.

Landwirtschaft muss hier mehr unternehmen als bisher. Tierhaltung und Fläche sind innerhalb des Betriebes oder vertraglich zu koppeln. Resistenzen gegen Pflanzenschutzmittel nehmen infolge zu stark zugespitzter acker- und pflanzenbaulicher Verfahren zu. Daher müssen Mindestansprüche an Fruchtfolgen formuliert und eingehalten werden.

In der Nutztierhaltung sind erhebliche Fortschritte erreicht worden. So hat sich z. B. die Lebenstagleistung bei Milchkühen deutlich gesteigert und der Antibiotikaeinsatz in der Nutztierhaltung ist signifikant zurückgegangen. Gleichzeitig

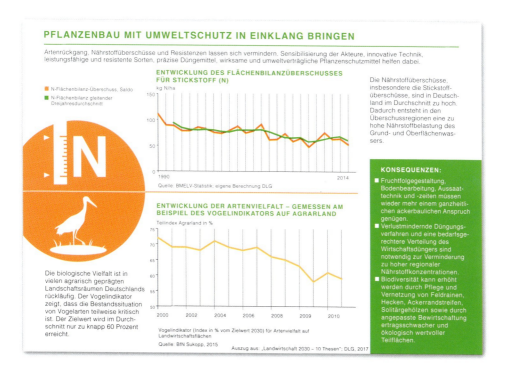

geben z. B. die Befunde bei Schlachtkörpern mit Tierwohlbezug immer wieder Anlass zu Kritik an der Nutztierhaltung im Allgemeinen.

Dennoch: Die Landwirtschaft ist in hohem Maße lernfähig und in der Lage, ihre Produktionsprozesse zu verbessern. So zeigen die starken Rückgänge der Belastung des Grundwassers mit Pflanzenschutzmitteln und die ebenso starken Rückgänge der Pflanzenschutzmittelrückstände in Lebensmitteln in der vergangenen Dekade erhebliche Fortschritte bei Umwelt- und Verbraucherschutz. Dies ist besonders beachtlich, weil in den gleichen Zeiträumen die Produktivität stark angestiegen ist.

In den letzten Jahrzehnten hat die deutsche Landwirtschaft ihre Produktivität erheblich gesteigert. Eine verbesserte Aus- und Weiterbildung, Beratungsanstrengungen, technische sowie biologische Innovationen, Monitoring und ordnungsrechtliche Rahmensetzung haben sehr gut zusammengewirkt. Mit ähnlichen Maßnahmenkombinationen und großem Engagement kann Landwirtschaft die gegenwärtigen und zukünftigen Herausforderungen bewältigen.

3   Innovationen ermöglichen.

Innovationsbereitschaft, Erfindergeist, Forschungsfreiheit und angemessenes Risikomanagement sind wesentliche gesellschaftliche Voraussetzungen für eine nachhaltige Landwirtschaft.

Innovationen sind Voraussetzung für technischen, biologischen und gesellschaftlichen Fortschritt und damit Schlüssel für gesellschaftliche Entwicklung. Bewährte Konzepte allein sind nicht ausreichend, denn neue Herausforderungen brauchen auch neue Antworten. Das gilt insbesondere dann, wenn teilweise konkurrierende Zielsysteme wie Produktivität, Umweltschutz und Tierschutz in Einklang gebracht werden müssen. In Deutschland ist auch im Agrarbereich eine verbreitete Skepsis in Bezug auf Innovationen zu beobachten. So scheinen in maßgeblichen Teilen der Gesellschaft Vorbehalte gegen Neuerungen zu überwiegen und ausgewiesene Experten nicht ausreichend Gehör bei den Verantwortlichen aus Politik und Administration zu finden.

Die Ursachen dafür sind vielfältig: Komplexität der Zusammenhänge, mangelnde Nachvollziehbarkeit landwirtschaftlicher Erzeugungsprozesse und mangelndes Vertrauen in Experten liefern Erklärungsansätze. In der Reaktion darauf werden Entscheidungen über Genehmigungen und Zulassungen für Forschungs- und Entwicklungsprozesse und Innovationen vergleichsweise restriktiv gehandhabt. Das hat ein Abwandern von Kompetenzträgern und eine Verlagerung von Forschungs- und Entwicklungskapazitäten führender forschender Unternehmen nach Übersee zur Folge.

Politik und Administration sollten sich bei der Genehmigung und Zulassung von Forschung, Entwicklung und Innovation auf die Nutzen- und Risikobewertung unabhängiger und dafür ausgebildeter Experten stützen. Entscheidung auf Basis von Meinungsumfragen oder vermuteter Mehrheitsmeinung sind der Komplexität der Sache, ihrer hohen Bedeutung und einer arbeitsteilig organisierten Gesellschaft nicht angemessen. Bewertungen und Entscheidungen sollten von Interessierten und der Gesellschaft insgesamt verstanden werden können. Daher sollten ihnen nachvollziehbare und transparente Bewertungskriterien zugrunde liegen und kommuniziert werden.

Tierhaltung zukunftsfähig machen.

Wirtschaftlichkeit und Tiergerechtheit sind in der Nutztierhaltung gleichermaßen wichtig. Zielkonflikte können durch präzise Tierbeobachtung, sorgfältige Tierbetreuung, gute Genetik und innovative Tierhaltungssysteme minimiert werden.

In der Tierhaltung werden bislang bewährte Haltungsverfahren, die dem Stand der Technik entsprechen, von Teilen der Gesellschaft und der Wissenschaft kritisch hinterfragt. Ansatzpunkte für Kritik sind große Bestände, hohe Belegdichte, nicht artgerechte Haltung und Fütterung, nicht-kurative Eingriffe am Tier, Antibiotikaverwendung, Fütterung mit Importfuttermitteln sowie Emissionen.

Ziel muss es sein, Leistung und Tierwohl auszubalancieren. Die Zuchtziele müssen auf diese Balance ausgerichtet sein und die Haltungsbedingungen müssen sicherstellen, dass wesentliche Bedingungen der Tiergerechtheit erfüllt sind: Freiheit von Hunger und Durst, Freiheit von haltungsbedingten Beschwerden, Freiheit von Schmerz, Verletzungen und Krankheiten, Freiheit von Angst und Stress, Freiheit zum Ausleben normaler Verhaltensweisen. Dabei muss eine Unterscheidung zwischen objektiven und messbaren Beeinträchtigungen der Nutztiere und Projektionen menschlicher Empfindungen getroffen werden.

Die Defizite im Produktionsprozess müssen benannt und abgestellt werden. Dazu notwendig sind eindeutige und handhabbare Indikatoren und Kriterien, eine Priorisierung der Fehlerquelle sowie ein konsequentes Sanktionssystem. Tierhalter sollten stetig an einer Verbesserung der Haltungsbedingungen arbeiten und auch in diesem Bereich innovativ handeln. Dazu gehören die Umsetzung neue Verfahren zur Vermeidung nicht-kurativer Eingriffe und die Investition in innovative, tiergerechte Haltungssysteme, die seitens der Genehmigungsbehörden nicht verhindert werden sollten. Eine nachgewiesene Befähigung zum Halten von Tieren und regelmäßige Fortbildungen sollten zum Standard werden. Sie helfen dem Tierhalter, Defizite selbst zu erkennen und frühzeitig abzustellen. Tierwohl ist eine Bewusstseinsfrage und offenbart sich im Handeln und in der Sprache: Nutztiere sind Lebewesen und werden nicht produziert, sondern gehalten.

Landwirtschaft 2030 – 10 Thesen

Wer höhere und mit zusätzlichen Kosten verbundene Tierwohlstandards durchsetzen möchte, wird in offenen Märkten vergleichbare Rahmenbedingungen anstreben müssen. Sonst wandert die Tierhaltung an den Ort der kostensparenden niedrigeren Standards. Die Auslobung von „Secondary Standards" durch den Einzelhandel ist nur zielführend bei entsprechenden angehobenen Preisniveaus. Der Wissenschaftliche Beirat beim BMEL schlägt vor, für mit zusätzlichen Tierwohlaspekten hergestellte Produkte öffentliche Gelder zu verwenden. So könne die Lücke zwischen der Zahlungsbereitschaft der Kunden und dadurch verursachten Kosten gedeckt werden. Ob dies auf Dauer tragfähig ist, sollte kritisch hinterfragt werden. Es ist ein Gebot der Ehrlichkeit, darauf hinzuweisen, dass Zielkonflikte zwischen Tierschutz, Umweltschutz, Tiergesundheit und Ökonomie nicht vollständig aufgelöst werden können. Dies muss im gesellschaftlichen Diskurs geklärt werden.

5. Pflanzenbau mit Umwelt- und Naturschutz in Einklang bringen.

Artenrückgang, Nährstoffüberschüsse und Resistenzen lassen sich vermindern. Sensibilisierung der Akteure, innovative Technik, leistungsfähige Sorten, präzise Düngemittel, wirksame und umweltverträgliche Pflanzenschutzmittel helfen dabei.

Die moderne, wissens- und innovationsgetriebene Produktionstechnik führte in den letzten Jahrzehnten zu beachtlichen Produktivitätsschüben. Mit Nebenwirkungen: Klimawandel, Artenverlust, Gewässereutrophierung. Kritisiert wird eine Zuspitzung der Produktionsverfahren durch Ausräumung der Kulturlandschaften, eine Vereinfachung der Fruchtfolge und eine übermäßige Verwendung von Dünge- und Pflanzenschutzmitteln. Klassische ackerbauliche Prinzipien in der Fruchtfolgegestaltung, der Bodenbearbeitung sowie der Aussaattechnik und den Aussaatzeiten müssen wieder stärker in die gute landwirtschaftliche Praxis Eingang finden. Das marktfähige Kulturartenspektrum sollte erweitert werden, so dass klassische Fruchtfolgesysteme einem ganzheitlicheren ackerbaulichen Anspruch genügen. Hier geht es um die Verbesserung der Wirtschaftlichkeit von „neuen" und Nischenkulturen (Soja, Durum, Dinkel, Emmer, Leguminosen …) durch Züchtung, um die Erschließung neuer Märkte und um den verstärkten Anbau von Sommerungen. Beim Pflanzenschutz sollten präventive ackerbauliche Verfahren und die Nutzung technischer Innovationen (GPS, Sensoren, Robotik) für den mechanischen Pflanzenschutz verstärkt werden. Auch der Einsatz resistenter und toleranter Sorten, ein (regelmäßiger) Wirkstoffwechsel sowie die Nutzung neuer und selektiverer Wirkstoffe sollten zukünftig einen größere Rolle spielen. Dabei ist seitens der Industrie und der Zulassungsbehörden sicherzustellen, dass für alle Kulturarten eine ausreichende Anzahl an Pflanzenschutzmitteln die amtlichen Prüfungen zügig durchlaufen können. Bei der Düngung und beim Nährstoffmanagement stehen die Umsetzung von Nährstoffkonzepten zur Verminderung starker regionaler Konzentrationen von Wirtschaftsdüngern und die Erhöhung der Transportwürdigkeit von Wirtschaftsdüngern im Vordergrund.

Auch der Erhöhung der wirtschaftlichen Nutzbarkeit von Nährstoffen in Siedlungsabfällen wie Klärschlämmen kommt eine hohe Bedeutung zu; ebenso wie der Kombination von neuen Anbaumethoden und Düngerapplikationstechniken (Strip-Till und Unterfußdüngung). Zur Erhöhung der Biodiversität sollten Landwirte auch in intensiven ackerbaulichen Regionen eine höhere Sensibilität für den ökologischen Wert von Ruderal- und Saumstrukturen (Raine, Hecken, Ackerrandstreifen, Gehölze, Verbuschungsflächen …) entwickeln und diese Habitate, den ökologischen Zielsetzungen folgend, pflegen und vernetzen. Auf der Fläche sollten die ertragsschwachen aber ökologisch wertvollen Teilflächen mit Hilfe des

Landwirtschaft 2030 – 10 Thesen

Auszug aus: „Landwirtschaft 2030 – 10 Thesen"; DLG, 2017

Precision Farming identifiziert und entsprechend schonend bewirtschaftet werden. In die Abwägung einbezogen werden sollte, dass es sich bei den ackerbaulichen Standorten Mitteleuropas und Deutschlands oftmals um hochproduktive Gunststandorte handelt. Der Verzicht auf Erträge an Gunststandorten würde wahrscheinlich zu einer Intensivierung an anderen Standorten führen, wodurch dort höhere Umweltkosten entstehen könnten.

 Die revolutionären Potenziale der Digitalisierung konstruktiv nutzen.

Der Strukturwandel gewinnt auch durch Digitalisierung weiter an Dynamik. Strukturen und Beziehungen in der Wertschöpfungskette Lebensmittel ändern sich fundamental. Digitalisierung sollte für nachhaltige Produktivitätssteigerung genutzt werden.

Die Digitalisierung ist ein Megatrend, auch in der Agrarbranche. Rechnergeschwindigkeiten und Datenspeicherkapazitäten steigen exponentiell, entsprechend fallen die Kosten pro Rechenoperation und Speicherplatz. Das wirkt sich stark kostensenkend auf alle logistischen und mit Informationsverarbeitung verknüpften Vorgänge aus, von denen es in der Landwirtschaft zahlreiche gibt. Digitale Produkte, Programme und Applikationen können fast zu Nullkosten multipliziert und vertrieben werden; hierdurch werden Grundlagen für geschäftliche

Revolutionen gelegt. So wird Digitalisierung ein ständiger Begleiter der Landwirtschaft und aller weiterer Glieder der Wertschöpfungskette Lebensmittel. Digitalisierung wird zu einem tiefgreifenden Wandel der Branchenstrukturen führen. Die Anzahl der Unternehmen/Organisationen, ihre Größe und Kräfteverhältnisse, ihre Kommunikation, ihre Zusammenarbeit und Geschäftsbeziehungen innerhalb und zwischen den Wertschöpfungsketten, all das wird sich in Zukunft stärker und schneller ändern als in den zurückliegenden Jahrzehnten.

Treiber der Entwicklung werden die Digitalisierungsplattformen sein. Die bestehenden Ansätze haben Überschneidungen in den Kernfunktionalitäten, z. B. bei Farm- oder Herdenmanagementsystemen. Die Plattformen stehen in scharfem Wettbewerb um die Schlüsselpositionen in der Branche und sind deswegen oftmals von einem oder wenigen starken Unternehmen dominiert. Die dadurch entstehenden, sogenannten proprietären Ansätze, die eine einfache Datenübertragung von Plattform zu Plattform verhindern, stehen den Interessen der Landwirte entgegen. Für Landwirte sind eine Verfügbarkeit von firmenübergreifenden Anwendungen sowie ein verlustfreier Wechsel von einer Plattform zu einer anderen aus Gründen der Investitionsflexibilität von großer Bedeutung. Langfristig werden sich wenige dominante Plattformen herausbilden, die von sehr vielen Landwirten genutzt werden und die die entscheidenden Akteure in der Wertschöpfungskette integrieren.

Der Handel wird Datenplattformen nutzen, um passgenau auf den Verbraucher ausgerichtete Produktionsketten mit definierten und transparenten Prozessen darzustellen. Für Landwirte entwickeln sich neue Chancen und Risiken. Die Landwirtschaft wird effizienter, verursacht weniger Umweltschäden und ist besser in der Lage, Tiergerechtheit umzusetzen. Auch neue Geschäftsmodelle werden sich entwickeln. Besondere Herausforderungen bestehen bei Fragen der Datensicherheit und der Datenhoheit, d. h. wem gehört was und wer zieht welchen Nutzen.

„Faszination Landwirtschaft" erklären.

Landwirte sollten sich der Auseinandersetzung mit der Gesellschaft stellen. Diese Auseinandersetzung sollten von jedem Beteiligten fair und respektvoll geführt werden. Dazu gehören Zuhören, realistische Selbsteinschätzung, sachliches Argumentieren und mutige Handlungsbereitschaft.

Landwirtschaft und Gesellschaft haben sich entfremdet. Persönliche Beziehungen und Kontaktmöglichkeiten zwischen Landwirt und Nicht-Landwirt werden im Zuge der Urbanisierung und des Strukturwandels weniger und schwächer. Gleichzeitig lässt das Interesse an der Landwirtschaft nach, da Lebensmittel aus

Landwirtschaft 2030 – 10 Thesen

dem Einzelhandel kommen und deren Mangel aus eigener Anschauung unbekannt ist. Das führt zu Wissensdefiziten über die landwirtschaftliche Produktion. Die in der Landwirtschaft eingesetzten Techniken und Verfahren ändern sich schnell und werden aufgrund mangelnder Bindung von Teilen der Gesellschaft skeptisch bis negativ bewertet: zu groß, zu technisch, zu umweltschädlich, zu stressend für Nutztiere, zu einseitig produktionsbetont. Innovationen werden eher als Bedrohung denn als Treiber für gesamtgesellschaftlichen Fortschritt wahrgenommen.

Die Landwirte haben diesen Argumenten bisher wenig entgegengesetzt. Zu stark mit sich selbst beschäftigt, im sich rasch wandelnden und herausfordernden Umfeld, entwickelten sie einen zu engen Blickwinkel auf den eigenen Betrieb unter dem Druck der Märkte und der Rahmenbedingungen. Bürokratische Vorgaben, umfassende Dokumentationspflichten und ein immer komplexeres Fachrecht werden als lästig empfunden. Es ist leicht, dabei Fehler zu machen, die in Gegenkampagnen genutzt werden können. Vom Stall und Acker auf den Teller, das ist bei den vielen Verarbeitungs- und Handelsschritten aus dem Bewusstsein gerückt. Vertrauen zurückgewinnen ist die Devise. Landwirte sollten ihre Produktionssysteme nicht bis an die Grenzen des Machbaren ausreizen, insbesondere dann, wenn es aus gesellschaftlicher Sicht zweifelhaft erscheint. Landwirte sollten für ihre Maßnahmen im strategischen Eigeninteresse einen Akzeptanzcheck durchführen. Landwirte sollten sich selbst Compli-

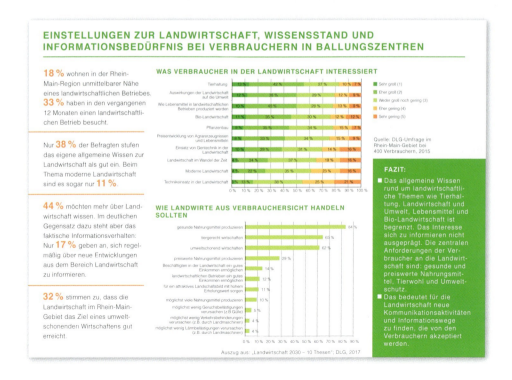

ance-Regeln geben und einen Compliance-Kodex für die nachhaltige Bewirtschaftung der Flächen sowie für eine tiergerechte Nutztierhaltung aufstellen, leben und veröffentlichen. Landwirte sollten sich konsequenter fortbilden, Fachinformationen aufgreifen und „Best Practice"-Beispiele umsetzen. Landwirtschaftliche Produktion und Lebensmittelherstellung müssen der Gesellschaft besser erklärt und anschaulich gemacht werden. Dabei können eindeutig beschriebene und transparent verliehene Label helfen. Sie schaffen Differenzierung im Markt und machen dem Kunden spezifische Angebote.

Landwirte kommen als Persönlichkeiten „authentisch rüber". Sie könnten Menschen für Landwirtschaftsthemen begeistern und sind glaubwürdige Botschafter der Faszination Landwirtschaft. Das ist ein bislang zehntausendfach brachliegendes Potenzial. Eine produktive Gesprächskultur sollte mit allen gesellschaftlichen Gruppen (NGOs, Kirchen …) gepflegt werden. So kann das Ideal einer gesellschaftlich breit getragenen Zukunftsstrategie Landwirtschaft Realität werden.

EU-Agrarpolitik weiterentwickeln.

Mit öffentlichen Geldern sollten nachhaltige Produktionsweisen unterstützt werden. Durch Indikatoren sollten die so erbrachten Leistungen und die Wirksamkeit der Politikprogramme quantifiziert und transparent dokumentiert werden.

Das EU-Budget wird mittelfristig eher schrumpfen. Geringeren Einnahmen, z. B. infolge des Brexit, stehen größere Aufgaben (z. B. für Bildung, Infrastruktur, Integration von Flüchtlingen, Außen- und Sicherheitspolitik) entgegen. Das wird auch das Agrarbudget betreffen. Daher sollten sich die aktiv wirtschaftenden Betriebe auf eine schrittweise Kürzung der Flächenprämie einstellen.

Wahrscheinlich wird es keinen Vertrauensschutz für eine dauerhaft fortgeführte Agrarpolitik bisheriger Prägung geben, wohl aber sollte es einen Vertrauensschutz gegen einen abrupten Wandel geben.

Ein EU-Agrarbudget ist nur bei klarer, langfristiger politischer Zielsetzung für den Sektor legitimierbar. Dabei sind u.a. folgende Kriterien zu beachten:
- Subventionen sollten an die Erbringung öffentlicher Güter gekoppelt werden. Als Leistungsnachweis könnten auf betrieblicher Ebene Nachhaltigkeitsindikatoren herangezogen werden.
- Mit der Ausschreibung von Naturschutzleistungen könnten marktwirtschaftliche Elemente eingeführt werden und zu einer größeren Mittel-Ergebnis-Effizienz beitragen. Dabei sollten Landwirte aus standortangepassten Maßnahmenbündeln diejenigen auswählen können, die größtmöglichen Nutzen bei gegebenen Kosten erwarten lassen.

- In strukturschwachen Regionen könnten Flächenprämien für die Revitalisierung des ländlichen Raums genutzt werden (z. B. Digitalisierung, Infrastruktur, Bildung).
- Höhere Investitionen in die angewandte und grundlegende Agrarforschung, Entwicklung und Bildung würden zu einer Stärkung des Sektors und zu einer höheren Wettbewerbsfähigkeit beitragen.

Auf dem Weg zu einer nachhaltigeren Landwirtschaft können Investitionen aber auch Ausstiegsoptionen kofinanziert werden, die sonst erst viel später umgesetzt werden könnten.

Beispielsweise könnte für Milchviehbetriebe mit Anbindehaltung, die als nicht tiergerecht einzustufen ist, eine Ausstiegsprämie gewährt werden.

Internationalen Agrarhandel mit Zielen der Entwicklungspolitik in Einklang bringen.

Handel braucht verbindliche Standards zu Nachhaltigkeit, Good Governance und Korruptionsbekämpfung, um Produktionsdefizite ausgleichen und Wohlstand für alle Partner schaffen zu können.

Internationaler Agrarhandel leistet einen unverzichtbaren Beitrag zur globalen Ernährungssicherung, er bringt Nutzen für Importeure und Exporteure. Offene Handelswege gleichen räumliche, zeitliche, quantitative und qualitative Spannungen zwischen Produktion und Verbrauch aus.

Agrarexporte aus Industrieländern in Entwicklungs- und Schwellenländer gleichen Produktionsdefizite aus, wie etwa beim Grundnahrungsmittel Getreide. Eine international stark wachsende Nachfrage nach Milch, Fleisch und veredelten Produkten kann ebenfalls nur durch internationalen Handel bedient werden. Beispielsweise haben im Nahen Osten viele Länder ein strukturelles Getreidedefizit und sind deshalb dauerhaft auf Getreideimporte angewiesen. Komparative Kostenvorteile, aber auch mit Agrarprodukten importiertes „virtuelles Wasser" schonen lokale Ressourcen. Die Risiken der Versorgungssicherheit in Entwicklungs- und Schwellenländern steigen durch den Klimawandel und die damit verbundenen Ernteausfälle. Die Verantwortung des agrarischen Gunststandortes Europa für die internationale Ernährungssicherung wird weiter zunehmen.

Agrarimporte aus Entwicklungsländern in Industrieländer bringen in den Entwicklungsländern Exporterlöse, die für den weiteren Aufbau von Infrastruktur und Know-how der (Land-)Wirtschaft genutzt werden kann. Die politischen, wirtschaftlichen und naturräumlichen Strukturen in Entwicklungs- und Schwellenländern sind jedoch oftmals sehr sensibel und zerbrechlich. Internationaler Handel darf nicht zu Lasten der nachhaltigen Nutzung natürlicher Ressourcen gehen.

Landwirtschaft 2030 – 10 Thesen

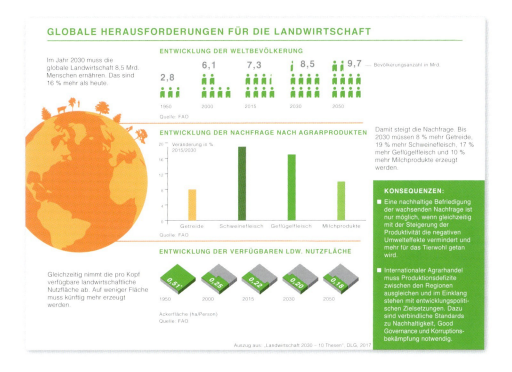

Good Governance (Menschenrechte, Rechtssicherheit, Korruptionsfreiheit) sollte über verbindliche UN-Standards eingefordert werden.

Landwirtschaft ist über Bezug- und Absatzmärkte sowie Know-how-Transfer international arbeitsteilig organisiert. Die internationale Zusammenarbeit zwischen Staaten und Unternehmen nimmt den landwirtschaftlichen Sektor nach Jahrzehnten der Vernachlässigung seit einigen Jahren wieder stärker in den Fokus. Dabei gibt es wichtige Felder entwicklungspolitischer Zusammenarbeit: zum Beispiel die Förderung von Kleinbauern und „Emerging Farmers", um eine höhere Produktivität, einen besseren Zugang zu Märkten, Bildung, Technologie und Organisationsentwicklung zu schaffen. Standortangepasste Produktionssysteme sind dabei wichtiger als die Befeuerung von Gegensätzen zwischen ökologischer und konventioneller, technologieorientierter Landwirtschaft. Es sollte das für den Standort jeweils beste Instrumentarium im Hinblick auf maximale Ökoeffizienz gewählt werden.

10 Die Wertschöpfungskette Lebensmittel und den ländlichen Raum stärken.

Die Agrar- und Ernährungsbranche ist ein starkes Segment der Gesamtwirtschaft. Ohne eine wettbewerbsfähige Landwirtschaft, die in einen vitalen ländlichen Raum eingebunden ist und die eine lokal produzierte Rohstoffbasis sicherstellt, wandert die Ernährungswirtschaft aus Deutschland ab.

Ohne eine wettbewerbsfähige Landwirtschaft verlieren wir mittelfristig die Lebensmittelwirtschaft in Deutschland. Betriebsmittelindustrie, Landtechnik, Landwirtschaft, Lebensmittelwirtschaft und Handel bilden die Wertschöpfungskette Lebensmittel. Sie erwirtschaften in Deutschland zusammen eine Bruttowertschöpfung von rund 170 Mrd. EUR (ca. 6,25 % der gesamten Bruttowertschöpfung aller Wirtschaftsbereiche) und setzen auf Qualität, Innovation und Technologie. An der Ladentheke steht die Branche im engen Austausch mit der Gesellschaft.

Die wirtschaftliche Bedeutung der Wertschöpfungskette Lebensmittel ist damit herausragend. In der EU ist die Land- und Lebensmittelwirtschaft der mit Abstand größte Wirtschaftszweig. Betrachtet man die gesamte Branche mit den assoziierten Geschäften, liegt die Branche in Deutschland mindestens auf dem dritten Platz.

Ein großer Anteil der Unternehmen der Wertschöpfungskette ist abseits der urbanen Zentren im ländlichen Raum angesiedelt. Sie zählen dort zu den „Hidden Champions", die Arbeitsplätze und Wohlstand sichern. Ihre langfristige Prosperität ist auch darauf angewiesen, dass der ländliche Raum vital und hinsichtlich Infrastruktur, Bildungsangeboten sowie Daseinsvorsorge ausreichend ausgestattet ist.

Die Lebensmittelwirtschaft in Deutschland ist auf eine regionale Versorgung mit landwirtschaftlichen Rohstoffen angewiesen. Viele Rohstoffe eignen sich nicht für Transporte über weite Strecken, daher muss insbesondere verderbliche Rohware möglichst lokal verarbeitet werden. Damit ist die industrielle Lebensmittelproduktion an die Verfügbarkeit geeigneter Rohwaren gebunden. Würde die Landwirtschaft in Deutschland und Europa in ihrer Substanz gefährdet, müssten diese Rohwaren über weite Wege importiert werden. Damit würde die Lebensmittelindustrie mittelfristig an die Standorte mit Rohwaren vor Ort abwandern.

Landwirtschaft 2030 – 10 Thesen

**Die Landwirtschaft muss neue Wege gehen.
Dazu gehört eine ehrliche Bestandsaufnahme:**

- **Fakt ist, dass in der Landwirtschaft die Wirtschaftlichkeit, das Tierwohl und der Umweltschutz in Konkurrenz zueinander stehen.**
  Landwirtschaft hat nur dann eine Zukunft, wenn diese Zielkonflikte im konstruktiven Dialog mit allen Beteiligten diskutiert, Schwachstellen identifiziert und Lösungsansätze konsensorientiert erarbeitet werden.
  Für die Umsetzung sind Innovationen, modernes Management und fördernde politische Rahmenbedingungen erforderlich.

- **Fakt ist, dass die zukünftigen Herausforderungen der Landwirtschaft mit modernen Konzepten gemeistert werden können.**
  Voraussetzung für eine zukunftsfähige Landwirtschaft sind biologische, technische, organisatorische und gesellschaftliche Innovationen. Deutschland braucht dafür allerdings ein gesellschaftliches Klima, das Forschungsfreiheit, Erfindergeist und Innovationsbereitschaft unterstützt.

- **Fakt ist, dass Wissen und Können allein nicht ausreichen, um die anstehenden Herausforderungen in der Landwirtschaft zu bewältigen.**
  Erst in Kombination mit Wille und Tatkraft bilden Wissen und Können eine hinreichende Basis, um neue Wege in der Landwirtschaft zu gehen.

- **Fakt ist, dass die Einkommensstützung durch Flächenprämien langfristig kein Besitzstand ist.**
  Öffentliche Gelder sind dort nötig, wo Landwirtschaft gesellschaftliche Leistungen erbringt, die der Markt nicht vergütet. Diese Leistungen für eine nachhaltigere Landwirtschaft müssen sich zukünftig anhand nachprüfbarer und transparenter Kriterien messen lassen. Diese Kriterien existieren bereits.

- **Fakt ist, dass die agrarischen Gunststandorte weltweit sehr ungleich verteilt sind. Genau deswegen ist internationaler Handel mit Agrarprodukten ein unverzichtbares Element zur Ernährungssicherung.**
  Internationaler Agrarhandel muss mit den Kriterien einer auf Nachhaltigkeit ausgerichteten Entwicklungspolitik übereinstimmen. In diesem Sinne sind Standards zu Nachhaltigkeit, zu Good Governance und zur Korruptionsbekämpfung zu erfüllen.

DLG Vorstand

Autoren: Carl-Albrecht Bartmer, Prof. Dr. Michael Doßmann, Dr. Reinhard Grandke, Peter Grothues, Rudolf Hepp, Dr. Lothar Hövelmann, Hubertus Paetow, Simone Schiller, Prof. Dr. Achim Stiebing, Philipp Schulze Esking und Ulrich Westrup.

II. Landwirtschaft und Gesellschaft

Dr. Thomas Petersen, *Projektleiter, Institut für Demoskopie, Allensbach*

Der grüne Zeitgeist und die Sehnsucht der Städter nach dem Land

Das Zeitklima wirkt sich auf das Bild der Landwirtschaft und auf die Anforderungen der Bürger aus

Manchmal sind es in der Demoskopie die einfachsten, scheinbar oberflächlichsten Fragen, die die anschaulichsten Ergebnisse zutage fördern. Ein Beispiel ist die Frage danach, was „in" und was „out" sei.

Die Frage geht zurück auf eine Kooperation mit der Illustrierten „Quick", für die das Institut für Demoskopie Allensbach über Jahre hinweg bis zur Einstellung des Blattes im Jahr 1992 regelmäßig solche „In"- und „Out"-Listen erstellte. Zunächst diente das Unterfangen reinen Unterhaltungszwecken, besaß also keinen besonderen sozialwissenschaftlichen Anspruch. Die Befragten bekamen Karten überreicht, auf denen Gegenstände, Verhaltensweisen, Moden, Einstellungen notiert waren. Das konnten ganz alltägliche Dinge sein wie „Fußball spielen" oder „Fernsehen", gesellschaftliche Konzepte wie „Marktwirtschaft" oder „Sozialstaat", Grundwerte wie „Freiheit" oder „Gleichheit", Lebenseinstellungen wie „Optimismus" oder „Leistungsbereitschaft" oder auch Verhaltensweisen wie „Heiraten", „Rücksicht nehmen auf andere" oder „Wenn ein Mann einer Frau in den Mantel hilft". Die Befragten wurden jeweils einfach gebeten anzugeben, ob die betreffende Sache ihrer Ansicht nach „in" oder „out" sei.

Was auf den ersten Blick wie eine ziemlich beliebige Sammlung von nicht zusammengehörigen Dingen aussah, entwickelte sich, je mehr Fragen dieser Art gestellt wurden, zu einem erstaunlich aussagekräftigen Panorama des Zeitgeistes. Es zeigte sich, dass die Antworten der Befragten im Laufe der Zeit ziemlich stark schwanken konnten. Dabei erwiesen sich meist weniger die einzelnen zur Auswahl gestellten Punkte als besonders interessant, als vielmehr ihre Zusammenschau. Oft wurden Dinge, die inhaltlich in einer gewissen Beziehung standen, gemeinsam als „in" oder „out" eingestuft. Die scheinbar so harmlose Frage nach Alltagsgegenständen oder alltäglichen Verhaltensweisen erfasste offensichtlich eine unterschwellige, oft unbewusste Witterung der Bevölkerung, über die die Menschen bei direkter Nachfrage vermutlich gar nicht hätten Auskunft geben können. Die Frage nach „in" oder „out" ist damit der klassische Fall dessen, was man in der Sozialforschung „Indikator-Frage" nennt: Viele Dinge, beispielsweise unbewusste Wahrnehmungen oder Motive, lassen sich nicht direkt erfragen. In diesem Fall weicht man aus auf das Erfragen leichter zugänglicher Dinge, die für sich genommen nicht den Kern der Interessen bilden, von denen man aber auf das eigentlich Interessierende zurückschließen kann.

Befragung im September 2016: zeigt klar das „Zeitgeist"-Panorama

Im September 2016 legte das Institut für Demoskopie Allensbach seinen Befragten wieder einmal eine solche Sammlung von insgesamt 46 Begriffen vor mit der Bitte, sie als „in" oder „out" zu klassifizieren. Im Ergebnis zeigen sich bemerkenswert klar die Konturen einer Gesellschaft, in der der Einzelne vor allem auf den Gebieten des Umweltschutzes und der Gesundheit einem starken Meinungsklimadruck ausgesetzt ist. Übersicht 1 zeigt die neun Punkte, bei denen die meisten Befragten sagten, sie seien „in": An erster Stelle, von 92 Prozent als „in" bezeichnet, steht der Punkt „Bio-Produkte", gefolgt von „Fitness", „Sport treiben" und „gesunde Ernährung". Insgesamt sind von den neun Dingen, die von jeweils mehr als 80 Prozent der Deutschen als „in" eingestuft werden, sechs den Themenbereichen Gesundheit und Umwelt zuzuordnen. An zehnter Stelle folgt mit „Müll trennen", genannt von 78 Prozent, ein weiterer Punkt aus diesem thematischen Zusammenhang, an Platz 12 folgen „Produkte aus fairem Handel" (76 Prozent).

Der grüne Zeitgeist und die Sehnsucht der Städter nach dem Land

Übersicht 1:
Zeitgeist-Panorama: Das ist „in"

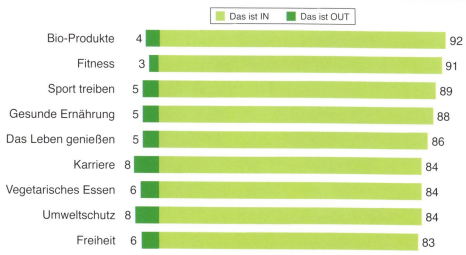

Quelle: Allensbacher Archiv, IfD-Umfrage Nr. 11055, September 2016

Die Frage nach dem „in" und „out" misst weder die eigene Meinung der Befragten zu dem betreffenden Gegenstand noch deren tatsächliches Verhalten. Wie sehr die Beobachtung, etwas sei „in" und das eigene Verhalten auseinanderklaffen können, lässt sich am Beispiel der Bio-Produkte gut illustrieren, von denen praktisch jeder Deutsche sagt, sie seien „in". Tatsächlich aber betrug der Anteil der Bioprodukte am Lebensmittelumsatz in Deutschland nach Angaben des Bundes Ökologische Landwirtschaft (BÖLW) im Jahr 2014 gerade 4 Prozent. Statt der eigenen Meinung erfasst die Frage die gesellschaftliche Atmosphäre in der Öffentlichkeit, die Intensität, mit der soziale Normen eingefordert werden.

> *Was ist „in"? Praktisch jeder Deutsche sagt, Bio-Produkte seien „in". Die Befragung zeigt aber: Statt der eigenen Meinung erfasst die Frage die gesellschaftliche Atmosphäre in der Öffentlichkeit, die Intensität, mit der soziale Normen eingefordert werden.*

Wünsche an die Landwirtschaft – Landwirtschafts-Nostalgie

Das gesellschaftliche Klima, das hier sichtbar wird, wirkt auf den ersten Blick ziemlich unerbittlich, und tatsächlich zeigt sich seit einigen Jahren in den Allensbacher Umfragen auf dem Gebiet des Umweltschutzes ein immer stärker werdender sozialer Druck. So hat beispielsweise seit Beginn des Jahrhunderts die Toleranz gegenüber Normverstößen im religiösen Bereich deutlich zugenommen: Die Zahl derjenigen, die sagen, Abreibung und Gotteslästerung seien Dinge, die man auf

Der grüne Zeitgeist und die Sehnsucht der Städter nach dem Land

Die Landwirtschaft sollte mehr Wert auf artgerechte Tierhaltung legen. Mit 85 Prozent meinen das mit Abstand die meisten Bürger.

keinen Fall dulden könne, ist in dieser Zeit zurückgegangen. Aber Müll, Abfälle irgendwo in der Landschaft wegwerfen, wird weitaus seltener toleriert als damals.

Ein solches Zeitklima wirkt sich auch auf das Bild der Landwirtschaft aus und die Anforderungen, die die Bürger an sie stellen. Im Jahr 2014 stellte das Allensbacher Institut die Frage: „Wenn es nach Ihnen ginge: Wie sollte sich die Landwirtschaft in den nächsten Jahren verändern, wie sollte Landwirtschaft betrieben werden?" Dazu wurde eine Liste mit 15 Punkten zur Auswahl vorgelegt. 85 Prozent der Befragten antworteten daraufhin, es sollte in der Landwirtschaft künftig mehr Wert auf artgerechte Tierhaltung gelegt werden, 76 Prozent sprachen sich dafür aus, dass Umwelt und natürliche Ressourcen möglichst geschont werden, 72 Prozent meinten, es solle ganz auf den Einsatz von Gentechnik verzichtet werden, 71 Prozent forderten, weniger Pflanzenschutzmittel einzusetzen, 66 Prozent meinten, es sollten mehr Lebensmittel in Deutschland hergestellt und weniger aus dem Ausland eingeführt werden, 50 Prozent wünschten sich mehr Produkte aus biologischem Anbau. Dass es wünschenswert wäre, neue Getreide- und Gemüsesorten zu entwickeln, die gegen Schädlinge resistent sind, fanden dagegen nur 22 Prozent der Deutschen. Die Vorschläge, durch neue Züchtungen die Saison von Obst- und Gemüsesorten zu verlängern oder

> *Das gesellschaftliche Klima wirkt sich seit einigen Jahren auf dem Gebiet des Umweltschutzes auch auf das Bild der Landwirtschaft aus und auf die Anforderungen, die die Bürger an sie stellen.*

Der grüne Zeitgeist und die Sehnsucht der Städter nach dem Land

Übersicht 2:
Wünsche an die Landwirtschaft

Frage: „Wenn es nach Ihnen ginge: Wie sollte sich die Landwirtschaft in den nächsten Jahren verändern, wie sollte Landwirtschaft betrieben werden?" (Listenvorlage)

Quelle: Allensbacher Archiv, IfD-Umfrage Nr. 11028, August 2014

mehr Arbeit von Maschinen übernehmen zu lassen, fanden nur 11 bzw. 13 Prozent überzeugend (siehe Übersicht 2).

Man glaubt, in diesen Antworten eine gewisse Widersprüchlichkeit zu erkennen. So kann man durchaus ernste Zweifel daran haben, ob sich die Forderung nach mehr Nachhaltigkeit und Schonung der Umwelt auf der einen Seite und die nach einer Ausweitung der Nahrungsmittelproduktion in Deutschland ohne den Einsatz von Gentechnik, Pflanzenschutzmitteln und Neuzüchtungen auf der anderen Seite in Einklang bringen lassen. Gleichzeitig scheint durch die Antworten eine gewisse Nostalgie durchzuschimmern: Technische oder züchterische Neuerungen werden durchgängig abgelehnt, traditionelle Methoden bevorzugt, auch wenn sie ineffizient sind. Symptomatisch ist in diesem Zusammenhang auch, dass 58 Prozent der Befragten sagten, es solle künftig mehr kleine Bauernhöfe geben.

Es ist offensichtlich, dass vielen Bürgern nicht vor Augen steht, welche technische und logistische Aufgabe es ist, eine Bevölkerung von 80 Millionen Men-

> *Durch die Antworten schimmert eine gewisse Nostalgie durch: Technische oder züchterische Neuerungen werden durchgängig abgelehnt, traditionelle Methoden bevorzugt, auch wenn sie ineffizient sind. Symptomatisch ist in diesem Zusammenhang auch, dass 58 Prozent der Befragten sagten, es solle künftig mehr kleine Bauernhöfe geben.*

schen laufend mit Nahrungsmitteln von hoher und verlässlicher Qualität zu versorgen. Man wird darin zum Teil eine Folge des Wohlstandes sehen können, die Reaktion einer Gesellschaft, die sich dank der Leistungen der modernen Landwirtschaft seit Jahrzehnten keine Gedanken um die Grundversorgung machen muss und es sich deswegen leisten kann, das Idealbild einer Landwirtschaft vergangener Zeiten zu bewahren, die diese Leistungen nicht würde erbringen können. Darüber hinaus wirkt sich wahrscheinlich auch die Tatsache aus, dass viele Menschen Probleme haben, große statistische Daten, Risiken und Wahrscheinlichkeiten zu erfassen. So stellte das Institut für Demoskopie Allensbach im September 2011 fest, dass mehr Bürger Angst vor Konservierungsstoffen in Lebensmitteln haben als davor, durch verdorbene Lebensmittel krank zu werden.

Diese Nostalgie schlägt sich auch in den Antworten auf Fragen nach der Qualität der Lebensmittel in Deutschland nieder. Ganz allgemein wird diese als gut beurteilt. Auf die Frage „Wie schätzen Sie heute ganz allgemein die Qualität der Lebensmittel ein?" antworteten im Frühjahr 2016 16 Prozent, ihrer Ansicht nach seien die Lebensmittel sehr gut, 65 Prozent bezeichneten sie als gut, lediglich 16

Diese Nostalgie schlägt sich auch in den Antworten auf Fragen nach der Qualität der Lebensmittel nieder. Für 81 Prozent sind unsere Lebensmittel gut bis sehr gut, aber nur 15 Prozent glauben, sie seien heute gesünder.

Prozent als weniger gut oder gar nicht gut. Fragte man jedoch, ob die Nahrungsmittel heute gesünder seien als vor etwa 20 Jahren oder weniger gesund, antworteten lediglich 15 Prozent, sie glaubten, die Nahrungsmittel seien heute gesünder, 37 Prozent meinten, sie seien weniger gesund. Die übrigen Befragten glaubten, es habe sich in dieser Hinsicht nicht viel geändert, oder äußerten sich unentschieden.

Noch deutlicher fallen die Reaktionen aus, wenn man fragt, ob die Nahrungsmittel heute gesünder seien als vor 100 Jahren. Das letzte Mal wurde diese Frage im Jahr 2006 gestellt, doch es gibt keinen Grund anzunehmen, dass die Antworten heute wesentlich anders aussehen würden. 21 Prozent antworteten damals, ihrer Meinung nach seien die Nahrungsmittel heute gesünder, eine absolute Mehrheit von 52 Prozent war dagegen davon überzeugt, dass sie heute ungesünder seien als vor einem Jahrhundert.

Konsequenterweise ist, wie eine Umfrage vom April 2011 ergab, auch fast die Hälfte der Bevölkerung davon überzeugt, dass Bio-Produkte von höherer Qualität und gesünder seien als konventionell angebaute Produkte. Die andere Hälfte meint, dass es in der Qualität kaum Unterschiede gebe. Dass Bio-Produkte schlechter und weniger gesund sind als konventionell angebaute, glaubt fast niemand. Ebenfalls fast die Hälfte der Deutschen, 47 Prozent, gab im August 2014 zu Protokoll, dass man ihrer Meinung nach bei der Lebensmittelproduktion in Deutschland auf Massentierhaltung verzichten könne. Lediglich 37 Prozent glauben, dass das nicht möglich sei.

Von welcher Seite man das Thema auch immer betrachtet, immer wird deutlich, dass den Bürgern das romantische Idealbild einer bäuerlichen Landwirtschaft vorschwebt, das aus einer fernen Vergangenheit stammt: Der Bauernhof, bei dem Kuh und Pferd auf der Weide stehen, wo ein paar Hühner frei herumlaufen und ihre Eier ins Stroh legen, wo morgens der Hahn kräht und der Bauer Getreide und Gemüse ohne Kunstdünger oder sonstige „unnatürliche" Hilfsmittel anbaut. Dass solche Vorstellungen vollkommen wirklichkeitsfremd sind, wird den meisten Menschen anscheinend nicht bewusst.

Zwischenfazit:

Von welcher Seite man das Thema auch immer betrachtet, immer wird deutlich, dass den Bürgern das romantische Idealbild einer bäuerlichen Landwirtschaft vorschwebt, das aus einer fernen Vergangenheit stammt: Der Bauernhof, bei dem Kuh und Pferd auf der Weide stehen, wo ein paar Hühner frei herumlaufen und ihre Eier ins Stroh legen, wo morgens der Hahn kräht und der Bauer Getreide und Gemüse ohne Kunstdünger oder sonstige „unnatürliche" Hilfsmittel anbaut. Dass solche Vorstellungen vollkommen wirklichkeitsfremd sind, wird den meisten Menschen anscheinend nicht bewusst.

Der grüne Zeitgeist und die Sehnsucht der Städter nach dem Land

Die Sehnsucht der Stadtbewohner nach dem Land –
Kontraste: Verstädterung und Abwanderung der Landbevölkerung

Wie ist eine derart weltfremde, romantisierende Vorstellung von der Landwirtschaft möglich? Wie kann es sein, dass mindestens die Hälfte der Bevölkerung allen Ernstes glaubt, man könne das derzeitige Niveau der Versorgung mit Lebensmitteln mit einer Landwirtschaft aufrecht erhalten, die sich der Methoden von vor 200 Jahren bedient? Es spricht einiges dafür, dass in einer Gesellschaft, in der mehr und mehr Menschen in Städten leben, das Verständnis für die Bedingungen des Landlebens verloren geht. Das Land ist für die meisten nicht mehr tägliche Wirklichkeit, sondern etwas, was im Alltag keine Rolle mehr spielt, etwas, was den meisten nur indirekt beim Einkauf im Supermarkt oder bei seltenen Familienausflügen begegnet. Das Bild vom Landleben wird dementsprechend weniger von eigenen Beobachtungen als von Idealvorstellungen geprägt.

> *Wie ist eine derart weltfremde, romantisierende Vorstellung von der Landwirtschaft möglich?*

Das Ausmaß der Verstädterung Deutschlands ist beträchtlich, vor allem aufgrund von Wanderungsbewegungen in die großen Städte, die dazu geführt haben, dass Berlin und Hamburg in den letzten beiden Jahrzehnten je etwa 100.000 Einwohner hinzugewonnen haben, München sogar über 200.000 Einwohner, während Mecklenburg-Vorpommern, das am stärksten ländlich geprägte Bundesland, allein seit Beginn des Jahrhunderts

Es gibt seltsame Kontraste: Auf der einen Seite eine beträchtliche Verstädterung und auf der anderen Seite die Abwanderung der Landbevölkerung

Der grüne Zeitgeist und die Sehnsucht der Städter nach dem Land

fast 200.000 Menschen verloren hat, mehr als zehn Prozent der ursprünglichen Bevölkerung. Das Beispiel zeigt, wie sehr sich bei nahezu gleichgebliebener Gesamtbevölkerungszahl die Bevölkerungsstrukturen in Deutschland verändert haben. Während in vielen großen Städten die Mieten steigen, weil das Wohnungsangebot nicht die wachsende Nachfrage nach Wohnraum befriedigen kann, macht man sich in manchen ländlichen Regionen Sorgen um den Erhalt der Infrastruktur, darum, wie die verbleibende Bevölkerung noch mit den notwendigen Dienstleistungen versorgt werden soll, wenn das letzte Lebensmittelgeschäft schließt und der ortsansässige Hausarzt keinen Nachfolger findet.

In einem seltsamen Kontrast zur Abwanderung der Landbevölkerung steht nun die Tatsache, dass gleichzeitig der ländliche Raum für viele Deutschen auf einer psychologischen Ebene attraktiver geworden ist. Im Jahr 1956 stellte das Allensbacher Institut zum ersten Mal die Frage „Wo haben die Menschen Ihrer Ansicht nach ganz allgemein mehr vom Leben: auf dem Land oder in der Stadt?" Damals antworteten 59 Prozent, man habe in der Stadt mehr vom Leben, lediglich 19 Prozent sagten dies vom Land. Als die Frage 1977 wiederholt wurde, hatten sich die Antworten deutlich verändert. Nun sagten nur noch 39 Prozent, man habe in der Stadt mehr vom Leben, etwas mehr, 43 Prozent, entschieden sich für das Land. 2014 sagte nur noch jeder Fünfte, in der Stadt lebten die Menschen besser als auf dem Land (siehe Übersicht 3).

Bemerkenswert ist dabei, dass auch die Bewohner der großen Städte, die, wie sich in anderen Fragen zeigt, durchaus die Vorteile des Stadtlebens mit sei-

Übersicht 3:
Glück auf dem Land

Frage: „Wo haben die Menschen Ihrer Ansicht nach ganz allgemein mehr vom Leben: auf dem Land oder in der Stadt?"

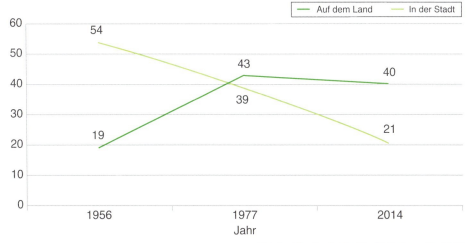

Quelle: Allensbacher Archiv, IfD-Umfrage Nr. 11026

Der grüne Zeitgeist und die Sehnsucht der Städter nach dem Land

Übersicht 4:

Auch Stadtbewohner glauben, auf dem Land seien die Menschen glücklicher

Frage: „Wo haben die Menschen Ihrer Ansicht nach ganz allgemein mehr vom Leben: auf dem Land oder in der Stadt?"

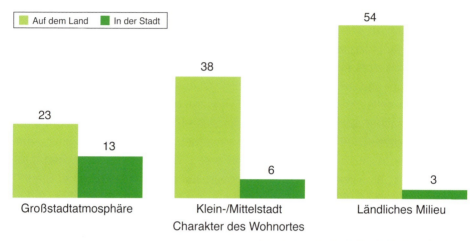

Quelle: Allensbacher Archiv, IfD-Umfrage Nr. 11026

nen vielen Einkaufs- und Kulturangeboten zu schätzen wissen, das Glück eher auf dem Land vermuten. Bei der Frage, ob man auf dem Land oder in der Stadt glücklicher lebe, entschieden sich 2014 die Landbewohner ganz eindeutig mit 54 zu 3 Prozent für das Land. Aber immerhin gaben auch 23 Prozent der Befragten in großen Städten diese Antwort, während sich nur 13 Prozent für die Stadt entschieden. Die übrigen Befragten wählten die ausweichenden Antwortmöglichkeiten „Kein Unterschied" oder „Kommt drauf an" (siehe Übersicht 4).

Man kann annehmen, dass die tatsächlichen Unterschiede zwischen Stadt- und Landleben dank der modernen Infrastruktur heute deutlich geringer sind als vor Jahrzehnten. Der Kolumnist Harald Martenstein schrieb einmal, nach seinem Eindruck bestünde der einzige Unterschied heute noch darin, dass es auf dem Land wegen der unzähligen Rasenmäher und Kreissägen lauter sei als in der Stadt. Tatsächlich unterscheiden sich die Angaben der Befragten über die Vor- und Nachteile ihres eigenen Wohnortes von Stadt zu Land weniger als man angesichts der hartnäckigen Klischees über das Stadt- und Landleben vermuten würde.

Warum aber hat das Stadtleben trotz der tatsächlichen Anziehungskraft der Städte so einen vergleichsweise schlechten Ruf? Aufschlussreich ist in diesem Zusammenhang eine ebenfalls 2014 gestellte Frage, bei der die Befragten gebeten wurden, zu verschiedenen Begriffen anzugeben, ob sie sie eher mit dem Leben in der Stadt oder eher mit dem Leben auf dem Land verbinden. Die Ergebnisse zeigten in vielen Punkten das zu erwartende Muster: Die Begriffe

„gute Luft", „günstiger Wohnraum" und „Nachbarschaftshilfe" wurden von großen Mehrheiten dem Landleben zugeordnet, Stichwörter wie „gute Einkaufsmöglichkeiten", „abwechslungsreich", aber auch „Schmutz" und – im Gegensatz zu Martensteins Beobachtung – „Lärm" dem Leben in der Stadt. Überraschend war dagegen, dass die Befragten die Assoziation „einsam" zu 27 Prozent dem Landleben, aber zu 39 Prozent dem Leben in der Stadt zuordneten. Das Klischeebild von der Vereinsamung der Menschen in der anonymen Großstadt hat sich in der Umfrageforschung über Jahrzehnte hinweg nie bestätigen lassen, doch es prägt anscheinend bis heute die Vorstellungen vieler Bürger.

Das Landleben trägt im Kontrast dazu die Züge des bereits beschriebenen Idealbildes. In den Büchern der Stadtkinder sind Bauernhöfe abgebildet, die es seit Jahrzehnten allenfalls noch in Freilichtmuseen gibt, romantisierende Zeitschriften wie „Landlust" erreichen Rekordauflagen, die Partei der Grünen erzielt ihre besten Wahlergebnisse regelmäßig in den Zentren der großen Städte. Je mehr Menschen in der Stadt leben, je weniger Kontakt sie zum tatsächlichen Landleben haben, desto mehr wird das Land zu einer Projektionsfläche ihrer Phantasien. Und viele Landwirte geben sich auch alle Mühe, das Klischeebild zu bestätigen. Wenn die Stadtfamilien dann doch einmal am Wochenende an den Stadtrand fahren oder in den Ferien in ländliche Urlaubsgebiete, finden sie dort Hofläden vor, die ihrer Vorstellung vom guten Landleben entsprechen. Unter diesen Umständen ist es schwierig, den Menschen zu verdeutlichen, dass man mit Hofläden allein nicht die tausenden Supermärkte und Discounter im Land bestücken kann. Will man aus diesem Dilemma heraus, wird man nicht darum herum kommen, selbstbewusster und offensiver die Prinzipien einer modernen, effizienten Landwirtschaft zu vertreten.

Der grüne Zeitgeist und die Sehnsucht der Städter nach dem Land

Dr. Thomas Petersen

Geboren 1968 in Hamburg, studierte er an der Universität Mainz Publizistik, Alte Geschichte sowie Vor- und Frühgeschichte. Dort auch Magisterexamen und Promotion. 1990 bis 1992 Journalist beim Südwestfunk in Mainz. Seit 1993 als wissenschaftlicher Mitarbeiter am Institut für Demoskopie in Allensbach tätig, seit 1999 Projektleiter. Lehraufträge an den Universitäten Konstanz, Dresden und seit 2003 für Publizistik an der Universität Mainz. 2010 Habilitation an der Universität Dresden. War 2009-2010 Präsident der World Association for Public Opinion Research und ist derzeit Sprecher der Fachgruppe Visuelle Kommunikation der Deutschen Gesellschaft für Publizistik- und Kommunikationswissenschaft. Seine Forschungsschwerpunkte sind Methoden der Demoskopie, Feldexperimente, Wahlforschung, Panel-Markt- und Sozialforschung sowie Theorie der öffentlichen Meinung. Er veröffentlichte mehrere Bücher, unter anderem gemeinsam mit Elisabeth Noelle-Neumann „Alle, nicht jeder", ein Standardwerk für die akademische Lehre und die Praxis der Umfrageforschung (4. Auflage 2005), 2014 „Der Fragebogen in der Sozialforschung" und 2015 „Die Vermessung des Bürgers. Wie Meinungsumfragen funktionieren" (beide im Universitätsverlag Konstanz). Zudem ist er regelmäßig Autor der monatlichen Allensbach-Analysen in der „Frankfurter Allgemeinen Zeitung".

Hubertus Paetow, *Landwirt, Finkenthal, OT Schlutow (Mecklenburg-Vorpommern); DLG-Vizepräsident und Vorsitzender DLG-Testzentrum Technik & Betriebsmittel*

Landwirtschaft braucht den Dialog[*)]

Wie mit Kritik und Vorwürfen umgehen? –
Die wichtigsten Säulen für den Dialog mit der Gesellschaft

Nach dem ereignisreichen Jahr 2016 mit vielen dramatischen Geschehnissen stehen wir vor einem Jahr 2017 voller Unwägbarkeiten. Dies wird nicht nur die weltpolitische „Großwetterlage" betreffen, sondern auch die internationale Wirtschaft und den Handel. Auch die Landwirtschaft und die vor- und nachgelagerten Wirtschaftsbereiche werden davon betroffen werden. Und auf dem gesellschaftlichen Meinungsmarkt in Deutschland wird das Thema Landwirtschaft und Gesellschaft angesichts der bevorstehenden Bundestagswahl weiter ein Konflikt- und Diskussionspunkt bleiben, der das Wirtschaften und Leben für uns Landwirte im ländlichen Raum sicherlich nicht einfacher machen wird. Vor die-

[*)] Überarbeitete Fassung des Vortrages im Rahmen des „Berliner Gesprächs" vom Forum Moderne Landwirtschaft am 19. Oktober 2016 in Berlin

sem Hintergrund formuliere ich im Folgenden aus der Sicht eines praktischen Landwirtes einige Überlegungen über die Landwirtschaft heute und in der Zukunft.

1. Konflikt Landwirtschaft – Gesellschaft: die Hauptinteressensgruppen

Noch gibt es keine unerträglichen Einschränkungen in der Produktion, Düngeverordnung und TA Luft lassen auf sich warten, die Prämie kommt meistens pünktlich und beim Landhändler stehen immer noch die schönen bunten Roundup-Kanister bereit.

Dennoch haben wir Landwirte alle das Gefühl, dass etwas nicht so läuft, wie es sollte, und dass unangenehme Veränderungen kommen werden. Signale, die uns diese andeuten, sind:

- Die Berichte in den Medien über die Missstände, die in der heutigen Landwirtschaft herrschen oder durch sie hervorgerufen werden.
- Unsere Mitbürger – ob Nachbarn im Dorf oder die Menschen in der fernen Stadt, die uns und unser Tun zunehmend kritisch sehen.
- Eine Politik, die es immer schwerer hat, in dieser hochemotionalen Stimmung nur auf Fakten basierende Entscheidungen zu treffen.
- Und da sind wir Landwirte, mittendrin und doch nicht mehr mittig in der Gesellschaft verankert.

Diese Interessengruppen, die in der öffentlichen Diskussion um Landwirtschaft und Gesellschaft eine wesentliche Rolle spielen, möchte ich etwas genauer beleuchten.

1.1 Die Medien und die NGO's

Die – auch von uns Landwirten – vielgescholtenen Medien und die Nicht-Regierungs-Organisationen, die NGOs, denen sie eine Plattform bieten, spielen in dem Konflikt zwischen Landwirtschaft und Gesellschaft keine einheitliche Rolle. Auf der einen Seite gibt es – um es einmal bewusst polemisch zu sagen – das Geschäftsmodell Agrarkritik. Hier wird hochemotional gearbeitet, mit verstörenden Bildern und möglichst auch gleich einer Person, die man verantwortlich machen kann – um dem Zuschauer das gute Gefühl zu geben, er selbst hätte mit der Sache nicht im Entferntesten etwas zu tun. Das Modell ist so gut eingeführt, dass die Akteure sich auf ein fundiertes Vorwissen der Medienkonsumenten verlassen können. Sie müssen in einem Beitrag heute gar nicht mehr erklären, warum die moderne Tierhaltung die Umwelt gefährdet und die Tiere misshandelt – das können sie als bekannt voraussetzen und gleich zu den besonders schrecklichen Nachrichten kommen. Diese Organisationen sind verständlicherweise an einem zielführenden Dialog mit der Landwirtschaft wenig interessiert – hier gibt

Landwirtschaft braucht den Dialog

es nur unrealistische Maximalpositionen, denn jede Verbesserung der Kritikpunkte an der modernen Landwirtschaft verringert die Umsatzmöglichkeiten.

Auf der anderen Seite gibt es auch unter den Kritikern eine Form der Berichterstattung, in der die zweifelsfrei vorhandenen Missstände objektiv aufgezeigt werden und eine Lösung unter Beteiligung aller Akteure angemahnt wird. Diese Form der Berichterstattung ist, das ist jedenfalls meine Wahrnehmung, inzwischen auf dem Vormarsch. Als ein Beispiel dafür möchte ich den Foodwatch-Kampagneleiter Matthias Wolfschmidt nennen. Wenn man sich seine Aussagen durchliest, kann man feststellen, wie wenig pauschal und feindbildgeleitet dessen Kritik an der heutigen Tierhaltung ist, und an wie vielen Stellen seine Kritik reale Missstände, aber zugleich auch gangbare Lösungswege aufzeigt. Der studierte Veterinärmediziner gibt als Leiter Strategie & Kampagnen bei Foodwatch die Richtung der Arbeit vor und ist stellvertretender Geschäftsführer. Mit seinen Analysen und Beiträgen benennt er durch die Fakten heute nicht mehr haltbare Annahmen, legt die Finger auf offene Wunden und weist auch auf für alle Beteiligten mögliche Lösungswege hin. Als Beispiele dafür will ich hier nur einige wenige der bemerkenswerten Feststellungen von Matthias Wolfschmidt nennen. So hat er im September 2016 in einem Interview mit dem Online-Medium „Jetzt. de", das zum Netzwerk der „Süddeutschen Zeitung" gehört, eingeräumt, dass die in den 1980er Jahren, als er Tiermedizin studierte, bei Verbrauchern verbreitete Ansicht, den von Landwirten gehaltenen Nutztieren gehe es automatisch gut, wenn ihre Haltungsbedingungen verbessert würden und man ihnen mehr Platz und Stroh geben würde und die Tiere nach draußen gehen könnten. „Aber so war es nicht", stellt er heute selbstkritisch fest. Vieles hänge vom guten Management der Betriebe ab, betont er. Je nachdem, wie gut oder schlecht ein Landwirt dies mache, „sind die Tiere gesund oder krank". Man müsse sich auch von der Vorstellung verabschieden, „dass die großen Betriebe automatisch schlecht und die kleinen automatisch gut sind". Obwohl in dieser Frage die Fronten oft verhärtet wären, versucht er dies in seinen Beiträgen immer wieder aufzuzeigen. Auch löse eine individuelle Konsumentscheidung wie Veganismus

Der studierte Veterinärmediziner Matthias Wolfschmidt gibt als Leiter Strategie & Kampagnen bei Foodwatch die Richtung der Arbeit vor und ist stellvertretender Geschäftsführer. Seine Kritik an der heutigen Tierhaltung ist wenig pauschal und feindbildgeleitet, sie weist an vielen Stellen auf reale Missstände hin und zeigt aber zugleich auch gangbare Lösungswege auf.

oder Vegetarismus alleine nicht das moralische Dilemma des gesellschaftlichen Umgangs mit dem Thema Tierhaltung und tierische Produkte.[1]

1.2 Die Mitbürger und der Verbraucher

Auch unsere Mitbürger und Verbraucher sind nicht eine homogene Masse, die sich von den Medien verführt auf die unschuldigen und wehrlosen Landwirte stürzt. Die Einteilung der Konsumenten in verschiedene Typen mit ihren von Umfeld und Lebenssituation geprägten Sichtweisen auf die moderne Landwirtschaft hat im Vorjahr die Heinz-Lohmann-Stiftung untersuchen lassen. Sie hat in der heutigen Kultur der Meinungsbildung vier Grundbilder des heutigen Bürgers herausgearbeitet. Dies sind der gespaltene, der saturierte, der überlastete und der besorgte Bürger. Wesentliche Ergebnisse der Studie und seine Auswirkungen auf die öffentliche Meinungsbildung hat Jens Lönneker auf der DLG-Wintertagung 2016 in München vorgestellt (siehe Lönneker, 2016, S. 99 ff.). Auch im Rahmen des Standortgesprächs des Forum Moderne Landwirtschaft im April 2016 in Berlin sprach Prof. Dr. Peter Kunzmann, katholischer Theologe, Philosoph und Inhaber der Professur für Ethik in der Tiermedizin an der Tierärztlichen Hochschule Hannover, über die gespaltene Persönlichkeit zwischen Bürger und Verbraucher. Der „Verbraucher" in den Menschen handele anders als der „Bürger" in ihnen es rational vertrete. Er mahnte aber zugleich die moderne Landwirtschaft: „Rettet euch bei anspruchsvollen Themen nicht über Verbraucherbefragungen!" Die Sorgen und Anforderungen der Bürger an die moderne Landwirtschaft müssten ernst genommen werden.[2]

Aus all dem ist es vor allem wichtig, uns vor Augen zu führen, dass wir mit unserer Kommunikation nicht alle Gruppen gleichermaßen erreichen werden. Einige von ihnen werden wir sehr einfach, andere vielleicht auch gar nicht erreichen.

1.3 Wir Landwirte

Aber auch wir selbst als Landwirte müssen unsere Position genau analysieren. Landwirtschaft hat, verglichen mit anderen Branchen, einige Besonderheiten. Wir Landwirte sind in hohem Maße Überzeugungstäter: Wir üben den Beruf nicht nur des Geldes wegen aus, sondern auch wegen der vielen Momente der Freude an der Arbeit in und mit der Natur, an der Selbstständigkeit und unternehmerischen Freiheit.

Aber gerade diese Passion erzeugt neben einem hohen Maß an Stabilität auch eine Reihe von Problemen. Als passionierter Landwirt richte ich den Blick häufig zu einseitig auf den naturalen Output meiner Produktion, auf die Flä-

---

[1] Wolfschmidt, Matthias (2016): „Veganismus allein löst nicht das moralische Dilemma". Interview von Charlotte Haunhorst. In: www.jetzt.de/essen", 22.9.2016
[2] Siehe hierzu Forum Moderne Landwirtschaft: Jahresbericht 2015/2016, S. 31

Landwirtschaft braucht den Dialog

chenerträge, auf die Milchleistungen und auf die Tageszunahmen und vielleicht weniger auf das ökonomische Optimum, was häufig bei einer geringeren Stufe der Intensität zu sehen ist.

Und ich erliege allzu leicht der Versuchung, die rechtlichen Vorgaben meiner Produktion etwas laxer auszulegen, insbesondere, wenn ich deren Sinn nicht verstehe oder akzeptiere. Von dieser Sorte Vorschriften gibt es im landwirtschaftlichen Fachrecht gar nicht so wenige.

In solchen Situationen fehlt dem Landwirt die Hierarchie eines Unternehmens, in der die Entscheidungsprozesse klar definiert sind und wo eben auch jemand dafür verantwortlich ist, dass alles nach Recht und Gesetz abläuft – unabhängig von Sinn oder Unsinn der Vorschriften.

Der Begriff „Compliance" spielt zwar in den Regelungen zur Betriebsprämie eine gewisse Rolle – aber noch nicht in den Entscheidungsprozessen von uns Landwirten. Im Gegenteil: Die Entwicklung der letzten 30 Jahre hin zu einer unternehmerischen Landwirtschaft hat uns in vielen Dingen näher an die Grenzen herangeführt, die in früheren Zeiten mit einem „das tut man nicht" markiert waren – sei es nun Grünlandumbruch oder Fruchtfolgevereinfachung.

> **Zwischenfazit:**
>
> Wir Landwirte müssen offen mit bestehenden Defiziten umgehen. Wir dürfen die Augen vor bestehenden Problemen nicht verschließen. Gefragt sind Lösungen im Konsens mit der Gesellschaft.

2. Die Vision: Landwirtschaft 2030

Mangels einer anderen Qualifikation werde ich wohl auch in 15 Jahren immer noch praktischer Landwirt sein und habe deshalb eine sehr konkrete und optimistische Vorstellung davon, wie die moderne Landwirtschaft 2030 aussehen wird:

- **Die Betriebe werden sich noch mehr differenzieren:** Ich erwarte, dass die Betriebe in ihrer Ausrichtung sich noch mehr differenzieren, als dies heute schon der Fall ist. Dabei richten die Landwirte ihre Betriebe – nach genauer Analyse von Standort und eigenen Stärken – an den Erfordernissen des Marktes und ihres Umfeldes aus. Es gibt sowohl Ökobetriebe mit intensiver Vermarktung von Konsumerlebnissen wie auch Betriebe, die mit höchster Produktivität für den Weltmarkt produzieren.
- **Technischer Fortschritt wird von allen zur Verbesserung von Produktivität und Nachhaltigkeit genutzt:** Alle Betriebe setzen den technischen Fortschritt zur Verbesserung von Produktivität und Nachhaltigkeit ein. Dies gilt insbesondere für Verfahren der Digitalisierung. Diese werden auch genutzt, um die Transparenz entlang der Wertschöpfungskette zu erhöhen, und damit auch dem Verbraucher alle Informationen über das Produkt zugänglich zu machen.

- **Jedes Produkt ist hinsichtlich der Nachhaltigkeit seiner Erzeugung transparent. Der Landwirt hat die Transparenz seiner Produktion als Teil der Wertschöpfung begriffen.** Der kritische Verbraucher hat dadurch noch mehr Möglichkeiten, sich über Produktion und Produkte zu informieren. Jedes Produkt ist im Hinblick auf die Nachhaltigkeit seiner Erzeugung transparent.
- **Ein so informierter Verbraucher sieht keinen Gegensatz zwischen modernen Verfahren und nachhaltiger Landwirtschaft. Er vertraut der Sicherheit der Produktion.**
- **Durch die Politik werden die Ansprüche der Gesellschaft in messbare Leistungen der Landwirte erkennbar.** Im Dialog um die Ansprüche der Gesellschaft hat die Politik einen Weg vorgegeben, diese Ansprüche in messbare Leistungen der Landwirte zu übersetzen. Diese Leistungen werden auch danach beurteilt, ob die Ansprüche der Gesellschaft über die Anforderungen an die Nachhaltigkeit hinausgehen. In diesen Fällen werden sie auch vergolten.

3. Der Weg / Die Strategie

Was sind die Herausforderungen, wenn wir diese Ziele erreichen wollen?
- **Die Landwirtschaft kann Ziele nicht alleine erreichen, wir brauchen den Dialog:** Die genannten Ziele der Vision „Landwirtschaft 2030" können von der Landwirtschaft nicht alleine erreicht werden. Nachdem die Situation so festgefahren ist wie derzeit, braucht es einen Dialog mit den Interessengruppen der Gesellschaft, die ernsthaft an einer Lösung interessiert sind. Und dies

sind meiner Meinung nach mehr als wir denken.

Auch unter den Umwelt-NGOs gibt es mehr und mehr Stimmen, die einen konstruktiven Dialog befürworten – auch schon aus der Erkenntnis heraus, dass man nicht bis in alle Ewigkeit nur Probleme anprangern kann. Früher oder später wird ein jeder nach seinem Beitrag zur Lösung dieser Probleme gefragt.

- **Aufgabe der Politik ist es, diesen Dialog zu moderieren und seine Ergebnisse in Vorgaben zu übersetzen.** An Unterstützung aus Wissenschaft und Fachorganisationen dafür mangelt es nicht.
- **Wir Landwirte sind auf diesen Dialog nicht so gut vorbereitet, wie wir sein könnten und müssten.** Die meisten Bauern sind keine Kommunikationsprofis – das heißt aber nicht, dass wir nichts zu sagen hätten. Wir sind es nur nicht gewohnt, ganz genau hinzuschauen, wer eigentlich der Empfänger unserer Botschaften ist und wie wir diese so verpacken, dass dieser sie auch gerne wieder auspackt und sie am Ende bei diesem auch ankommen, d. h. verstanden werden.
- **Wir Bauern sind noch größere Dilettanten im Umgang mit Kritik und Vorwürfen.** Das war in der jüngsten Skandalgeschichte um die Tierhaltung bei bekannten Landwirten im Herbst 2016 gut zu sehen. Wer sich in der Schweinehaltung etwas auskennt, der wird wissen, dass man die meisten Bilder so in fast jedem Stall sehen kann, dass sie Begleiterscheinungen einer Produktion zeigen, die nun einmal so ist, wie sie ist. Und das liegt nicht daran, dass Bauern ausgesprochen grausame Menschen sind, sondern an der Art und Weise, wie sich Produktionsmethoden in unserem Wirtschaftssystem entwickeln – nämlich an der Ökonomie orientiert und innerhalb der Vorgaben unseres Ordnungsrechts.
- **Gefragt sind Lösungen im Konsens mit der Gesellschaft, mit intelligenten Verfahren des Interessenausgleichs, mit Bewertungssystemen statt Wunschvorstellungen und mit konsequenter Nutzung des technischen Fortschritts.**
- **Von eindeutigen Verstößen gegen bestehende und rechtlich sinnvolle Vorgaben durch Landwirte müssen wir uns klar distanzieren.** Gefordert sind wir hier gerade auch als Landwirte, die in Zukunft den Begriff Compliance mehr verinnerlichen wollen. Wir Landwirte müssen uns von eindeutigen Verstößen gegen bestehende und rechtlich sinnvoll Vorgaben durch andere Betriebe klar distanzieren.
- **Das gilt auch für unsere Verbände.** Alles andere ist falsch verstandene Solidarität und Wagenburgdenken!
- **Wir müssen unsere Kommunikation professionell weiterentwickeln.** Wenn man an der heutigen, verfahrenen Situation etwas ändern will, und das sollte unser aller Interesse sein, dann geht das nur, wenn wir neben unserer

Produktion auch unsere Kommunikation professionell weiterentwickeln. Nur so kann bei den Menschen, die wir erreichen wollen, ein möglichst stimmiges Bild dessen ankommen, was wir unter moderner Landwirtschaft verstehen.

4. Die Säulen für den Dialog mit der Gesellschaft

Als Fazit des zuvor beschriebenen Zustandsverhältnisses zwischen Landwirtschaft und Gesellschaft sehe ich folgende vier wesentliche Säulen, auf denen die moderne Landwirtschaft den Dialog mit der Gesellschaft aufbauen und hieran ihre Strategie konsequent ausrichten sollte:
- Die Professionalisierung der Verfahren, hin zu mehr Nachhaltigkeit bei gleichzeitig höchster Produktivität.
- Die Transparenz unserer Produktion, damit es nichts mehr zu enthüllen gibt und der Verbraucher auf Augenhöhe mitentscheiden kann.
- Die Beachtung der Leitplanken, der Compliance, in unseren täglichen Entscheidungen und auch in der Beurteilung unserer Kollegen.
- Und eine professionelle, einheitliche Kommunikationsstrategie, damit wir in der Diskussion wieder die Initiative ergreifen.

5. Damit alles so bleibt, wie es ist, muss sich alles ändern

Am besten wäre es, es bliebe alles so, wie es ist. So oder ähnlich denken sicherlich viele unserer Mitbürger und auch viele von uns Landwirte. „Panta rhei" – „Alles fließt" – diese Weisheit des altgriechischen Philosophen Heraklit ist allen bekannt. Damit sagt er uns, dass alles und jedes im Fluss der Veränderung ist. Doch schließen möchte ich meine Überlegungen über die Landwirtschaft heute und in der Zukunft mit einem anderen, fast sybillinischen Sprichwort des durch seinen posthum erschienenen Roman „Der Leopard" bekannt gewordenen italienischen Schriftstellers Guiseppe di Lampedusa[3]. Vermutlich gibt es nur wenige Parallelen zwischen der modernen Landwirtschaft heute am Anfang des 21. Jahrhunderts und der italienischen Monarchie Ende des 19. Jahrhunderts. Doch der folgende Satz des aus einer der ältesten und einflussreichsten Familien der sizilianischen Aristokratie stammenden Guiseppe di Lampedusa steht für mich als ein treffendes Motto für unsere Gesellschaft und für die moderne Landwirtschaft heute und morgen. Diese Lebensweisheit lautet:

> *„Wenn wir wollen, dass alles so bleibt, wie es ist, dann ist es nötig, dass sich alles verändert."* [4]

---

[3] Guiseppe di Lampedusa: * 23. Dezember 1896 in Palermo; † 23. Juli 1957 in Rom
[4] Guiseppe di Lampedusa (1959): Der Leopard. So im 1. Kapitel des Romans der junge Prinz Tancredi zu Fürst Salina (S. 32).

Landwirtschaft braucht den Dialog

Veränderung geschieht selbst ohne unser Zutun und es gibt keine Stagnation. Das will uns Guiseppe di Lampedusa damit sagen. Und wir können noch fragen: Kann diese Situation der Veränderung vom Menschen beeinflusst werden oder eben nicht?

Literatur

Forum Moderne Landwirtschaft (2016): Jahresbericht 2015/2016. Berlin: Forum Moderne Landwirtschaft

Lampedusa, Guiseppe di (1959): Der Leopard. Übersetzung von Charlotte Birnbaum. München: Piper-Verlag.

Lönneker, Jens (2016): Der neue Wankelmut in der öffentlichen Meinung. Neue Methoden der Einflussnahme auf öffentliche Meinungsbildung – Auswirkungen und Herausforderungen auf die Zukunft der Landwirtschaft. In: DLG (Hrsg.): Moderne Landwirtschaft zwischen Anspruch und Wirklichkeit. Eine kritische Analyse. (Archiv der DLG, Band 110). Frankfurt am Main: DLG-Verlag, S. 97-114

Wolfschmidt, Matthias (2016): „Veganismus allein löst nicht das moralische Dilemma". Interview von Charlotte Haunhorst. In: www.jetzt.de/essen", 22.9.2016. Online unter: http://www.jetzt.de/essen/interviews-mit-stellvertretendem-foodwatsch-geschaeftsfuehrer-matthias-wolfschmidt-ueber-tierschutz.

Hubertus Paetow

ist Landwirt in Finkenthal-Schlutow (Mecklenburg-Vorpommern). Nach seiner landwirtschaftlichen Ausbildung studierte er in Göttingen und Kiel Agrarwissenschaften. Der diplomierte Landwirt übernahm anschließend die Betriebsführung eines 320 ha großen Pachtbetriebes mit Marktfrüchten in Ottenhof (Ostholstein). Ab 1996 war er neun Jahre Geschäftsführer einer 520 ha großen Betriebsgemeinschaft mit Marktfruchtanbau. 2005 übernahm er die Leitung des heute 1.200 ha großen landwirtschaftlichen Betriebes in Schlutow, den sein Vater Konrad Paetow, der zu den herausragenden deutschen Ackerbauern und Unternehmern zählt, nach der Wiedervereinigung in seiner alten Heimat erfolgreich wieder aufgebaut hat.

Seit Jahren engagiert sich der 50 jährige Unternehmer-Landwirt Hubertus Paetow auch in der DLG-Facharbeit. So ist er Mitglied im DLG-Gesamtausschuss sowie in den Ausschüssen für Betriebsführung und für Digitalisierung, Arbeitswirtschaft & Prozessführung. 2015 ist er zum neuen Vorsitzenden des Testzentrums Technik und Betriebsmittel und zugleich zum DLG-Vizepräsidenten gewählt worden. Er ist auch Mitglied des geschäftsführenden Vorstandes der Arbeitsgemeinschaft Familienbetriebe Land und Forst.

Dr. Reinhard Grandke, *Hauptgeschäftsführer der DLG, Frankfurt am Main*

Raus aus der Abseitsfalle!

Tierhaltung neu denken –
Anforderungen an Transparenz und Lösungsweg

Die Diskussion und die Auseinandersetzung um die Haltung von Nutztieren hat eine neue „Qualität" erreicht: Mit Bildern aus Ställen von Funktionären und führenden Landwirten verschiedener landwirtschaftlicher Organisationen, wie in der PANORAMA-Sendung am 22. September 2016 in der ARD geschehen, sollen nicht nur die Tierhaltung und die moderne Landwirtschaft im Allgemeinen an den Pranger gestellt werden, sondern deren Vertreter und deren Organisationen und somit das Gesamtsystem unglaubwürdig gemacht werden. Dieser professionell und langfristig angelegten Aktion hat die Landwirtschaftsbranche derzeit wenig entgegenzusetzen. Vielmehr scheint es, dass sie sich durch die Kritik an einer nicht immer glücklichen Kommunikation mit den Medien und Teilen der Gesellschaft in eine Ecke manövriert, der den Dialog mit diesen nicht leichter macht.

Raus aus der Abseitsfalle

Aus dieser Ecke muss die Landwirtschaft herauskommen. Aber wie? Die Landwirtschaft braucht Lösungswege, damit Tierhaltung eine Zukunft hat. Mögliche Wege hin zu einer im Dialog mit der Gesellschaft akzeptierten Tierhaltung werden im Folgenden skizziert.

1. Ungeschminkte Einschätzung der Situation

Zunächst ist eine ungeschminkte Einschätzung der Situation erforderlich. Nicht alle Bilder der Tierproduktion werden dem fachfremden Beobachter verständlich sein, aber einige dieser Bilder über den Umgang mit dem Tier, die im Einzelfall auch Verstöße gegen das Tierschutzgesetz nahelegen, dürfen nicht sein und dürfen von der Branche und den Landwirten nicht toleriert werden. Jeder Tierhalter ist sich selbst und seinen Tieren gegenüber für eine artgerechte Tierhaltung verantwortlich. Dabei sollten weder gesetzliche Anforderungen noch das gesellschaftliche Verständnis von „artgerecht" allein Orientierung geben. Gesetze sind einzuhalten! Das Wissen, die Erfahrung und das Selbstverständnis des Tierhalters für jedes einzelne Tier sind ein viel strengerer Maßstab. Das Verhältnis des Landwirts zum Tier darf dabei nicht nur von ökonomischen, sondern muss auch von den eigenen ethischen Maßstäben geprägt sein. Ein Anspruch, der auf vielen Betrieben über Generationen hinweg den Mittelpunkt des Handelns bestimmt. Der Leitsatz der Züchter „Züchten heißt denken in Generatio-

Das Verhältnis des Landwirts zum Tier darf nicht nur von ökonomischen, sondern muss auch von den eigenen ethischen Maßstäben geprägt sein.

nen" ist die Grundlage dieses Selbstverständnisses, der Verantwortung vieler landwirtschaftlichen Betriebe und auch deren Verpflichtung für eine Landwirtschaft über Generationen.

2. Verantwortung gilt auch gegenüber Tierhaltern: Eindringen in die Betriebe ist nicht zu legitimieren

Auf der anderen Seite gibt es aber auch eine Verantwortung gegenüber den Tierhaltern. Ist es wirklich richtig, dass das nachvollziehbare öffentliche Interesse an möglichen Verstößen gegen Gesetze zum unmittelbaren Einbruch ermächtigt? Ist der vermutete Verstoß gegen Tierschutzrecht ein Freibrief, Rechtsgüter des privaten Bereiches hintenanzustellen? Die Abwägung ist, gerade auch im Angesicht mancher Bilder, schwierig. In der öffentlichen Wahrnehmung wird es zunehmend toleriert, dass das Wohl eines Tieres das unbefugte Einsteigen in einen Betrieb überwiegt. Nicht zu tolerieren ist, dass das Eindringen in die Betriebe legitimiert wird. Ein jüngstes Urteil des Amtsgerichtes Haldensleben, das landwirtschaftliche Betriebe quasi zum öffentlichen Raum erklärt und jeden Einbruch mit dem Argument der Verantwortung für das Tier rechtfertigt, ist und kann keine Legitimation für jedermann sein, anonym in Ställe einzudringen. Insbesondere deshalb kann das nicht rechtens sein, weil es unter anderem mit der amtstierärztlichen Kontrolle rechtskonforme Alternativen gibt.

Ganz vergessen wird dabei die Verantwortung gegenüber den Tieren: Eindringliche Fremde können nicht nur Tierkrankheiten einschleppen, sondern auch bei den Tieren große Angst und Stress auslösen.

3. Transparenz muss zum Selbstverständnis der Tierhalter gehören

Die Landwirtschaft braucht eine ganzheitliche Transparenz und ein anderes (neues) Verständnis von den Transparenzbedürfnissen der Gesellschaft und in der Folge von Nichtregierungsorganisationen (NGO´s) und Medien. Transparenz muss zum Selbstverständnis der Tierhalter gehören und auf den Betrieben entsprechend organisiert werden. Transparenz muss der Landwirt aktiv gestalten. Es müssen Lösungswege gefunden werden, die nicht anonymes Einsteigen mit „verrammelten" Stalltüten beantworten. Von allen Seiten akzeptierte Wege und Möglichkeiten zum Dialog und zur Transparenz sind nötig.

Hilfsmittel können beispielsweise Webcams in den Ställen sein, die es vereinzelt bereits bei Landwirten gibt. Sie belegen eine dauerhafte Bereitschaft zur Transparenz. Sie dokumentieren nach außen auch ein Selbstbewusstsein für den Umgang mit den Tieren und auch die Normalität mancher Bilder, beispielsweise bei der Geburt von Ferkeln. Webcams sind auch eine betriebsinterne Hilfe. Landwirte und Mitarbeiter sind sich so zu jeder Zeit bewusst, dass die „Öffentlichkeit" den Umgang mit den Tieren einsehen kann und werden somit viel bewusster mit den Tieren umgehen. Proaktive Transparenz und Offenheit weisen den Weg.

Kommunikation, Dialog und Auseinandersetzung mit dem eigenen Umfeld werden zu neuen, bisher viel zu wenig eingesetzten strategischen Aufgaben der Betriebsleiter. Eigenverantwortung für das Unternehmen im jeweils eigenen Umfeld bedeutet auch, eigene Initiativen auf dem Feld der Kommunikation zu entwickeln. Denn immer wieder zeigen ermutigende Beispiele: Der Landwirt selbst ist der positivste Imageträger, weil authentisch.

4. Das Verhältnis von Verbänden und Organisationen zu den Landwirten ist neu zu definieren

Wir brauchen eine Neudefinition des Verhältnisses von Verbänden und Organisationen zu den Landwirten und ganz besonders zum Ehrenamt. Es reicht heute nicht mehr aus, nach klassischem Muster die Interessen zu vertreten. Zeitgemäßes Ehrenamt muss seinen eigenen Betrieb vorbildlich führen. Dies ist auch eine Verantwortung der Organisationen, die vom Ehrenamt geführt werden. Wenn der Betriebsleiter der Schlüssel zum Wohle der Tiere ist, dann muss sichergestellt werden, dass diese Funktion, wenn der Betriebsleiter im Ehrenamt unterwegs ist, auf seinem Betrieb gegeben ist.

Modernes Ehrenamt muss nicht nur in die Branche hinein, sondern auch mit

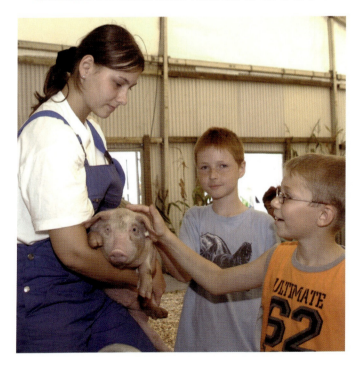

Der Landwirt selbst ist der positivste Imageträger. Daher muss der Landwirt wie auch das Ehrenamt selbst kommunizieren.

der Gesellschaft kommunizieren. Wenn der Landwirt selbst der positivste Imageträger ist, dann muss der Landwirt, der ehrenamtlich aktiv ist, auch selbst kommunizieren. Twitter, Facebook und Blogs gehören somit, wie bei anderen in der Öffentlichkeit stehenden Personen (wie etwa bei Politikern) zum Standardrepertoire. Kommunikation und Argumentation wird nicht mehr (nur) von Pressesprechern und Kommunikationsabteilungen gemacht, sondern wird persönlicher und individueller, mit allen Chancen und Risiken. Für die Verbände und Organisationen heißt diese Situation aber auch: neue Allianzen schließen und die Vorgehensweisen im Dialog und Diskurs an kritischen und gemeinsamen Punkten gestalten.

Die in dem erwähnten Fernsehbericht gezeigten Bilder zielen auf die höchsten Vertreter der Verbände, wodurch die Glaubwürdigkeit der Kommunikation von Verbänden auch zu Verfahren moderner Tierhaltung in die nicht-landwirtschaftlichen Gesellschaft beeinträchtigt wird. Das ist, auch wegen der dort vorhandenen fachlichen Kompetenz, nicht gerechtfertigt. Daher sollte die Branche, Landwirte und das Agribusiness, auch ihre eigenen Initiative, das „Forum moderne Landwirtschaft", unterstützen.

5. Die Zuliefererindustrie der Technik und Agribusiness sind ebenfalls gefordert

Auch die Zuliefererindustrie der Technik ist gefordert. Sie muss ihre Innovationen auf gesellschaftlich akzeptierte Stalleinrichtungen ausrichten, ohne die Wettbewerbsfähigkeit der Betriebe aus dem Auge zu verlieren. Der Anspruch von Gesellschaft und Verbrauchern hört nicht an der Stalltür auf, sondern gilt auch für die Stufen der Vorlieferanten.

6. Es gibt Parallelwelten: NGO's und landwirtschaftliche Organisationen

Bisher gibt es scheinbare Parallelwelten: von Organisationen, die sich aus der Sicht des Verbrauchers definieren (die sogenannten NGO´s oder Organisationen der Zivilgesellschaft) und von den klassischen landwirtschaftlichen Organisationen, die sich aus der Produktion heraus definieren. Ein Teil dieser Organisationen scheint beides zu verbinden und die Argumentationen von „Tierrechts"-Kampagnen zu nutzen. Diese Abgrenzungen werden fallen. In einer der nächsten Aktionen könnte auch die Bioproduktion von Tieren in den gleichen Fokus der Tierrechtler kommen. „Bio-Wahrheit.de", eine Website von Ariwa, arbeitet bereits in diese Richtung.

Raus aus der Abseitsfalle

7. Fortbildung muss zum Selbstverständnis gehören

Gefordert ist die gesamte Branche auch, den Tierhaltern mehr Kompetenz im Bereich der Tierwohlentwicklungen zu vermitteln. Es ist nicht nachzuvollziehen, dass Sachkundenachweis oder Fortbildung nicht selbstverständlich sind. Lernen in jeder Phase des Lebens ist notwendig und gehört zum Selbstverständnis. Dies gilt für jeden Landwirt und auch für jeden Tierhalter.

Raus aus der Abseitsfalle

Kein Lösungsansatz ist das angekündigte staatliche Tierschutzlabel. Der Staat schafft über die rechtlichen Voraussetzungen einen Rahmen für die Tierhaltung. Aber er kann die Systeme nicht „labeln". Denn entweder er labelt den gesetzlichen Standard und wird damit unglaubwürdig, weil sich dann jedermann fragt, warum Selbstverständliches ausgezeichnet wird. Zeichnet er aber über dem gesetzlichen Standard liegend aus, entsteht die Frage, warum dies kein Standard sei. Statt staatlicher Label braucht es einen auf wissenschaftlichen Grundlagen erarbeiteten Rahmen für Zulassungsverfahren. Dieser kann dann vom Staat als Voraussetzung zur Zulassung von Tierhaltungssystemen und Stalleinrichtungen verwendet werden.

8. Strategie Tierhaltung 2030 ist notwendig

Ein wesentlicher Punkt ist des Weiteren, dass die Branche den Mut zur eigenen Strategie haben muss. Eine branchengetragene, abgestimmte und in Richtung gesellschaftlicher Akzeptanz konzipierte Strategie der Tierhaltung ab 2030 ist notwendig, mit allen Umsetzungsschritten, um einzelnen Forderungen einen Gesamtrahmen zu bieten und die Tierhaltung als System kommunizierbar, diskutierbar und somit dialogfähig zu machen.

Eine Branche, die für sich in Anspruch nimmt, nachhaltig zu sein und über Generationen zu denken, muss einen Entwurf der Tierhaltung der Zukunft haben, der gegenüber Politik, Wirtschaft und Gesellschaft ein sattelfestes Konzept anbietet. Hier ist die Branche proaktiv und nicht reaktiv gefragt.

9. In Richtung integrierte Produktionssysteme

Mit dieser Strategie werden sich die Produktionssysteme ändern. Sie werden neben den tierphysiologischen Aspekten auch gesellschaftliche berücksichtigen. Die „Übersetzung" der Verbraucherwünsche rückwärts, aber auch das Angebot der Erzeugerstufe vorwärts in der Wertschöpfungskette müssen enger vernetzt werden. Dies bedeutet einen Schritt in Richtung integrierte Produktionssysteme. Dieser ist auch sinnvoll, weil er die Betriebe im Hinblick auf zu leistende Investitionen absichert. Aus diesen Systemen lassen sich echte Marken mit Mehrwert entwickeln – im Gegensatz zu den Konzepten, die den Landwirt für Tierwohl anonym bezahlen. Mit diesen Marken werden auch die Verantwortung der Produktion und die Kontrolle geteilt und bis zum Kunden „durchdekliniert". Dann kann sich der LEH nicht mehr beliebig aus der Verantwortung – und das bedeutet auch Zahlungsverpflichtung – heraustehlen.

Zugegeben, das ist weit in die Zukunft gedacht. Aber wer glaubt ernsthaft, dass sich das bisherige – zweifellos erfolgreiche – System ohne weiteres fortsetzen lässt? Der Ball liegt bei uns Landwirten, dem Agribusiness und den Organisationen und Verbänden. Versuchen wir, ihn ins Tor zu bringen.*⁾

---

*) Siehe hierzu ebenfalls den Beitrag: Reinhard Grandke: Raus aus der Abseitsfalle. In: DLG-Mitteilungen, Heft 11, November 2016, S. 20-21

Dr. Reinhard Grandke

ist seit Januar 2004 Hauptgeschäftsführer der DLG.
Aus Offenbach am Main stammend, studierte Grandke nach Abitur und landwirtschaftlicher Lehre Agrarwissenschaften an der Justus-Liebig-Universität Gießen mit dem Schwerpunkt Tierproduktion. Daran schloss sich die Promotion an. Von 1991 bis 1994 hat er als geschäftsführender Vorstand die Zentralbesamungsstation in Gießen geleitet. Wertvolle Erfahrungen sammelte er anschließend vier Jahre lang als Managementberater bei dem Beratungsunternehmen Hirzel Leder & Partner. 1998 wurde er zum Geschäftsführer für den Fachbereich Landwirtschaft und ländliche Entwicklung der DLG berufen und seit 2004 ist er Hauptgeschäftsführer der DLG.
Dr. Grandke wurde im November 2002 an der Justus-Liebig-Universität Gießen für das Fachgebiet „Tierzucht und Organisationsmanagement" habilitiert und im Februar 2003 zum Privatdozent ernannt. Im Herbst 2011 erfolgte seine Ernennung zum Honorar-Professor im Fachbereich Agrarwissenschaften, Ökotrophologie und Umweltmanagement der Universität Gießen.

III. Globale Agrarproduktion und Agrarhandel

Prof. Dr. Matin Qaim, *Lehrstuhl für Welternährungswirtschaft und Rurale Entwicklung, Georg-August-Universität Göttingen*

Globale Agrarproduktion und technischer Fortschritt[*)]

Herausforderungen und Trends

Weltweit hungern rund 800 Mio. Menschen. Zusätzlich leiden etwa 2 Mrd. an Mikronährstoffmangel. Die Ziele zur Nachhaltigen Entwicklung der Vereinten Nationen streben bis zum Jahr 2030 eine Welt ohne Hunger an. Heute stünden theoretisch jedem Menschen die für eine ausreichende Versorgung empfohlenen 2.500 kcal / Kopf zur Verfügung, denn es werden im weltweiten Durchschnitt rund 2.800 kcal / Kopf produziert. Dass dennoch so viele Menschen unterversorgt sind, liegt an der ungleichen Verteilung. Vor allem in den Entwicklungsländern sind viele Menschen schlichtweg zu arm, um sich ausreichend mit

---

[*)] Buchfassung des Vortrages im Rahmen der Klausurtagung der DLG über „Landwirtschaft 2030" am 11. Oktober 2016 im DLG-Haus in Frankfurt a. M.

Globale Agrarproduktion und technischer Fortschritt

Übersicht 1:
Weltweit hungern 795 Mio. Menschen

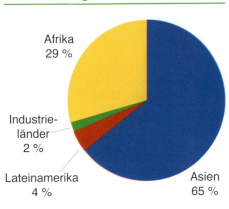

Afrika 29 %
Industrieländer 2 %
Lateinamerika 4 %
Asien 65 %

Quelle: FAO, 2015

Lebensmitteln und anderen Grundbedürfnissen versorgen zu können. Hunger ist also ein Armutsproblem. Armutsbekämpfung muss zentraler Bestandteil jeder vernünftigen Strategie zur Hungerbekämpfung sein.

Über die Armutsfrage hinaus ist Hunger aber auch ein Produktions- und Mengenproblem, denn die Tatsache, dass heute theoretisch ausreichend Nahrung produziert wird, kann zukünftig nicht als gegeben vorausgesetzt werden. Die globale Nachfrage nach Nahrung und anderen Agrarprodukten wächst. Treiber sind der globale Bevölkerungsanstieg, wirtschaftliches Wachstum, sich verändernde Verbraucherpräferenzen und die steigende Nutzung nachwachsender Rohstoffe für energetische und stoffliche Zwecke. Zu erwarten ist, dass die Weltbevölkerung von heute 7,2 Mrd. auf rund 9,6 Mrd. Menschen im Jahr 2050 ansteigen wird. Steigende Einkommen verschieben darüber hinaus die Nachfrage hin zu höherwertigen Produkten, inklusive tierischer Erzeugnisse. Wenn die Agrarproduktion nicht ausgedehnt würde, würde die rechnerische Versorgung im Jahr 2050 auf 2.100 kcal / Kopf sinken (siehe Übersicht 2) Das globale Bevölkerungswachstum und die Änderung der Ernährungspräferenzen sorgen dafür, dass die Nachfrage nach Nahrungs- und Futtermitteln bis 2050 um rund 60 Prozent steigen wird.

> *Hunger ist ein Armutsproblem. Armutsbekämpfung muss zentraler Bestandteil jeder vernünftigen Strategie zur Hungerbekämpfung sein.*

> *Wenn die Agrarproduktion nicht ausgedehnt wird, würde die rechnerische Versorgung im Jahr 2050 auf 2.100 kcal / Kopf sinken.*

Darüber hinaus ist ein zusätzliches Nachfragewachstum aufgrund der zu erwartenden Steigerung der Nutzung in den Bereichen Bioenergie und Bioökonomie zu erwarten. Nachwachsende Rohstoffe spielen eine zentrale Rolle bei der schrittweisen Transformation hin zu einer erdölunabhängigeren Wirtschaft. Entwicklungen im Bereich Bioökonomie sind langfristig schwer vorhersagbar, müssen aber als zusätzlich zur der 60-prozentigen Nachfragesteigerung aus der Ernährungswirtschaft gesehen werden. Insgesamt könnte die globale Nachfrage nach Agrarprodukten bis 2050 um mehr als 80 % steigen, was einer jährlichen Wachstumsrate von 1,8 % entspräche.

Globale Agrarproduktion und technischer Fortschritt

Übersicht 2:
Globale Kalorienversorgung

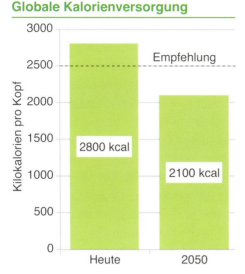

Es ist eine zusätzliche Nachfragesteigerung aufgrund der zu erwartenden Steigerung der Nutzung in den Bereichen Bioenergie und Bioökonomie zu erwarten.

Insgesamt könnte die globale Nachfrage nach Agrarprodukten bis 2050 um mehr als 80 % steigen, was einer jährlichen Wachstumsrate von 1,8 % entspräche.

Globale Landwirtschaft muss steigende Nachfrage nach Nahrungsmitteln, Futter und Agrarprodukten für die stoffliche Verwertung bedienen

Die globale Landwirtschaft steht vor der immensen Herausforderung, die steigende Nachfrage bei knapper natürlicher Ressourcenausstattungen zu bedienen. So ist die Ausdehnung der Ackerflächen weitgehend ausgeschöpft. Weitere Flächenausdehnungen sind mit steigenden Umweltkosten durch Verlust von Biodiversität und Klimaschäden verbunden. Um diese soweit wie möglich zu reduzieren, müssen alle Regionen nachhaltige Produktivitätssteigerungen in der Landwirtschaft vorantreiben. Insbesondere die Entwicklungsländer sind gefordert, denn Bedarf und Potenzial für Ertragssteigerungen sind dort am größten und die größten Nachfragezuwächse entstehen ebenfalls dort. Insbesondere in Afrika gibt es aufgrund des niedrigen technologischen Niveaus

Sicherung der Welternährung ist eine Jahrhundertherausforderung.

Globale Agrarproduktion und technischer Fortschritt

großes Potenzial, die Flächenerträge zu steigern. Aber die natürlichen Ressourcen sind weltweit knapp, sodass auch der Gunststandort Europa in der Verantwortung steht, Erträge zu sichern bzw. zu steigern und dabei Umweltbelastungen zu reduzieren. Ohne eine globale Steigerung der Agrarproduktion wird die globale Nachfrage nach Agrargütern nicht gedeckt werden können.

> *Die globale Landwirtschaft steht vor der immensen Herausforderung, die steigende Nachfrage zu bedienen. Alle Regionen müssen nachhaltige Produktivitätssteigerungen in der Landwirtschaft vorantreiben. Insbesondere die Entwicklungsländer sind gefordert, denn Bedarf und Potenzial für Ertragssteigerungen sind dort am größten und die größten Nachfragezuwächse entstehen ebenfalls dort.*

Jedoch geben die aktuellen Entwicklungen bei den Getreideerträgen Anlass zur Sorge, ob die wachsende Nachfrage bedient werden kann. Zwischen 1960 und 1990 sind die Getreideerträge weltweit um jährlich mehr als 2 % gestiegen. Demgegenüber hat sich das Ertragswachstum in den folgenden Jahrzehnten kontinuierlich abgeschwächt. In den letzten 15 Jahren war der durchschnittliche Ertragszuwachs jährlich unterhalb von 1,5 %, also niedriger als der Zuwachs auf der Nachfrageseite.

Neben diesem generellen Trend abnehmenden Ertragswachstums wird die Versorgungslage bedingt durch den Klimawandel unsicherer. Extreme Wetterla-

Übersicht 3:
Ertragseffekte des Klimawandels bis 2050

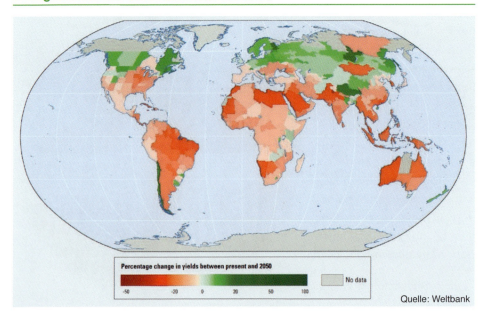

Quelle: Weltbank

Globale Agrarproduktion und technischer Fortschritt

gen mit mehr Dürren, Starkregen und Überflutungen erhöhen die Gefahr von Missernten. Betroffen sind insbesondere Regionen, in denen bereits heute Versorgungsrisiken bestehen wie etwa Afrika und das südliche Asien. Auch in Südamerika bedeutet der Klimawandel höhere Ertragsrisiken und die zunehmende Trockenheit begrenzt zunehmend die Ertragsniveaus.

Technologien als Teil der Lösung, die Nachfrage nach Agrarprodukten zu bedienen

In der Vergangenheit haben Chemie und Bewässerung mehr als 50 Prozent der Ertragszuwächse ausgemacht. Die Intensitätssteigerungen haben teilweise zu Umwelt- und Klimaproblemen geführt. Folgerung hieraus ist, dass das Management der Nutzung der Inputs verbessert werden muss, um bedarfsgerechten Einsatz von Dünger und Pflanzenschutzmitteln zu erreichen. Denn chemischer Pflanzenschutz, Mineraldünger und moderne Züchtung bleiben zentrale Bausteine, um die benötigten Ertragssteigerungen zu erreichen. Zunehmende Rolle bei der Ertragssteigerung spielen neue Technologien, die die Ressourceneffizienz erhöhen und höhere Erträge bei geringerem Einsatz chemischer Inputs ermöglichen. Große Potenziale, dieses Ziel zu erreichen, bieten besonders moderne Züchtungsmethoden und die digitalen Technologien des Precision Farming.

Wichtiger wird zudem der Weltagrarhandel. Viele Entwicklungsländer sind Nettoimporteure von Getreide als wichtiges Grundnahrungsmittel. Der Getreidebedarf wird bedingt durch das Bevölkerungswachstum weiter wachsen, gleichzeitig steigen die klimabedingten Ertragsrisiken,

Um die benötigten Ertragssteigerungen zu erreichen, bieten besonders moderne Züchtungsmethoden und die digitalen Technologien des Precision Farming große Potenziale.

Globale Agrarproduktion und technischer Fortschritt

insbesondere in den Regionen mit den größten Nachfragezuwächsen. Der Weltagrarhandel ist unverzichtbarer Baustein um die Versorgungsengpässe zu überbrücken und Ernährungssicherheit zu erreichen. Offene Handelswege tragen zudem zu niedrigeren Preisen (und geringeren Preisschwankungen) für Nahrungsmittel durch ein größeres Angebot bei und ermöglichen auch ärmeren Bevölkerungsschichten, sich ausreichend versorgen zu können.

Weltagrarhandel ist zudem wichtiger Baustein der Ressourceneffizienz. So trägt ein offenes Handelssystem beispielsweise dazu bei, Wasser effizienter zu nutzen, wenn wasserintensive Produkte in wasserreichen Regionen angebaut und in Regionen mit Wasserknappheit exportiert werden. So müssen in Marokko für 1 kg Getreide im Durchschnitt 2.700 l Wasser aufgewendet werden, während in Deutschland nur 520 l benötigt werden. Mit dem Getreideexport von Deutschland nach Marokko wird im Vergleich zu einer Eigenerzeugung in Marokko massiv Wasser gespart.

> *Angesichts der zunehmenden Ressourcenknappheit für die globale Agrarproduktion muss effizienter Ressourceneinsatz hohe Priorität haben. In der Frage der Ressourceneffizienz ist deshalb der Ressourceneinsatz je Produkteinheit zu betrachten (anstatt pro Flächeneinheit), um die zur Verfügung stehenden Ressourcen effizient zu nutzen.*

In der Diskussion um die Welternährung wird in Deutschland der Ökolandbau als Königsweg vorgeschlagen. Die Mindererträge des Ökolandbaus können bei gegebener Nachfrage jedoch zu indirekten Landnutzungsänderungen führen und Umweltkosten verursachen. Dies ist insbesondere dann der Fall, wenn die Landnutzungsänderungen zum Verlust natürlicher Habitate führen. Angesichts der zunehmenden Ressourcenknappheit für die globale Agrarproduktion muss effizienter Ressourceneinsatz hohe Priorität haben. In der Frage der Ressourceneffizienz ist deshalb der Ressourceneinsatz je Produkteinheit zu betrachten (anstatt pro Flächeneinheit), um die für die Bedienung der Nachfrage nach Agrarprodukten zur Verfügung stehenden Ressourcen effizient zu nutzen.

Breiter technologischer Instrumentenkasten notwendig

a) **Züchterische Verbesserung** der angebauten Kulturpflanzen und gezielte Anpassung an die Umweltbedingungen sind überaus nachhaltige Optionen der Ertragssteigerung und Ertragssicherung. Die Gentechnik ist eine Erweiterung des Instrumentariums für die Pflanzenzüchter, jedoch kein Ersatz für klassische Züchtungsmethoden. 30 Jahre Forschung zu gentechnisch veränderten Organismen (GVOs) zeigen das Potenzial der Gentechnik für die Pflanzenzüchtung, und dass die Risiken dieser Technologie nicht anders zu bewerten sind als die von konventionell gezüchteten Sorten. Auch die neuen

Globale Agrarproduktion und technischer Fortschritt

Methoden des Genome-Editing bieten große Potenziale zur nachhaltigen Produktionssteigerung beizutragen.

b) **Betriebsgrößenstrukturen und Agrarstrukturentwicklung:** Als weiterer Faktor der globalen Ernährungssicherung werden die Strukturen landwirtschaftlicher Betriebe diskutiert. Die global zu beobachtende Urbanisierung – der fortlaufende Zuzug in die Städte – wirft die Frage auf, ob kleinstrukturierte Höfe in der Lage sind, die für die Ernährung der wachsenden Bevölkerung in den Städten notwendige Menge an Nahrungsmitteln in der geforderten Qualität zu erzeugen. Festzuhalten ist, dass knapp Dreiviertel der Landwirte weltweit weniger als 1 ha landwirtschaftliche Nutzfläche bewirtschaften (siehe Übersicht 4). Da diese Landwirte sich oftmals nicht ausreichend von ihrem Land ernähren können, ist die Förderung der Kleinlandwirte ein direkter Beitrag zur globalen Ernährungssicherung. Bei der Agrarstrukturentwicklung ist zudem zu berücksichtigen, dass aufgrund oftmals fehlender alternativer Erwerbsmöglichkeiten forcierter Strukturwandel zu sozialen Problemen führen kann. An der Kleinbauernförderung führt also kein Weg vorbei, was aber nicht als Konservierung der Subsistenzwirtschaft missverstanden werden darf. Kleinlandwirte müssen fit für den Markt gemacht werden. Dazu gehören neben verbesserter Infrastruktur auch Zugang zu modernen Produktionstechniken, Kredit und landwirtschaftlicher Beratung. Für die Versorgung der in den Städten lebenden Menschen ist ein Mix aus Betriebsstrukturen notwendig. Strukturwandel sollte nicht verhindert werden, muss aber in sozial verträglichen Bahnen ablaufen.

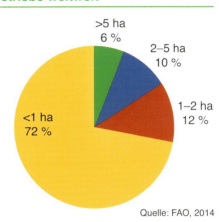

Übersicht 4:
Struktur landwirtschaftlicher Betriebe weltweit

Quelle: FAO, 2014

c) **Angepasste Agrartechnik und überbetriebliche Techniknutzung:** Als Notwendig für die benötigte Ertragssteigerung sind an die Betriebsgröße angepasste Technik und Modelle der überbetrieblichen Techniknutzung. Denn die Nutzung angepasster Agrartechnik ist eine Voraussetzung für steigende Erträge, die die Ernährung der Familien sichern und über den Produktverkauf Familieneinkommen erzielen. Neben der Landtechnik leisten auch Mobiltelefone einen wichtigen Beitrag in der Agrarentwicklung: So erhalten die Land-

Globale Agrarproduktion und technischer Fortschritt

wirte Markt- und Anbauinformationen, können Beratungsdienste in Anspruch nehmen, an Trainings teilnehmen und ein Bankkonto eröffnen, um gleichwertiger Marktpartner beim Verkauf von Feldfrüchten zu werden.

Fazit:

Die Herausforderungen an die globale Landwirtschaft sind klar:
- Zur Sicherung der Welternährung muss die Agrarproduktion weltweit gesteigert werden. Das Hauptaugenmerk liegt auf der Steigerung der Flächenerträge, denn Flächenausdehnungen sind nur in geringem Umfang möglich.
- Schwerpunkt der Agrarentwicklung bzw. der Ertragssteigerungen sind die Entwicklungs- und Schwellenländer, in denen der Bedarf und das Potenzial für Ertragssteigerungen am größten sind.
- Vor allem Kleinbauern in den Entwicklungs- und Schwellenländern müssen gefördert werden, denn oftmals fehlt eine außerlandwirtschaftliche Einkommensperspektive. Dabei müssen die Kleinbauern in deren Marktorientierung gestärkt werden, um die Wertschöpfung zu steigern und damit der Armut zu entkommen.
- Darüber hinaus kommt Europa als globaler Gunststandort für die Agrarproduktion auch eine globale Verantwortung zu, einen Beitrag für die weltweite Ernährungssicherung zu leisten.

Baustein der globalen Ernährungssicherung ist ein umfangreicher Instrumentenkasten von Züchtungsmethoden über die Nutzung von Betriebsmitteln bis hin zur Weiterbildung der Landwirte weltweit. Denn Wissen, Betriebsmittel und Technologie sind unverzichtbare Bausteine bei der Sicherung der globalen Agrarproduktion.

Globale Agrarproduktion und technischer Fortschritt

Prof. Dr. Matin Qaim

leitet seit 2007 den Lehrstuhl für Welternährungswirtschaft und Rurale Entwicklung an der Georg-August-Universität Göttingen. Er gehört zu den führenden Agrarökonomen für Fragen der globalen Ernährungssicherung, von Hunger, Armut und kleinbäuerlicher Landwirtschaft. Seine Forschungsschwerpunkte umfassen zudem Untersuchungen zur nachhaltigen Entwicklung, zu den wirtschaftlichen und sozialen Auswirkungen der Bio- und Gentechnik und anderer Agrartechnologien sowie über Märkte und Wertschöp-fungsketten für hochwertige Agrarprodukte in Entwicklungsländern. Auch die Ursachen und Konsequenzen von Unter- und Mangelernährung gehören zu seinen Arbeitsgebieten. Zu diesen Themen hat er Projekte in zahlreichen Ländern Afrikas, Asiens und Lateinamerikas durchgeführt und geleitet.

Qaim (47 Jahre) stammt aus Jülich (Nordrhein-Westfalen) und hat Agrarwissenschaften studiert. Nach dem Diplom in Kiel (1996) und der Promotion in Bonn (2000) war er als Post-Doc an der Universität von Kalifornien in Berkeley (USA) tätig. Danach arbeitete er als Forschungsgruppenleiter am Zentrum für Entwicklungsforschung der Universität Bonn, wo er sich 2003 auch habilitierte. Von 2004 bis 2007 war er Professor für Agrarhandel und Welternährungswirtschaft an der Universität Hohenheim in Stuttgart.

Im In- und Ausland ist seine hohe Fachkompetenz als Berater in nationalen und internationalen Organisationen und Agrarforschungszentren viel gefragt. Unter anderem ist er Mitglied im Wissenschaftlichen Beirat des Bundesministeriums für Ernährung und Landwirtschaft in Berlin und war für mehrere Jahre Mitglied im Aufsichtsrat des Weltforschungszentrums für Mais und Weizen (CIMMYT) mit Sitz in Mexiko. Seit 2011 ist er Mitglied der Akademie der Wissenschaften zu Göttingen.

Qaim ist mit verschiedenen Wissenschaftspreisen ausgezeichnet worden. Von der DLG erhielt er im Dezember 2010 in Berlin in Würdigung seiner bedeutenden Forschungen zu Fragen der Welternährungssicherung sowie zu ökonomischen und sozialen Aspekten neuer Technologien in der Landwirtschaft den „Großen Internationalen DLG-Förderpreis für wissenschaftliche Leistungen". Dieser Preis wurde im Rahmen der 125 Jahrfeier der DLG erstmals verliehen. Im Juni 2011 hat die KfW Entwicklungsbank ihn mit dem „Exzellenzpreis für Entwicklungsforschung" ausgezeichnet.

Dr. Klaus-Dieter Schumacher, *Beratung, Analyse und strategische Entwicklungen der internationalen Agrarmärkte, Seevetal*

Perspektiven für den internationalen Agrarhandel

Die Nachfrage nach Nahrungsmitteln wird in den nächsten Jahrzehnten weiter kräftig wachsen. Verantwortlich hierfür werden die Triebkräfte sein, die auch in der Vergangenheit zu einem stetigen Wachstum des Verbrauchs von Nahrungsmitteln geführt haben: anhaltendes Bevölkerungswachstum, Veränderung der Verbrauchsgewohnheiten bei wachsender Kaufkraft und zunehmende Urbanisierung (siehe hierzu den Beitrag von Prof. Qaim in diesem Buch).[1]

Die Landwirtschaftsorganisation der Vereinten Nationen (FAO) geht davon aus, dass diese Faktoren bis zum Jahr 2050 eine Steigerung der weltweiten Nahrungsmittelproduktion um etwa 60 % notwendig macht (siehe Übersicht 1).

---

[1] Der Beitrag von Prof. Dr. Matin Qaim über „Globale Agrarproduktion und technischer Fortschritt – Herausforderungen und Trends" ist in diesem Buch auf den Seiten 73 ff.

Perspektiven für den internationalen Agrarhandel

Übersicht 1:
Entwicklung der Nachfrage nach Nahrungsmitteln bis 2050

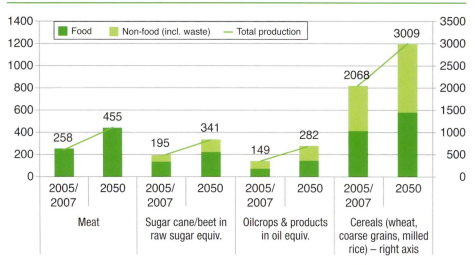

Quelle: FAO, World Agriculture 2030/2050, The 2012 Revision. Rome 2012

Auch wenn in den letzten Jahrzehnten gewaltige Fortschritte bei der Bekämpfung des Hungers in der Welt erzielt wurden, leiden gegenwärtig immer noch etwa 800 Mio. Menschen[2], insbesondere in Afrika und Asien, unter Hunger und Mangelernährung. Deshalb muss die Verbesserung der Ernährung in den betroffenen Regionen in quantitativer und qualitativer Hinsicht eines der herausragenden Anliegen von Agrar-, Entwicklungs- und Handelspolitik sein.

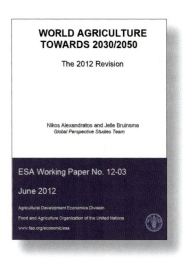

Eine tragende Rolle – vor allem unter dem Aspekt der Ernährungssouveränität – muss bei den Bemühungen um die Verringerung des Hungers in der Welt die Förderung einer modernen, innovativen Landwirtschaft spielen. Dies belegen die Studien der Welternährungsorganisation FAO: moderne Landwirtschaft und Intensivierung der Erzeugung haben die Welternährung in den letzten Jahrzehnten verbessert und den Hunger in der Welt verringert – nicht Regionalität und eine Extensivierung der Produktion.[3] Dies steht keinesfalls im Widerspruch zu der notwenigen Förderung und Stärkung der Kleinbauern, die die Landwirtschaft in vielen Entwicklungsländern auch in Zukunft tragen und prägen werden.

[2] Nach: http://www.fao.org/hunger/key-messages/en/
[3] So FAO, The State of Food and Agriculture, Rom 2014

Perspektiven für den internationalen Agrarhandel

Die Bekämpfung des Hungers bleibt dennoch eine große Herausforderung und erfordert eine Vielzahl von Maßnahmen. Die Vereinten Nationen haben deshalb im Oktober 2015 die „Millenium Development Goals" zu den „Sustainable Development Goals" (SDG) weiterentwickelt und dabei festgelegt, welche Maßnahmen notwendig sind, um in den nächsten 15 Jahren, bis 2030, den Hunger in der Welt wirksam zu bekämpfen. Das Ziel 2 der SDG lautet entsprechend:

> *"End hunger, achieve food security and improved nutrition and promote sustainable agriculture".*

Um dieses Ziel zu erreichen, halten die Mitgliedsstaaten der Vereinten Nationen unter anderem eine Verdoppelung der Flächenproduktivität in Entwicklungs- und Schwellenländern für notwendig. Dies soll in erster Linie durch die Stärkung der Agrarforschung und einen verbesserten Zugang zu Betriebsmitteln (Saatgut, Pflanzenschutz, Düngemittel, moderne angepasste Technik) erreicht werden. Gleichzeitig sind hohe Investitionen in die Infrastruktur, insbesondere zur Vermeidung von Nachernteverlusten, notwendig. Ebenso müssen funktionierende Märkte und Preisinformationssysteme aufgebaut werden.[4]

1. Rolle und Bedeutung des Agrarhandels

Grundsätzlich sind internationale Agrar- und Rohstoffmärkte für den Ausgleich von Angebot und Nachfrage und damit auch von Mangel und Überschuss unverzichtbar. Damit kommt auch dem internationalen Agrarhandel eine wichtige Rolle bei der Bekämpfung des Hungers zu. Dies gilt insbesondere für die Länder, die über ein hohes Bevölkerungswachstum verfügen und in agronomisch ungünstigen Klimazonen liegen (unter anderem Nordafrika, Naher und Mittlerer Osten). Trotz aller Bemühungen um Ernährungssouveränität werden diese auch in Zukunft nicht in der Lage sein, ihren Bedarf an Nahrungsmitteln vollständig aus heimischer Erzeugung zu decken. Der vorhergesagte Klimawandel wird die Notwendigkeit von Einfuhren in diesen Ländern in Zukunft noch verstärken. Das Ziel 2 der SDG nimmt die Notwendigkeit von offenen Märkten explizit auf und fordert die Unterbindung von handelsverzerrenden Praktiken, insbesondere von Exportsubventionen (wie bereits in der WTO vereinbart und von der EU umgesetzt).

> *Die internationalen Agrar- und Rohstoffmärkte sind für den Ausgleich von Angebot und Nachfrage und damit auch von Mangel und Überschuss unverzichtbar. Damit kommt auch dem internationalen Agrarhandel eine wichtige Rolle bei der Bekämpfung des Hungers zu.*

---
[4] Siehe hierzu http://www.un.org/sustainabledevelopment/sustainable-development-goals/

Perspektiven für den internationalen Agrarhandel

Übersicht 2:
Entwicklung des Welthandels mit Agrarprodukten 2006-15 und 2016-2025 (Wachstumsraten in Prozent)

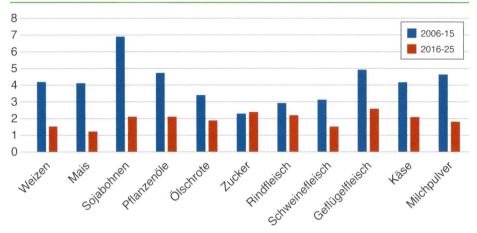

OECD-FAO Agricultural Outlook 2016-2025

Übersicht 3:
Entwicklung des Welthandels mit Getreide und Ölsaaten bis 2025 (Mio. t)

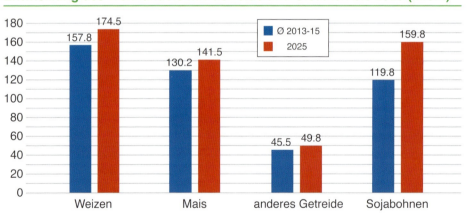

Quelle: OECD-FAO Agricultural Outlook 2016-2025

Basierend auf diesen Überlegungen sagen die jährlichen Prognosen der OECD und der FAO für die Entwicklung der Weltagrarmärkte in den nächsten zehn Jahren ein weiteres Wachstum des Weltagrarhandels voraus. Die jüngste Prognose für den Zeitraum 2016 bis 2025 geht zwar von einem im Vergleich zur vorherigen Dekade kleineren, aber unverändert deutlichen Zunahme des Welthandels mit Agrarprodukten aus (vgl. Übersichten 2 und 3).

Wie stark der internationale Agrarhandel letztlich wachsen wird, bleibt dabei vor allem von der Entwicklung der Weltkonjunktur und dem Wachstum der Wirtschaftskraft in den Schwellenländern abhängig. Gerade die Schwellenländer

Perspektiven für den internationalen Agrarhandel

haben in den letzten Jahren ihre Nachfrage nach verarbeiteten Agrarprodukten mit zunehmender Kaufkraft kräftig gesteigert und damit auch zu den erheblich gestiegenen deutschen Agrarexporten beigetragen.

Der internationale Agrarhandel leistet damit einen signifikanten Beitrag zur Verbesserung der wirtschaftlichen Situation vieler Landwirte sowohl in Entwicklungs- und Schwellenländern als auch in den Industrieländern. Zu diesem Schluss kommt auch der Wissenschaftliche Beirat für Agrarpolitik, Ernährung und gesundheitlichen Verbraucherschutz des BMEL in einer Stellungnahme aus dem Jahre 2012 zum Thema „Ernährung und nachhaltige Produktivitätssteigerung":

> *„Auch aus einer breiteren Nachhaltigkeitsperspektive ist der internationale Agrarhandel von zentraler Bedeutung. Vor dem Hintergrund globaler Knappheiten und einer regional sehr unterschiedlichen Ressourcenausstattung sollten Nahrungsmittel und andere Agrarprodukte dort produziert werden, wo die jeweils knappen Ressourcen jeweils am effizientesten genutzt werden. Der internationale Handel ermöglicht eine solch global effiziente Ressourcennutzung, zumindest dann, wenn Umwelteffekte der Produktion und des Transports nicht externalisiert werden."* [5]

2. Bedeutung der EU für den internationalen Agrarhandel

Die EU ist bereits seit vielen Jahren die weltgrößte Einfuhrregion für Agrargüter. Gleichzeitig ist sie eines der führenden Agrarexportländer der Welt. Im Gegensatz zur Vergangenheit werden diese Exporte – bis auf wenige temporäre Ausnahmen – seit 2010 nicht mehr subventioniert. In der Vergangenheit haben die subventionierten Agrarausfuhren der EU wie auch der der USA und anderer Länder immer wieder zu Marktverzerrungen insbesondere in Entwicklungsländern geführt und dem Aufbau funktionierender heimischer Märkte im Wege gestanden. Dies ist heute nicht mehr der Fall.

Die EU hat die Stellung der Entwicklungsländer im internationalen Agrarhandel gleichzeitig über die Öffnung der eigenen Märkte deutlich gestärkt und damit Verantwortung für die weltweite Ernährungssituation und Ernährungssicherung übernommen. Über eine Vielzahl von Handelsabkommen wurde insbesondere Entwicklungsländern für fast alle Produkte – außer Waffen – freier Zugang (keine Zollbelastung) zu den Märkten der EU ermöglicht (sogenanntes „Everything-but-Arms Abkommen"). Die EU

> *Die EU ist weltweit einer der offensten Märkte für Agrarprodukte, die von Entwicklungs- und Schwellenländern ausgeführt werden.*

---

[5] *Bauhus, et al. (2012), Stellungnahme Wissenschaftlicher Beirat Agrarpolitik BMELV, Punkt 73, S. 25*

Perspektiven für den internationalen Agrarhandel

ist damit weltweit einer der offensten Märkte für Agrarprodukte, die von Entwicklungs- und Schwellenländern ausgeführt werden (siehe weiter unten).

Aus der folgenden Übersicht 4 ist die Entwicklung des EU-Agraraußenhandels zwischen 2012 und 2015 abzulesen.

Diese Zahlen beinhalten sowohl den EU-Intrahandel (Handel der Mitgliedsstaaten untereinander) als auch die Ausfuhren in Drittländer der EU. Die Exporte in Drittländer der EU lagen 2015 bei über 129 Mrd. €. Damit entfielen auf den EU-Intrahandel über 70 % der Ausfuhren und weniger als 30 % auf Ausfuhren in Nicht-EU-Länder. Der Anteil der Agrarexporte am gesamten Außenhandel der EU betrug nur etwas mehr als 7 %.

Mit den Drittlandsexporten in Höhe von 129 Mrd. € war die EU 2015 im dritten Jahr in Folge die Nummer 1 im Weltagrarhandel, dicht gefolgt von den USA, deren Agrarausfuhren 2015 nur etwa 1 Mrd. € geringer ausfielen.

Gleichzeitig war die EU mit Einfuhren im Wert von 113 Mrd. € der weltweit führende Importeur von Agrargütern, gefolgt von den USA mit 110 Mrd. € und China mit 98 Mrd. €. An den gesamten Einfuhren der EU hatte der Import von Agrargütern einen Anteil von lediglich 6,6 %.

Die Agrarexporte der EU weisen eine große Vielseitigkeit auf. So entfielen 2015 rund die Hälfte der Ausfuhren auf unverarbeitete bzw. verarbeitete Rohstoffe wie Getreide, Futtermittel, Fleisch und Milchprodukte. Ein weiteres Drittel machten Nahrungsmittelzubereitungen sowie alkoholische und nicht-alkoholische Getränke aus, während der restliche Teil auf nicht verzehrbare Agrarprodukte wie beispielsweise Häute entfielen.

Übersicht 4:
Entwicklung des EU Außenhandels mit Agrarprodukten (Mio. €)

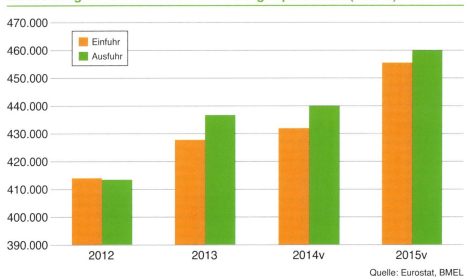

Quelle: Eurostat, BMEL

Perspektiven für den internationalen Agrarhandel

Übersicht 5:
Die wichtigsten Agrarexportländer im internationalen Vergleich (2014). In Mrd. EURO; Anteil an Weltausfuhr in %

Quelle: WTO, BMEL

Die Importe der EU werden dagegen von tropischen Produkten, Ölsaaten und Eiweißfuttermitteln dominiert.

Die fünf größten Exportmärkte der EU waren 2015 die USA, die Schweiz, Russland (trotz des Embargos) und Japan. Auf sie entfielen mit ca. 50 Mrd. € mehr als ein Drittel aller Einfuhren. Ähnlich hoch ist die Konzentration bei den Importen der EU: auf Brasilien, die USA, Argentinien, China und die Türkei entfielen mehr als ein Drittel der EU Agrareinfuhren.

Aufgrund des „Everything-But-Arms"-Abkommen (siehe unten) war die EU 2015 auch die weltweit führende Region für Agrarimporte aus den am wenigsten entwickelten Ländern. Insgesamt konnte diese Ländergruppe Agrarprodukte im Wert von 3,4 Mrd. € in die EU ausführen, ein Zuwachs um 13 % im Vergleich zum Vorjahr. Hiervon entfiel erwartungsgemäß rund die Hälfte auf Kaffee und Tabak.

3. Freihandelsabkommen der EU

Die Agrarwirtschaft der EU und damit auch Deutschlands ist durch die fortschreitende Internationalisierung der Märkte auch im internationalen Agrarhandel in die globalen Märkte eingebunden. Die EU hat hierfür durch die Reformen der Gemeinsamen Agrarpolitik (MacSharry und Fischler Reformen) intern die notwendigen Weichen gestellt. Gleichzeitig wurde mit dem Abbau von Einfuhrzöllen auf Agrarprodukte auf multilateraler Ebene im Rahmen der Uruguay-Runde der World Trade Organization (WTO) begonnen. Da es aber auf multilateraler Ebene seit mehr als zehn Jahren keine Fortschritte mehr bei der weiteren Öffnung der Agrarmärkte gegeben hat, ist die EU wie viele andere Länder dazu übergegangen, verstärkt bilaterale Handelsabkommen zu verhandeln. Mittlerweile hat die EU mit einer Vielzahl von einzelnen oder mehreren Staaten oder

Perspektiven für den internationalen Agrarhandel

Übersicht 6:
Freihandelsabkommen der EU (Stand: September 2016)

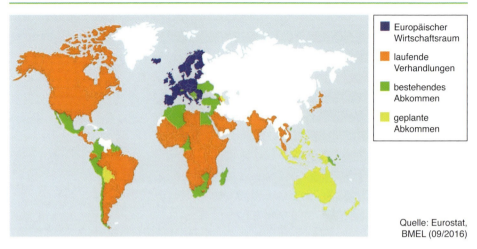

Quelle: Eurostat, BMEL (09/2016)

Regionen Abkommen geschlossen, die nicht nur den Abbau von Zöllen, sondern auch von nicht-tarifären Handelshemmnissen umfassen. Zu den nicht-tarifären Hürden im Agrarhandel gehören vor allem Veterinärzertifikate und phyto-sanitäre Zertifikate, die Voraussetzung für den Marktzugang sind.

Besonders hervorzuheben ist dabei das Wirtschaftspartnerschaftsabkommen (WPA) bzw. „Economic Partnership Agreement" (EPA), in dem die EU mit 78 afrikanischen, karibischen und pazifischen Staaten (sogenannte AKP-Staaten) eine Freihandelszone gebildet hat. Über das Schema allgemeiner Zollpräferenzen („Generalised System of Preferences" – GSP) gewährt die EU fast allen Entwicklungsländern einen bevorzugten Zugang zum EU-Markt. Mit der Initiative „Alles außer Waffen" („Everything But Arms" – EBA), wird 49 besonders bedürftigen Entwicklungsländern („Least Developed Countries" – LDC) der zoll- und kontingentfreie Zugang zum EU-Markt für alle Produkte außer Waffen und Munition ermöglicht.

4. Deutschlands Agraraußenhandel

Deutschland ist angesichts guter Böden, ausreichend verfügbarem Wasser und hervorragender Technisierung ein Gunststandort für die nachhaltige Erzeugung und für die Weiterverarbeitung agrarischer Rohstoffe. Unsere Anbauflächen effizient und nachhaltig zu nutzen, ist nicht zuletzt auch angesichts des Hungers in der Welt und daraus zum Teil resultierender Flüchtlingsströme ein ethisch moralisches Gebot.

Deutschland ist nach wie vor Nettoimporteur von Nahrungsmitteln, obwohl Deutschland den Wert seiner Agrarexporte in den letzten zehn Jahren mehr als verdoppeln konnte.

Perspektiven für den internationalen Agrarhandel

Übersicht 7:
Entwicklung des deutschen Agraraußenhandels (in Mrd. €)

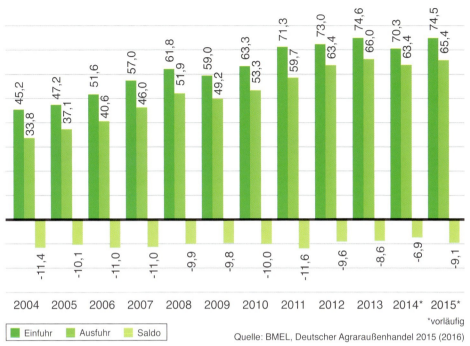

Quelle: BMEL, Deutscher Agraraußenhandel 2015 (2016)
*vorläufig

In 2015 hat der deutsche Agrar-Außenhandel einen Wert von insgesamt 65,4 Mrd. € erreicht, während die Einfuhren 75,4 Mrd. € ausmachten. Deutschland war damit auch 2015 ein Netto-Einfuhrland für Agrargüter. Die Einfuhren aus Nicht-EU-Ländern lagen dabei um über 8 Mrd. € über den Ausfuhren in diese Länder. Der Handel mit den EU-Mitgliedsstaaten war dagegen weitgehend ausgeglichen.

Deutschland führt vor allem Erzeugnisse ein, die hier aus klimatischen Gründen nicht wachsen (Kaffee, Tee, Kakao, tropische Früchte usw.) oder in anderen Regionen der Welt wesentlich effizienter produziert werden können wie zum Beispiel Eiweißfuttermittel. Darüber hinaus spielen aber auch die Importe von Fleisch- und Fleischerzeugnissen eine große Rolle. Der weitaus größte Teil der deutschen Agrarausfuhren entfällt dagegen auf verarbeitete Erzeugnisse, also auf Fleisch und Fleischerzeugnisse, Milch- und Milcherzeugnisse. Zudem spielen Getreide (Weizen und Gerste) sowie Getreideerzeugnisse und Backwaren eine große Rolle im Export (siehe Übersicht 8).

Zurzeit stammt rund ein Viertel der Erlöse der deutschen Landwirtschaft aus dem Agrarexport; in der Ernährungswirtschaft sind es rund ein Drittel – mit weiter zunehmender Tendenz. Von 1990 bis 2014 hat sich der Ausfuhrwert von Ernährungsgütern mehr als vervierfacht, seit 2000 mehr als verdoppelt. Deutschland

Übersicht:
Struktur des deutschen Agrarhandels nach Warengruppen (in Mrd. €)

Quelle: BMEL (2016)

war in den vergangenen Jahren fast durchgehend weltweit führend im Export von Landtechnik, Käse, Süßwaren und Schweinefleisch. Hieran hat auch das Embargo gegenüber Russland nur relativ wenig geändert.[6]

Der Agrarhandel hat für die deutsche Agrarwirtschaft enorme Bedeutung, wie diese Zahlen dokumentieren. Ebenso wichtig bleibt der Zugang zu Importen von Rohstoffen, die in der EU und in Deutschland nicht in ausreichendem Maße selbst erzeugt werden können. Dies gilt in erster Linie für tropische Produkte wie Kaffee, Tee oder Kakao, aber insbesondere auch für die Einfuhr von Eiweißfuttermitteln wie Soja für die Verwendung als Futtermittel.

Deutschland hat in den letzten Jahren nicht nur bei verarbeiteten Agrarprodukten hohe Zuwachsraten im Export erzielt. Gleiches gilt beispielsweise auch für Getreide. Mittlerweile exportiert Deutschland jährlich ca. 12–15 Mio. t Weizen, wovon ca. 7–10 Mio. in Drittländer der EU ausgeführt werden. Die Exporte von Gerste belaufen sich auf ca. 3 Mio. t. Die wichtigsten Einfuhrländer von deutschem Weizen liegen in Regionen, die eine stark wachsende Nachfrage aufweisen, aber selbst aus agronomischen und klimatischen Gründen nicht in der Lage sind, diese Nachfrage ausschließlich aus heimischer Erzeugung zu befriedigen. Hierzu gehören insbesondere der Iran, Saudi-Arabien und die nordafrikanischen Länder Marokko und Algerien. Diese Länder haben in den letzten Jahren eine Präferenz für deutschen Weizen entwickelt, da er qualitativ hochwertig und am besten für die Anforderungen dieser Länder an deren Brotproduktion geeignet ist.

---

[6] *BMEL (2016), Deutscher Agraraußenhandel 2015.*

5. Zur Kritik am Agrarhandel

Auch nach dem Ende der Subventionierung der Agrarexporte der EU durch Exporterstattungen steht der Handel mit Agrarprodukten insbesondere in Deutschland unverändert in der Kritik. Diese Kritik richtet sich in erster Linie gegen die Agrarexporte und berücksichtigt fast überhaupt nicht, dass die EU – wie oben beschrieben – unverändert die bedeutendste Einfuhrregion für Agrarprodukte weltweit ist. Auch wird häufig nicht erwähnt, dass die EU sich gerade für Waren aus den Entwicklungs- und Schwellenländern am stärksten geöffnet hat.

> „Ein vollkommener Verzicht auf Handel hätte eher mehr Hunger als weniger zur Folge."

Oft geht die Kritik mit einer fundamentalen Ablehnung von Handel einher. So sind Teile der Zivilgesellschaft (insbesondere einige Vertreter kirchlicher Organisationen) der Meinung, dass gerade Entwicklungsländer Ernährungssouveränität nur dann erlangen können, wenn Märkte durch Handel nicht „gestört" werden. Dabei wird völlig außer Acht gelassen, dass, wie weiter oben erwähnt, viele Entwicklungsländer wegen ihrer schwierigen klimatischen und agronomischen Bedingungen nicht in der Lage sein werden, die volle Selbstversorgung bei Nahrungsmitteln zu erreichen. Ein vollkommener Verzicht auf Handel hätte dementsprechend eher mehr Hunger als weniger zur Folge.

Hinzu kommt, dass der Klimawandel gerade die Länder und Regionen treffen wird, die heute schon regelmäßig oder immer wieder wiederkehrend unter Hunger leiden. Laut einer in 2016 veröffentlichen Studie des Potsdam-Institut für Klimafolgenforschung (PIK) können offene Agrarmärkte die schädlichen Auswirkungen des Klimawandels deutlich abmildern und den Verlust an Wirtschaftsleistung in den besonders betroffenen Ländern deutlich senken.[7] Offene Märkte und nicht Abschottung werden also notwendiger denn je.

> „Offene Agrarmärkte können die schädlichen Auswirkungen des Klimawandels deutlich abmildern und den Verlust an Wirtschaftsleistung in den besonders betroffenen Ländern deutlich senken. Offene Märkte und nicht Abschottung werden also notwendiger denn je."

Kritik wird auch immer wieder daran geübt, dass wir Agrarprodukte exportieren, die wir selber nicht verzehren. Oft wird argumentiert, dass wir „Abfallprodukte" ausführen. Hühnerfüße sind hierfür das prominenteste Beispiel. Bei dieser Kritik wird außer Acht gelassen, dass Verbraucher nun einmal unterschiedliche Präferenzen für Nahrungsmittel haben. Der Export dieser Produkte in Länder, in denen eine Nachfrage dafür vorhanden ist, ist allemal besser als eine noch größere Menge an Nahrungsmittelabfällen, die vernichtet werden.

---

[7] *Stevanović, M. et al. (2016)*

Perspektiven für den internationalen Agrarhandel

Eng im Zusammenhang mit dieser Kritik steht häufig der Vorwurf, dass die Direktzahlungen an die Landwirte der EU den internationalen Wettbewerb verzerren: nur deshalb seien wir in der Lage, unsere zu höheren Kosten produzierten Agrarprodukte wettbewerbsfähig auf den Weltmärkten anzubieten. Hierbei wird ignoriert, dass die deutschen Agrarexporte vor allem in Schwellenländer gehen, in denen Wirtschaftswachstum und steigende Einkommen in den letzten Jahren zu einer steigenden Nachfrage insbesondere nach Fleisch und Milchprodukten geführt haben.

Außer Acht gelassen wird bei der Diskussion um den Agrarhandel sehr häufig das Problem der „good governance". Viele Entwicklungs- und Schwellenländer haben in den letzten Jahren ihre eigene Landwirtschaft vernachlässigt und waren deshalb gezwungen, die Versorgung ihrer Bevölkerung über höhere Agrareinfuhren zu sichern. Hierbei geht es häufig den jeweils Regierenden auch um die Sicherung ihrer Macht im Lande. Ihre Machtbasis haben sie häufig in der Hauptstadt und anderen großen Städten. Um sich diese Machtbasis zu erhalten, wird immer wieder viel Geld für Einfuhren von Agrarprodukten ausgegeben statt in die Modernisierung der eigenen Landwirtschaft zu investieren.

6. Fazit

Der internationale Agrarhandel leistet einen entscheidenden Beitrag sowohl zur wirtschaftlichen Entwicklung als auch zur Ernährungssicherung in vielen Entwicklungs- und Schwellenländern. Dieser Beitrag beschränkt sich nicht nur auf den Ausgleich der von durch Dürre, Überschwemmungen oder anderen Naturkatastrophen bedingter Mängel oder Unterversorgung der Bevölkerung mit Nahrungsmitteln. Vielmehr wird durch den internationalen Handel mit Agrarrohstoffen ein ökonomischer Vorteil für beide Handelspartner erzielt. Gemäß dem Prinzip der komparativen Kostenvorteile ist die Spezialisierung auf bestimmte Produkte und deren Handel für die Beteiligten vorteilhaft.

Bei der Betrachtung des internationalen Agrarhandels darf nicht übersehen werden, dass es auch nach dem Wegfall der Exportsubventionen unverändert zu Verzerrungen im Agrarhandel kommt. In diesem Zusammenhang sind insbesondere die nicht-tarifären Handelshemmnisse und über den gesetzlichen Vorschriften liegende Anforderungen an die Lebensmittelsicherheit zu nennen. Hieraus resultieren immer wieder Marktzugangsbeschränkungen. Diese wirken sich insbesondere negativ für Entwicklungsländer aus, weil sie ihnen häufig die Möglichkeit nehmen, über den Agrarexport die wirtschaftliche Situation ihrer Landwirtschaft zu verbessern.

Vor diesem Hintergrund verdient die in den Nachhaltigkeitszielen der Vereinten Nationen enthaltene Forderung nach einem Verzicht auf den Agrarhandel beschränkende Maßnahmen und nach einem weiteren Abbau von handelsverzerrenden Praktiken in den Agrarmärkten breite Unterstützung.

Literatur

Bauhus, Jürgen; Christen, Olaf; Dabbert, Stephan; Gauly, Matthias; Heißenhuber, Alois; Hess, Jürgen, Isermeyer, Folkhard; Kirschke, Dieter; Latacz-Lohmann, Uwe; Otte, Annette; Qaim, Matin; Schmitz, Peter Michael, Spiller, Achim; Sundrum, Albert; Weingarten, Peter (2012): Ernährung und nachhaltige Produktivitätssteigerung. Stellungnahme. Wissenschaftlicher Beirat für Agrarpolitik beim Bundesministerium für Ernährung, Landwirtschaft und Verbraucherschutz. Berlin, Januar 2012.

BMEL (2016): Deutscher Agraraußenhandel 2015. Daten und Fakten. Berlin: Bundesministerium für Ernährung und Landwirtschaft.

FAO (2012): World Agriculture towards 2030/2050. The 2012 Revision. Nikos Alesandratos and Jelle-Bruinsma. Rome: Food and Agriculture Organization oft he United Nations, June 2012

OECD-FAO (2016): OECD-FAO Agricultural Outlook 2016-2025. Paris: OECD Publishing.

Qaim, Matin (2017): Globale Agrarproduktion und technischer Fortschritt – Herausforderungen und Trends. In: DLG (Hrsg.): Landwirtschaft 2030. Signale erkennen. Weichen stellen. Vertrauen gewinnen. (Archiv der DLG, Band 111). Frankfurt am Main: DLG-Verlag, S. 73–81

Stevanović, M.; Popp, A.; Lotze-Campen, H.; Dietrich, J.P.; Müller, C.; Bonsch, M.; Schmitz, C.; Bodirsky, B.; Humpenöder, F.; Weindl, I. (2016): The impact of high-end climate change on agricultural welfare. In: Science Advances, Vol. 2, Nr. 8, August 2016

Perspektiven für den internationalen Agrarhandel

Dr. Klaus-Dieter Schumacher

ist einer der bekanntesten Kenner für Agrar- und Marktfragen in der deutschen und europäischen Land- und Ernährungswirtschaft. Die vielfältigen Veränderungen im Agrarsektor und in den Märkten hat er seit seinem Agrarstudium eng begleitet, analysiert und notwendige Konsequenzen aufgezeigt. Er studierte von 1976 bis 1980 an der Justus-Liebig-Universität Gießen Agrarwissenschaften mit dem Schwerpunkt Wirtschafts- und Sozialwissenschaften des Landbaus. Nach dem Diplom war er als wissenschaftlicher Mitarbeiter und wissenschaftlicher Assistent bei Prof. Dr. Egon Wöhlken am Institut für Agrarpolitik und Marktforschung in Gießen tätig. Bereits seit dieser Zeit hat er sich intensiv mit den internationalen Agrarmärkten befasst und über die Märkte für Ölsaaten und pflanzliche Öle promoviert. Der enge Kontakt zu den deutschen und europäischen Landwirten war Dr. Schumacher immer ein besonderes Anliegen. So besteht seit seiner Gießener Zeit auch eine gute Zusammenarbeit mit der DLG. Unter anderen hat er in diesen Jahren gemeinsam mit seinem akademischen Lehrer Prof. Wöhlken regelmäßig in den „DLG-Mitteilungen" die Entwicklungen auf den Agrarmärkten analysiert. Seine ausgewiesene Expertise über die Agrarmärkte führte ihn 1985 zur Alfred C. Toepfer International GmbH in Hamburg, die zu den führenden international tätigen Getreide- und Futtermittelhandelsfirmen gehörte (2014 vom amerikanischen Agrarkonzern Archer Daniels Midland übernommen und heute in der Unternehmensgruppe als ADM Germany GmbH firmierend). Bei Toepfer International war Dr. Schumacher 25 Jahre in der Volkswirtschaftlichen Abteilung tätig, die er ab 1997 leitete. Hier wurde er zu einem der führenden Analysten über die Markt- und Agrarhandelspolitik für die internationalen Getreide- und Ölsaatenmärkte. Von 2010 bis 2014 leitete er bei der Nordzucker AG in Braunschweig als Group Vice President den Bereich Economics, Public Affairs und Corporate Communications. Von Mai 2014 bis Ende 2015 war er bei der BayWa AG in München als General Manager Agricultural Markets and Strategy und Leiter des Agricultural Coordination Centers tätig. Seit 2016 ist Dr. Schumacher freiberuflich als Berater im Bereich der Agrarmärkte (Analyse, strategische Entwicklungen, Unternehmensstrategien) tätig. Im In- und Ausland sind seine Erfahrung und Fachkompetenz als Ratgeber gefragt. So ist er langjähriges Mitglied und seit vielen Jahren Vorsitzender des Wirtschaftsausschusses für Außenhandelsfragen beim Bundesministerium für Ernährung und Landwirtschaft und ist Mitglied des Gesamtausschusses der DLG. Auf deutscher und europäischer Ebene arbeitet er in verschiedenen Verbänden der Agrarwirtschaft mit und gehörte lange Jahre den beratenden Gremien für die Getreide- und Ölsaatenmärkte bei der EU Kommission in Brüssel an.

Dr. Reinhard Grandke, *Hauptgeschäftsführer der DLG, Frankfurt am Main*

Zukunftslinien der Agrarmärkte*⁾

Entwicklungen und strategische Herausforderungen – Bedeutung und Konsequenzen für Standort Deutschland

Landwirtschaft ist ein moderner Wirtschaftszweig. Davon ist die Branche überzeugt und die internationale Nachfrage nach Produkten, Innovationen und Lösungen aus Deutschland steigt seit Jahren. Dabei gibt es Unterschiede für verschiedene Technologien. Bei der Züchtung, sei es die Pflanzenzüchtung oder die Tierzucht, ist Deutschland eines der führenden Länder. Viele der Züchtungstechnologien haben ihren Ursprung in Deutschland und deutsche Zuchtunternehmen vergrößern beständig ihren Exportanteil. So hat sich aufgrund der Entwicklung und des Einsatzes neuer Technologien Deutschland nicht nur auf der

---

*) Überarbeitete Fassung des Vortrages über „Die Zukunftsmärkte im Agrarsektor", gehalten im Rahmen des Zukunftsforums Agrar 2016 der Deloitte GmbH Wirtschaftsprüfungsgesellschaft am 8. September 2016 in Hannover.

Zukunftslinien der Agrarmärkte

Produktseite, sondern auch im Agribusiness zu einer führenden Exportnation entwickelt. Im Bereich des Pflanzenschutzes haben viele der Innovations- und Marktführer ihren Stammsitz in Deutschland. Produkte aus dem Bereich Pflanzenschutz sind Treiber des Wachstums und der Strategie von inzwischen global agierenden Unternehmen. Auch im Bereich Landtechnik hat Deutschland weltweit eine führende Rolle. Über 70 Prozent macht inzwischen der Exportanteil vieler in Deutschland produzierender Landtechnikunternehmen aus.

Im Folgenden werden die Entwicklungen der Agrarwirtschaft und deren Zukunftstreiber und einige der wesentlichen Linien skizziert.

1. Aktuelle Entwicklung der Märkte

Wer über die Zukunft der Agrarwirtschaft und der Märkte spricht, muss für eine tragfähige Antwort zunächst ein Blick auf die Entwicklungen der Gegenwart werfen. Dabei sticht sogleich ins Auge, dass wir rund um den Globus niedrige Preise für fast alle Agrarerzeugnisse zu verzeichnen haben. Es sind Preise, die auf diesem Niveau für längere Zeit kaum einer, nach den vorangegangenen Hochpreisphasen, für möglich gehalten hat. Mit dem Blick auf volle Läger und angesichts von Meldungen über ein Allzeithoch bei der Weltgetreideernte lässt die Perspektive auf eine kurzfristige grundlegende Änderung dieses Preisniveaus in weite Ferne rücken. Bedeutet dies damit das Scheitern einer innovativen, sich stärker auf globale Märkte ausrichtenden Landwirtschaft? Benötigt man nicht die postulierten Produktionssteigerungen?

2. Rahmenbedingungen: überraschende Feststellungen und Fragen

Ein Blick auf die aktuellen Rahmenbedingungen:

- Die Märkte sind und werden gerade in ein Zeitalter ohne Quoten entlassen.
- Zuchtfortschritt und Innovationen führten zu höheren Erträgen, sowohl an Gunststandorten als auch an marginalen Standorten.
- Intensive Investitionen erfolgten in aller Welt in verbesserte Technik, in Saatgut, Dünger und in Management – auch an vergleichsweise marginalen Standorten. Ausgelöst wurden sie durch hohe Agrarpreise.
- Es gibt auch neue politische Interventionen und Investitionen in den Agrarsektor, so zum Beispiel in Russland. Sie lassen dort den Innovationsdruck stei-

> *Einem innovativen Agrarsektor ist es in den vergangenen Jahren gelungen, die stetig steigende Nachfrage durch ein noch größeres Angebot zu übertreffen. Haben wir die Innovationskraft der Technologien für viele Standorte unterschätzt?*

Zukunftslinien der Agrarmärkte

In Russland gab es hohe Investitionen in den Agrarsektor, um trotz Embargos und Boykotts die Versorgung der Bevölkerung sicherzustellen und Exportgüter zu schaffen.

gen, um trotz Embargos und Boykotts die Versorgung der Bevölkerung sicherzustellen und Exportgüter zu schaffen.
- Drei Jahre lang gab es glücklicherweise global keine bemerkenswerten Ernteausfälle oder Naturkatastrophen.

Dies alles führte in den vergangenen Jahren, besonders im Getreidebereich, zu höheren Erträgen, die aus globaler Sicht zu einem stetigen Anstieg auf der Angebotsseite beigetragen haben. Die Nachfrage nach Agrarprodukten und damit die Absatzmärkte haben mit diesem Tempo nicht Schritt gehalten. Einem innovativen Agrarsektor ist es gelungen, die stetig steigende Nachfrage durch ein noch größeres Angebot zu übertreffen.

Wie konnte es dazu kommen? Wurde die Innovationskraft der Technologien für viele Standorte unterschätzt? Haben die Experten, die vor einigen Jahren noch Jahrzehnte dauernde Anpassungsprozesse beispielsweise in den Ländern Osteuropas vorhergesagt haben, die Umsetzungsgeschwindigkeiten, die „time to market" der Technologien von den Planungen bis zum wirksamen Einsatz in der Praxis, falsch prognostiziert?

Zwischenfazit: Die strategischen Herausforderungen

An der Herausforderung, künftig 10 Milliarden Menschen mit Lebensmitteln in ausreichender Menge und Qualität zu ernähren, hat und wird sich ebenso wenig etwas ändern wie an der zunehmenden Nachfrage nach Agrarprodukten für energetische und stoffliche Zwecke.
Die Verdopplung der globalen Nachfrage nach Agrarprodukten, nach food, fuel und fibre in den kommenden Jahrzehnten, bleibt die Herausforderung für die Agrarwirtschaft.

3. Zukünftige Entwicklungen auf den Weltmärkten

3.1 Getreidemarkt: Was lösen die niedrigen Preise aus?

Der Preisverfall trifft die marginalen, häufig marktfernen Standorte schwerer. Dies führt dort zu einem Rückgang des Betriebsmitteleinsatzes, zu rückläufigen Ersatzinvestitionen bei Anlagegütern und zu einer verlangsamten Innovationsgeschwindigkeit. Die Folge davon wird eine Anpassung des Angebots an die Nachfrage sein: das Marktpendel schlägt zurück und weltweit wird wieder ein Zyklus stabilerer Marktpreise eingeleitet.

In den Märkten ist jedoch eine unterschiedliche Reaktion festzustellen, die gerade zeitgleich zusammentrifft, aber wenigstens für Europa unterschiedliche Ursachen hat. Diese sind:

- Eine weltweit hervorragende Getreideernte, die zu Überkapazitäten führt. Ursache hierfür sind die guten Ernteergebnisse in vielen Regionen der Erde.
- Eine gezielte Abschottungspolitik. So tritt Russland nicht mehr als Importeur auf, sondern produziert Getreide für den Weltmarkt. Im Jahr 2015 hat Russland mehr Weizen produziert als die USA. In 2016 soll die Ernte 110 Mio. t betragen haben, was eine neue Höchstleistung wäre.
- Russland verdiente erstmals mehr mit den Agrarausfuhren als mit Rüstungsausfuhren.[1] Das hat ebenfalls Einfluss auf die Weltmärkte. Und in diesen Ländern wird die Produktivität weiter vorangetrieben.

Übersicht 1:

Anteil der Landwirtschaft an der gesamten Wirtschaftsleistung (BIP, Brutto-Inlandsprodukt)

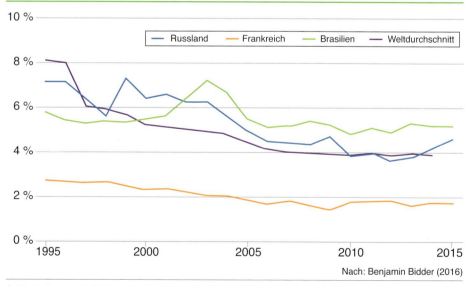

Nach: Benjamin Bidder (2016)

[1] Nach Benjamin Bidder: Russische Landwirtschaft boomt dank Sanktionen – Lukrativer als Waffenexporte. In: „Spiegel online", 4.9.2016

Zukunftslinien der Agrarmärkte

- Die Getreideproduktion wird durch den Einsatz neuer Technologien in großen Strukturen gerade zu einem Exportgut Russlands ausgebaut. Der billige Rubelkurs trägt sein Übriges dazu bei. Es ist nicht zu erwarten, dass Russland seine Bemühungen zur Steigerung der Getreideproduktion zurückfahren wird. Vielmehr wird der Agrarsektor weiter ausgebaut und intensiviert. Entscheidende Treiber sind große Betriebe, die alle Effizienzvorteile der Produktion nutzen.

Die beiden nebenstehenden Schaubilder unterstreichen die erheblich gestiegene Bedeutung der Landwirtschaft in Russland und die Steigerung der Getreideproduktion in den letzten vier Jahren.

3.2 Milchmarkt: Andere Entwicklung

Auf dem Milchmarkt sind Steigerungsraten in Ländern, wie auf dem Getreidemarkt in Russland, nicht so schnell zu erreichen. In der Milchproduktion ist die Übertragung von Wissen, von Genetik und Management eine langfristigere Aufgabe als bei Getreide. Somit stellen sich Experten die Frage, wie lange es dauert bzw. ob es überhaupt möglich ist, in einem überschaubaren Zeitraum die Milchproduktion beispielsweise in Russland wettbewerbsfähig aufzustellen.

Die Marktaussichten und Preise der Milchproduktion sind eher durch das Auslaufen der Quote und den damit verbundenen, sich einstellenden Neurege-

Übersicht 2:
Die Getreideproduktion in Russland (2000-2016)

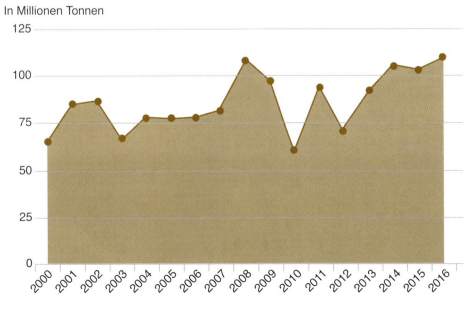

Quelle: Ebenda

Zukunftslinien der Agrarmärkte

lungen der Märkte verbunden. Viele Landwirte und Molkereien hofften nach dem Wegfall der Quote mehr zu produzieren. Es zeigte sich aber, dass der Konsum nicht in gleicher Weise stieg und es zu einem Überangebot kam und kommt. Mengenregulierungsprozesse zwischen Abnehmern und Produzenten sind nicht sehr stark ausgeprägt und führen somit zu einer zu großen Milchmenge auf dem Markt.

> *Marktregelungsmechanismen greifen im Milchsektor nur langsam und es dauert, bis Mengenanpassungsprozesse wirken.*

Da die Produktion einer Kuh nur schwer zu stoppen oder zu unterbrechen ist, kommt es zu Überproduktion. Auch der Umstieg auf andere Produkte, wie in der Pflanzenproduktion zu Beginn einer neuen Vegetationsperiode möglich, ist in der Milchproduktion nicht möglich. So bleibt dem Erzeuger nur, entweder ganz auszusteigen oder weiter zu produzieren.

Genau diese Prozesse spielen sich derzeit ab. Marktregelungsmechanismen greifen nur langsam und es dauert, bis Mengenanpassungsprozesse wirken.

3.3 Besonderheit der Landwirtschaft: hohe Volatilitäten managen

Die beiden Beschreibungen für den Getreide- und Milchmarkt machen deutlich, dass in der Landwirtschaft mehr mit Preisvolatilitäten zu rechnen ist. Es ist eine Besonderheit, sowohl für den landwirtschaftlichen Unternehmer wie auch für alle Beteiligten der Wertschöpfungskette, dass die Landwirtschaft diese hohen Volatilitäten zu managen hat.

Mengenregulierungsprozesse zwischen Abnehmern und Produzenten sind nicht sehr stark ausgeprägt und führen somit zu einer zu großen Milchmenge auf dem Markt.

3.4 Regionalität hat Chancen, aber auch Grenzen

An diesen aktuellen Marktprozessen ändert auch die Forderung nach regionaler Produktion und Verzehr nichts. Regionale Wertschöpfungsketten sind durchaus eine Alternative, aber nicht für die Vielzahl der Betriebe. Nach bisherigen Untersuchungen sind sich alle Experten einig, dass die Regionalität ihre Berechtigung, aber auch ihre Grenzen hat und die internationalen Märkte nur marginal beeinflusst.

4. Internationaler Agrarhandel gewinnt an Bedeutung

4.1 Nachfrage und Welthungerproblematik

Der internationale Agrarhandel wird benötigt, um die weltweite Nachfrage nach Agrarprodukten zu befriedigen, aber auch um Risiken abzusichern. Gunststandorte werden weiter für internationale Märkte produzieren und Deutschland wird auch weiter Agrarexporteur mit nennenswerten Umsatzanteilen, die im Export erzielt werden, sein.

Man sollte vorsichtig sein und die aktuellen Situationen (wie etwa komfortable Agrarvorräte) nicht wie selbstverständlich in die Zukunft fortschreiben. Die Vergangenheit lehrt uns eine Sicht der rationalen Vorsicht. Das Gleichgewicht ist labil und bewegt sich in einer schmalen Bandbreite.

Angesichts einer mitunter dramatischen Versorgungssituation – weltweit ist jeder neunte Erdenbürger unterernährt[2] – offenbart sich schon heute die Verantwortung der globalen Weltgemeinschaft für einen wesentlichen Beitrag zur Sicherung der Ernährung.

Dabei wird nicht ein Modell des internationalen Handels oder ein Modell von geschlossenen Kreisläufen alleine die Lösung sein. Vielmehr erscheint es realistisch, dass es ein „Mix" aus Maßnahmen sein wird, der den wesentlichen Beitrag zur Lösung des Welthungerproblems, aber auch zur Entwicklung der Märkte leistet. Wohlstand und Warenaustausch sind dabei eng verknüpft: denn erst die Fähigkeit, über die reine Selbstversorgung hinaus zu produzieren, schafft Zugang zum internationalen Warenaustausch und Kaufkraft vor Ort.

Agrarerzeugnisse sind oft der Schlüssel, um den sich noch entwickelnden Ländern Zugang zum globalen Handel zu ermöglichen. Der Agrarsektor spielt deshalb eine Schlüsselrolle bei der Angleichung der Lebensverhältnisse rund um den Globus, und somit auch bei der Vermeidung von Krisen und Flüchtlingsbewegungen.

> *Der Agrarsektor spielt eine Schlüsselrolle bei der Angleichung der Lebensverhältnisse rund um den Globus, und somit auch bei der Lösung des Welthungerproblems und der Vermeidung von Krisen und Flüchtlingsbewegungen.*

---

[2] *Quelle: FAO, IFAD and WFP (2015)*

Zukunftslinien der Agrarmärkte

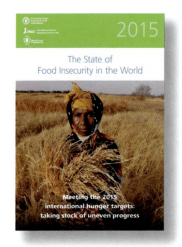

Agrarproduktion findet unter freiem Himmel statt, an Standorten mit fruchtbaren und weniger fruchtbaren Rahmenbedingungen, mit sicheren und weniger sicheren Ernten. Agrarhandel ist daher auch die Basis und Möglichkeit, um unkalkulierbare Ernteausfälle – verursacht durch die Witterung, mitunter auch durch politisch motivierte Krisen und Konflikte – auszugleichen.

Die Wertschöpfungsketten sind zunehmend global vernetzt, nutzen Produktions- und Absatzvorteile in verschiedenen Regionen dieser Welt. Diese Vernetzung der Wertschöpfungsketten wird weiter zunehmen. Gerade wenn Know-how nicht mehr der begrenzende regionale Faktor ist, werden die Kostenvorteile der Standorte eine größere Rolle spielen und der Agrarhandel an Bedeutung gewinnen.

4.2 Profiteure globaler Handelsströme, Ursachen für Entwicklungsdefizite?

Wer sind die Profiteure des Agrarhandels? Kritikern zufolge sind vor allem die internationale Agroindustrie die Profiteure des Agrarhandels – und zwar zu Lasten von Kleinbauern, die dem internationalen Preisdruck nicht standhalten und ihre Existenzgrundlage verlieren. Für sie ist es eine Agroindustrie, die von einzelnen Playern, die das globale Produktions- und Verteilungssystem kontrollieren, dominiert werden sowie die Vertragsbedingungen diktieren und politisch intervenieren. Eine Agroindustrie, deren exportorientierte, industrielle Landwirtschaft ihre eigenen Standorte ausbeutet, durch Monokulturen oder durch Überdüngung.

Ist ein solcher Schluss überhaupt zulässig, wenn Aspekte wie die Knappheit von Ressourcen (Energie, Wasser usw.) oder der Einfluss auf die globale Biodiversität in den Nutzen globaler Handelsströme einbezogen werden? Und ist tatsächlich die Wettbewerbssituation von Kleinbauern gegen leistungsstarke globale Anbieter die wesentliche Ursache für Entwicklungsdefizite?

Liegt das Problem vieler sich erst entwickelnder Länder nicht an anderer Stelle begründet durch ein dramatisches Bevölkerungswachstum, dem Mangel an Investitionen in Wissen und Können, in Schulen und Berufsausbildung? Auch an einer unzulänglichen, mitunter vollkommen überforderten Infrastruktur, an mangelnder Rechtsstaatlichkeit (Korruption) und fehlenden ordnenden Rahmenbedingungen?

Untersuchungen zeigen, dass der Weltmarktpreis oft nur einen geringen Einfluss auf die Preise und die Preisbildung vor Ort hat. Es wird gerade für Entwicklungsländer festgestellt, dass die Einflüsse im Land, wie Korruption, Rechtsunsi-

Zukunftslinien der Agrarmärkte

cherheit, mangelnde Rechtsstaatlichkeit usw., einen viel größeren Einfluss auf die Preise der Kleinbauern haben als der Weltmarktpreis. Dieses Ergebnis liefert einen Ansatzpunkt, der sehr viel stärker bei der Entwicklung von Märkten berücksichtigt werden sollte, als dies bisher geschehen ist.

4.3 Lösung des Welthungerproblems nur mit Maßnahmen-Mix

Für eine verantwortungsvolle Gesellschaft ist es unerlässlich, die Lebensgrundlagen der Menschen zu verbessern. Nur ein „Mix" von Maßnahmen kann entscheidend zur Lösung des Welthungerproblems beitragen. In einer Subsistenzlandwirtschaft und guten Kenntnissen in praktischer Landwirtschaft ist der effektive Ansatz zur Bekämpfung von Hunger und Armut.

Auch hier werden neue Wege gegangen. Ein Beispiel hierfür ist die Initiative des Bundesministeriums für wirtschaftliche Zusammenarbeit und Entwicklung (BMZ) zur Gründung der grünen Innovationszentren zu nennen. Ziel dieser Innovationszentren ist, die Einkommen kleinbäuerlicher Betriebe zu steigern, Arbeitsplätze zu schaffen – insbesondere in der Lebensmittelverarbeitung – und regio-

In 13 Ländern hat das Bundesministerium für wirtschaftliche Zusammenarbeit und Entwicklung (BMZ) Grüne Innovationszentren eingerichtet. In Westkenia sorgt das Grüne Innovationszentrum für eine höhere Milchproduktion und in Mali lernen Bauerngruppen in diesem Innovationszentrum, wie sie Mangos nach einem internationalen Standard, auch in Bioqualität, anbauen können.

nale Versorgung mit Nahrungsmitteln durch Innovationen in der Agrar- und Ernährungswirtschaft zu verbessern. Zielgruppe sind also die Kleinbauern.

„Gemeinsam werden Innovationen bei der Erzeugung, Weiterverarbeitung und Vermarktung von Grundnahrungsmitteln entwickelt und Programme zur Stärkung der heimischen Verarbeitungswirtschaft etabliert und umgesetzt. Innovationen können technisch sein, wie zum Beispiel Mechanisierung, verbessertes Saatgut, Dünger oder Kühlketten.

Vielfach wird es aber um neue Wege der Zusammenarbeit gehen – Aufbau von Erzeugergemeinschaften, spezialisierten Unternehmen oder Interessenvertretungen.

Das Programm fördert zudem begleitende Dienstleistungen wie den Wissensaufbau und die Wissensverbreitung durch Beratung, Schulung und Fortbildung sowie den Zugang zu Krediten. Es dockt dabei an bestehende Wissenszentren wie Forschungseinrichtungen oder Landwirtschaftsschulen an."[3]

> **Zwischenfazit:**
>
> Dieser entwicklungspolitische Ansatz ist nicht neu, aber in der Konsequenz der Zusammenarbeit durchaus innovativ, da er Akteure der Wertschöpfungskette aus Industrie, Organisationen, Praxis und Wissenschaft zusammenbringt. Hier wird Einkommen generiert, das wiederum zu Handel und insgesamt zu Wohlstand führen wird. Das ist jedoch ein langer Weg, der mit vielen Stolpersteinen gepflastert ist. Handel wird ein Baustein sein, aber auch Risikovorsorge und Nahrungsgrundlage

4.4 Defizite durch globale Warenströme

Trotz des positiven Ansatzes darf man nicht die Defizite im Kontext globaler Warenströme ausschließen. Wenn man von „emerging markets" spricht, von neuen Absatzmöglichkeiten in sich entwickelnden Volkswirtschaften, dann können globale Warenströme gegenüber dortigen Strukturen einen Wettbewerb auslösen, der nicht immer einer unter Gleichen ist.

Es gilt diesbezüglich Systeme zu entwickeln, die nachhaltig zur Verbesserung der Situation beitragen und nicht nur den Zugang zu Nahrungsmitteln, sondern auch den Zugang zu Innovationen sichern.

---

[3] In: www.bmz.de/de/zentrales_downloadarchiv/themen_und_schwerpunkte/factsheet_sewohl_globalvorhaben_gruene_innovationszentren.pdf. Zuletzt eingesehen: 31.01.2017

5. Bedeutung und Entwicklungen am Standort Deutschland

Deutschland ist der drittgrößte Agrarexporteur und -importeur der Welt. Rund 25% der Verkaufserlöse werden im Export erzielt.

Die EU ist der größte Agrarexporteur weltweit. Der Wert der EU-Agrar- und Nahrungsmittelexporte konnte im Wirtschaftsjahr 2015/2016 wiederum gesteigert werden – trotz Russland-Embargo und schwächelnder Nachfrage, beispielsweise aus China.

Dieser Exporterfolg basiert im Wesentlichen auf der Tatsache, dass Deutschland und die EU im gesamten Wertschöpfungsprozess von der Urproduktion bis zum Endprodukt wettbewerbsfähig und dauerhaft innovativ sind. Sie sind wettbewerbsfähig auf Grund von Stückkosten, die niedriger sind als die Produktpreise.

5.1 Bisherige Produktstrategie muss auf den Prüfstand

Es erhebt sich dennoch die Frage, ob die Kostenführerschaft bei Standardprodukten (Commodities), die die landwirtschaftliche Urproduktion üblicherweise herstellt, wirklich die einzige Strategie ist, um langfristig erfolgreich auf Märkten zu agieren. Sowohl auf nationaler als auch internationaler Ebene sind steigende, mitunter komplexe Ansprüche an landwirtschaftliche Erzeugnisse zu beobachten – angefangen bei der Qualität, der Liefersicherheit bis hin zu Anforderungen hinsichtlich Nachhaltigkeit und ethischen Aspekten wie Tierwohl.

Die hieraus resultierende steigende Differenzierung der Endprodukte stellt das bisherige Konzept einheitlicher Standardproduktion auf den Prüfstand. Differenzierte Produkte, die den vielfältigen Anforderungen auf Nachfrageseite gerecht werden, scheinen der Türöffner für neue, kaufkräftige Märkte. Eine breitere, differenziertere Produktpalette wird jedoch nur mit der Etablierung von Marken, dem Herausstellen des USP (Unique Selling Proposition), also dem Alleinstellungsmerkmal, gelingen.

5.2 Konsequenzen und Anforderungen

Die Wertschöpfungskette muss sich hierbei neu organisieren sowie sich besser und enger abstimmen. Eine Aufgabe, die das Einbeziehen aller Akteure der Wertschöpfungskette erfordert: eine Herausforderung an den Agrarsektor und seine Innovationsfähigkeit.

Wer auf Märkten agieren und vor allem neue Märkte erschließen will, der muss sich auch die Frage stellen, ob er gesellschaftliche Erwartungen erfüllt. Die Agrarbranche wird, genauso wie alle anderen Wirtschaftsglieder in einem demokratischen System, langfristig nur dort eine Berechtigung haben, wo ebendiese Erwartungen erfüllt werden.

Für die Agrarbranche in Deutschland heißt das, sich dem kritischen Fokus der Öffentlichkeit hinsichtlich des Einsatzes moderner, innovativer Technologien zu stellen. Denn die Fähigkeit eines im globalen Wettbewerb stehenden Sektors, sich im Markt erfolgreich zu behaupten, hängt nicht nur vom eigenen Know-how, sondern letztlich auch vom nationalen und europäischem Ordnungs- und Zulassungsrecht ab. Dabei spielt es eine entscheidende Rolle, ob Ordnungs- und Zulassungsrecht Innovationen unterstützt oder dem Standort kurz-, mittel- und langfristig Wettbewerbsnachteile bringt.

Gerade in Deutschland erleben wir hier eine sich immer weiter zuspitzende Situation. Im Land von Justus von Liebig und von Johann Heinrich von Thünen, die für die Entwicklung moderner Landwirtschaft als Begründer der Agrikulturchemie und der Pflanzenernährung sowie als Impulsgeber für die landwirtschaftliche Betriebslehre und für die optimale Nutzung von Landflächen entscheidende Impulse gesetzt haben. Für die Agrarbranche als ein Innovationszentrum moderner Landwirtschaft ist die Frage der gesellschaftlichen und politischen Rahmenbedingungen eine Zukunftsfrage für den Standort.

Fazit: Was bedeutet das für die Agrarbranche?

Landwirte wie auch die Unternehmen des vor- und nachgelagerten Bereichs können nur dann moderne Techniken und Technologien einsetzen, wenn diese gesellschaftlich akzeptiert sind. Der Einsatz moderner, innovativer Techniken ist aber die Voraussetzung für Wettbewerbs- und Zukunftsfähigkeit, auch auf internationaler Ebene. Er ist damit der Schlüssel für die Partizipation an globalen Warenströmen, die Bedienung bestehender Märkte, aber auch die Erschließung neuer Märkte.

In seinen Bilanzen sollte ein Landwirt, ein Chemiekonzern, ein Landtechnikhersteller in Zukunft auf der Aktivseite nicht nur Boden, Gebäude, Maschinen und Tiere, Anlagentechnologie und Patente vermerken. Auch gesellschaftliche Akzeptanz ist ein wesentlicher, immer wichtiger werdender Faktor. Über diesen sollte man sich nicht nur Rechenschaft ablegen, er bedarf auch persönlicher und finanzieller Ressourcen – um sich einzubringen in demokratische Prozesse, um offen zu informieren, über moderne Technologien vom Pflanzenschutzmittel bis zu molekularbiologischen Veränderungen von DNA einschließlich des Erbguts von Pflanzen und Tieren.

Den großen Herausforderungen und der langfristig steigenden Nachfrage nach Agrarprodukten kann nur eine moderne Landwirtschaft begegnen, die technologische Innovationen und Methoden anwendet und deshalb in der Lage ist, den knappsten aller Faktoren, die fruchtbare Acker- und Grünlandfläche, effizient zu nutzen und zugleich Belastungen für die Umwelt zu minimieren.

Trotz der langfristig positiven Perspektive geht mit dem Agieren auf Märkten und der globalen Vernetzung der Agrarproduktion auch eine Verantwortung der einzelnen Akteure einher: hinsichtlich Fragen zu Marktmacht, Nachhaltigkeit der etablierten Produktionssysteme, Fairness im Umgang, auch der Erfüllung gesellschaftlicher Erwartungen. Das ist jedoch ein langer Weg, der mit vielen Stolpersteinen gepflastert ist. Handel wird ein Baustein sein, aber auch Risikovorsorge und Nahrungsgrundlage.

Literatur

Bidder, Benjamin (2016): Russische Landwirtschaft boomt dank Sanktionen – Lukrativer als Waffenexporte. In: „Spiegel online", 4.9.2016

FAO, IFAD and WFP (2015): The State of Food . The State of Food Insecurity in the World. Meeting the 2015 international hunger targets: taking stock of uneven progress. FOOD AND AGRICULTURE ORGANIZATION OF THE UNITED NATIONS, Rome, 2015

IV. Landwirtschaft 2030 –
... im Pflanzenbau

Hubertus von Daniels-Spangenberg, *Marktfruchterzeuger in Könnern (Sachsen-Anhalt); Stellvertretender Vorsitzender des Aufsichtsrates der DLG*

Pflanzenbau 2030[*]

Problemfelder und Herausforderungen –
aus der Sicht der Landwirtschaft

Die moderne Landwirtschaft und gerade auch der moderne Pflanzenbau haben durch die Nutzung von Innovationen in Züchtung, Technik und Anbau sowie verbesserter Effizienz und Management in den vergangenen Jahrzehnten beachtliche Produktivitätssteigerungen verzeichnen können. Dennoch ist das Milleniumziel Nr. 1 der Vereinten Nationen, die Halbierung der Zahl hungerleidender Menschen, trotz der weltweit guten Ernten nach wie vor nicht erreicht. Andererseits werden negative Umweltphänomene wie Klimawandel, Artenverlust und Gewässereutrophierung unter anderem auch der intensivierten Landwirtschaft angelastet. Außerdem werden die Ausräumung der Kulturlandschaf-

[*] Überarbeitete und ergänzte Fassung des Vortrages im Rahmen der Klausurtagung der DLG über „Landwirtschaft 2030" am 11. Oktober 2016 im DLG-Haus in Frankfurt a. M.

ten, die Vereinfachung der Fruchtfolge und eine übermäßige Verwendung von Dünge- und Pflanzenschutzmitteln kritisiert (siehe hierzu DLG-Vorstand: Landwirtschaft 2030, These 5, S. 23).

Problemfelder

Große globale Überschüsse auf den Weltmärkten für Getreide und Ölsaaten führen seit mehreren Jahren zu Preisdruck bei Weizen, Raps und Mais. Bei gleichzeitig stark steigenden Maschinen- und Flächenkosten ist die Rentabilität des Ackerbaus in Deutschland seit mehreren Jahren zunehmend angespannt.

Hinzu kommen neue Herausforderungen an die Produktionstechnik, wie das Auftauchen von Ungräsern oder breitblättrigen Unkräutern, die noch vor 20 Jahren völlig unbedeutend waren und heute nur noch mit ausgefeilten Herbizidkombinationen bekämpfbar sind. Ackerfuchsschwanz, Trespenarten, Storchschnabel und Hundspetersilie seien als Beispiele genannt.

Im Rapsanbau werden Rapsglanzkäfer resistent gegen bestimmte Pyrethroide und die Kohlfliege kann nach dem Wegfall der neonicotinoiden Beizen ungehindert die Rapswurzeln schädigen. Lange Jahre unbedeutende Pilzkrankheiten wie der Gelbrost tauchen in neuen, nur schwer bekämpfbaren Varianten auf. Keep it simple, diese langjährige Maxime erfolgreicher Ackerbauern scheint an ihre Grenze zu stoßen.

Gleichzeitig sieht sich der Pflanzenbau mit der Forderung nach geringerer Intensität konfrontiert. Die neue Düngeverordnung wird in diesem Jahr in Kraft treten und soll zu einem verringerten N-Überschuss im Bereich Ackerbau führen. Gefordert wird außerdem der grundsätzlich geringere Einsatz chemischer Pflanzenschutzmittel. Vielen Wirkstoffen droht ein endgültiger Entzug der Zulassung, sodass der Pflanzenschutz mit einer deutlich kleineren Wirkstoffpalette zukünftig unspezifischer wird. Resistenzen werden zunehmen und für viele Spezialkulturen wird es keinen chemischen Pflanzenschutz mehr geben.

Als weiteres Problemfeld werden die seit Jahren abnehmende Biodiversität und ein vermehrter Artenschwund in der Agrarlandschaft beklagt. Im Grunde geht es hier nicht nur um den Pflanzenbau, sondern um die abnehmende Agrobiodiversität der gesamten Branche Landwirtschaft.

Die größten Probleme und Herausforderungen im Pflanzenbau

- Düngung: N-Überschuss
  P-Überschuss
- Pflanzenschutz: Herbizidresistenz
  Pyrethroidresistenz
  Weniger Wirkstoffe

- Artenrückgang, abnehmende Biodiversität
- Klimawandel

1. N-Überschuss:

Vor einem Jahr auf der DLG-Wintertagung in München stellte Prof. Dr. Friedhelm Taube vom Institut für Pflanzenbau und Pflanzenzucht der Universität Kiel in seinem Statusbericht über die Umweltwirkungen der Landwirtschaft fest, dass sämtliche die Landwirtschaft betreffenden Umweltziele deutlich verfehlt werden. So schwankt die N-Bilanz mit einer geringen Variation um die + 100 kg N/ha Überschuss im Jahr (siehe Taube 2016, S. 19 f.).

Was sind die Gründe für die zu hohe Düngung?
a) **Weizen:**
- Ausdehnung des Weizenanbaus auf schwache Standorte.
- Qualitätseinstufung des Weizens nach Proteingehalt.
  Proteinreicher Weizen wird sowohl von heimischen Mühlen als auch auf internationalen Märkten nachgefragt. Mit dem Export von Weizen wird allerdings auch ein Teil des importierten Stickstoffs wieder exportiert.

Die zukünftige Herausforderung für den Pflanzenbauer wird darin bestehen, Binnenmarkt wie auch den Exportmarkt mit gleichen oder steigenden Mengen zu bedienen und dennoch gleichzeitig den N-Saldo der Weizenproduktion zu reduzieren.

Übersicht 1:
Stickstoffüberschüsse der Gesamtbilanz Deutschland
In kg/ha landwirtschaftlich genutzte Fläche

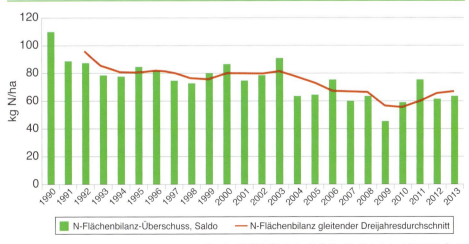

Quelle: BMELV-Statistik; DLG-Nachhaltigkeitsbericht 2016, S. 15

b) Raps:

- Bei Raps fallen N-Bedarf und N-Entzug noch deutlicher auseinander. Hier gilt es, bestehende Möglichkeiten zur Bestimmung des vor Winter aufgenommenen Stickstoffs zu nutzen und die N-Düngung im Frühjahr daran anzupassen. Wenn im Rapsanbau bereits im Herbst größere Stickstoffmengen aufgenommen worden sind, kann die N-Gabe im Frühjahr daran angepasst und so der N-Saldo vermindert werden.

c) Gärrest und Gülle:

Je nach Technik der Ausbringung unterliegen Gärrest und Gülle unterschiedlich hohen N-Verlusten, vor allem in Form von Ammoniak, der in die Luft entweicht. Weiterhin sind die Ausnutzungsraten von Herbstgaben niedriger. Der Einsatz von Schleppschuh- und Schlitzdüngung auch im zeitigen Frühjahr im Getreide sind erste Ansätze, um die N-Verluste bei der Ausbringung zu verringern. Weitere technische Innovationen werden auf diesem Gebiet für die Praxis unbedingt benötigt. Ohne Frage ist es bei organischer Düngung deutlich schwieriger, gedüngte und entzogene Stickstoffmengen einander anzunähern.

Auswirkungen der neuen Düngeverordnung

Die neue Düngeverordnung wird insbesondere in Gülle- und Gärrest-Überschussgebieten zu erheblichen Problemen führen, da die überzähligen Nährstoffe zwangsläufig die Region verlassen müssen. Tierproduktion bzw. Biogaserzeugung werden sich entsprechend verteuern.

Das Verhältnis von Angebot und Nachfrage nach Nährstoffen wird sich umkehren. Waren noch vor kurzem organische Dünger bei Ackerbaubetrieben zur Bereicherung der Bodenfruchtbarkeit sehr gefragt, so gibt es heute Pflanzenbauer, die – im Vorgriff auf die neue Düngeverordnung und aus Angst vor dem schwer kalkulierbaren Stickstoffüberschuss – auf die organische Düngung grundsätzlich verzichten. Damit wird der eigentlich dringend notwendige Nährstoffexport aus Schwerpunktgebieten der Viehhaltung in die veredlungsarmen Ackerbauregionen tendenziell erschwert.

2. P-Überschuss

Beim Nährstoff Phosphor wird der regionale Ausgleich noch dadurch erschwert, dass der in viehfernen Gebieten wirtschaftende Ackerbauer mit dem organischen P-Dünger je nach dessen N-P-Verhältnis zusätzlich N-Frachten geliefert bekommt, die er nicht benötigt.

Erschwernis: Problemlösungen oft mit gegensätzlichen Wirkungen

Lösungen für die verschiedenen Problemfelder im Pflanzenbau werden dadurch erschwert, dass mögliche Ansätze teilweise nicht gleichsinnig, sondern gegenläufig wirken. So ist Mulchsaat ohne Pflug eindeutig mit mehr Biodiversität in Form eines reichhaltigeren Bodenlebens verbunden, zum Beispiel auf dem oberflächennah verrottenden Stroh, erfordert im Gegenzug aber einen höheren Pflanzenschutzeinsatz, im Regelfall sogar Glyphosat. In dem Zusammenhang sei noch einmal deutlich betont, dass zu einem Resistenzmanagement für schwer bekämpfbare Unkräuter Glyphosat oder zumindest ein breit wirkendes Totalherbizid unverzichtbar ist.

Zertifizierungen und Biodiversität

Eine Reihe professionell arbeitender Ackerbaubetriebe unterwerfen ihr Produktionssystem zunehmend Zertifizierungen nach QS- oder Global G.A.P.-Standards und kommen damit den Anforderungen ihrer Kunden nach. Auf diesem Weg werden soziale Standards, Aspekte der Biodiversität, aber vor allem betriebliche Hygiene und Sicherheit überprüft. Hygienisch saubere Getreideläger als ein wichtiges Kriterium können nur mittels hermetischem Abschluss gegen eindringende Nager und Vögel erreicht werden. Dem gegenüber beklagen Umweltverbände und Vogelschützer das Verschwinden von Nistmöglichkeiten für Schwalben und Eulen in landwirtschaftlichen Gebäuden.

Das Anforderungsprofil des Marktes, insbesondere der Ernährungsindustrie, nach großen, einheitlichen und homogenen Rohstoffpartien, vorzugsweise erzeugt in professionellen und großen Ackerbaubetrieben, in denen diese Mengen einfach und kostengünstig zu erfassen sind,

passt immer weniger mit der Biodiversität in der Agrarlandschaft, wie wir sie noch vor 30 bis 40 Jahren hatten, zusammen. Aus der Sicht der Produktionstechnik bedeutet dies, dass intensiv geführte Hochertragsflächen, unkrautfrei und mit dichten Getreidebeständen, neben der angebauten Kultur wenig Lebensraum für weitere Flora und Fauna bieten. Hohe Nährstoffzufuhr führt zum Verschwinden von wenig konkurrenzstarken lichtbedürftigen Pflanzenarten. Chemischer Pflanzenschutz hat neben der positiven Wirkung auf die Nutzpflanzen auch indirekte Folgen über den Entzug der Nahrung für Vögel, Niederwild, Amphibien und Nutzinsekten. Selbst nicht chemischer Pflanzenschutz, etwa Mäusebekämpfung durch mehrfache Bodenbearbeitung von Getreide- und Rapsstoppeln nach der Ernte mit dem Ziel des Nahrungsentzugs für Mäuse, entzieht eben nicht nur der Maus die zur Massenvermehrung benötigte Futtergrundlage.

Die DLG beschäftigt sich schon seit vielen Jahren mit dem Thema Biodiversität. Im DLG Nachhaltigkeits-Zertifikat ist Biodiversität einer der ökologischen

 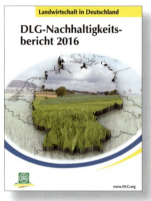 

Indikatoren. Hier fließen auf einzelbetrieblicher Ebene verschiedene Teilindikatoren ein:
- Fruchtartendiversität,
- Sortendiversität,
- Nutzungsdiversität,
- aber auch Schlaggröße, Randlange der Schläge,
- der Pflanzenschutz-Behandlungsindex und
- das Düngungsniveau sowie
- Verfahrensdiversität bei Bodenbearbeitung und Ernte
fließen mit bestimmten Gewichtungsfaktoren ein.

Die Methoden der quantitativen Bewertung der Biodiversität sind wissenschaftlich stark umstritten. Einigkeit besteht in der Feststellung einer deutlichen Abnahme während der letzten 50 Jahre.

Als vergleichsweise einfach zu erhebender Indikator für Biodiversität wird im DLG Nachhaltigkeitsbericht des Agrarsektors ebenso wie im WWF Handbuch „Landwirtschaft für Artenvielfalt" ein aus 10 repräsentativen Vogelarten bestehender Teilindikator des „Vogelindikators" zur Abbildung der Artenvielfalt im „Lebensraum Agrarland" verwendet. Dieser Index lag laut letztem DLG Nachhaltigkeitsbericht im Jahr 2010 bei 62 % des angestrebten Wertes.

> *Der Abnahme der Biodiversität in Agrarlandschaften in Deutschland und in Europa kommt eine immer größere Aufmerksamkeit zu. Die Einführung der Greening-Komponente im System der EU-Direktzahlungen ist sicher nur ein erster Schritt, um die Regel „öffentliche Zahlungen für öffentliche Güter" umzusetzen. Der Ruf nach Verschärfung der Greening-Regelungen durch Erhöhung auf mindestens 7 % der Ackerfläche und Wegfall der jetzigen Anrechenbarkeit von Leguminosenanbau und Zwischenfrüchten, ertönt seit ihrer Einführung.*

Übersicht 2:

Entwicklung der Artenvielfalt – gemessen am Beispiel des Vogelindikators als Gesamtindex und Teilindex Agrarland (Index in % vom Zielwert im Jahr 2015 = 100)

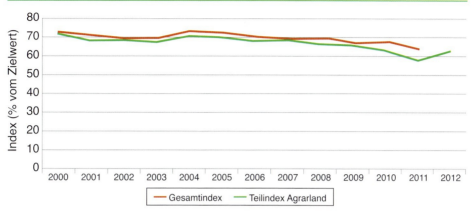

Quelle: BfN Sukopp, 2015, Daten DDA (2014); DLG-Nachhaltigkeitsbericht 2016, S. 22

Wie können Landwirte mit Thema Biodiversität umgehen?

1. Artenvielfalt: Studien über Auswirkungen von ökologischem und konventionellem Landbau

Die Umstellung der gesamten Landwirtschaft auf ökologischen Landbau, wird von den meisten Umweltverbänden für wünschenswert gehalten[1], erscheint aber aus verschiedenen Gründen unrealistisch und nur als ein theoretisch mögliches Modell. Eine im Januar 2016 vorgestellte Studie des Berliner Humboldt Forums for Food and Agriculture (HFFA) [2] hat die Ertragsunterschiede zwischen ökologischem Landbau und dem konventionellen Ackerbau für Deutschland sowie die Auswirkungen auf die Artenvielfalt in Deutschland und die globale Biodiversität bei einer Umstellung auf ökologischen Landbau untersucht. Die Ergebnisse zeigen, dass zunächst vorhandene Vorteile des ökologischen Landbaus auf der bewirtschafteten Fläche bei einer Effizienzbetrachtung nicht mehr offensichtlich sind. Diese Vorteile können sogar komplett verloren gehen und bei globaler Betrachtung zu einem Nachteil werden. Bei einer Umstellung der gesamten Agrarwirtschaft auf den ökologischen Landbau würden eventuelle kleine Gewinne an heimischer Artenvielfalt durch deutlich höhere Verluste an Artenvielfalt anderorts, beispielsweise nach Kultivierung neuer Agrarflächen in Schwellenländern wie Brasilien erkauft (Noleppa, 2016, S. VI).

In anderen Studien wird als Alternative zur Umstellung der gesamten Landwirtschaft auf Ökolandbau die Unterschutzstellung von 10–15 % der Nutzfläche

---
[1] siehe WWF (2015): Handbuch Landwirtschaft für Artenvielfalt; Löwenstein (2011): Food Crash.
[2] Noleppa (2016): Pflanzenschutz in Deutschland und Biodiversität.

 und deren Verwendung als Wanderkorridore und Trittsiegel in der Agrarlandschaft als notwendig angesehen, um den Rückgang der Artenvielfalt in Deutschland zu stoppen.

Doch auch hier sollte in Anlehnung an die zuvor zitierte Noleppa-Studie die Frage nach der Effizienz dieser Maßnahme unter dem Aspekt globalen Biodiversitätsgewinns gestellt werden. Analog zu den Ergebnissen der erwähnten Studie würde es möglicherweise zu niedrigeren Flächenanteilen für die Vernetzung von ökologisch wertvollen Landschaftselementen kommen. Das lenkt aber von der Notwendigkeit der Anpassung ab, die hiesigen Landwirten nicht erspart bleiben wird. Andererseits erscheint es unrealistisch, in ackerbaulichen Gunstregionen 10–15 % der LF quasi still zu legen und der Produktion komplett zu entziehen. In landschaftlich stärker strukturierten Gebieten, etwa Mittelgebirgslagen und auf schwachen Standorten, ist es – auch unter dem Gesichtspunkt der Effizienz der Maßnahmen – eher möglich, dieses Ziel zu erreichen.

Landwirte sollten konstruktiv bei der Anpassung von Ackerflächen zur Erhaltung der Artenvielfalt mitarbeiten. Doch in ackerbaulichen Gunstregionen 10 – 15 % der LF quasi still zu legen und der Produktion komplett zu entziehen, erscheint unter Effizienzaspekten anhand bisheriger Forschungsergebnisse nicht der richtige Weg zu sein.

2. Forschungen zusammen mit Internationalem DLG-Pflanzenbauzentrum (IPZ) in Bernburg-Strenzfeld

Am Standort des Internationalen DLG-Pflanzenbauzentrums (IPZ) in Bernburg-Strenzfeld (Sachsen-Anhalt) gibt es aufgrund der räumlichen Nähe zum Campus des Fachbereichs Landwirtschaft, Ökotrophologie und Landschaftsentwicklung der Hochschule Anhalt eine enge Zusammenarbeit mit Partnern von dieser Hochschule. So auch mit Prof. Dr. Sabine Tischew, die die Professur für Vegetationskunde und Landschaftsökologie innehat. Ein Forschungsschwerpunkt ihrer Arbeitsgruppe befasst sich mit Fragen der Steigerung der Biodiversität in Agrarlandschaften. Hier werden auch Randstrukturen und an produktive Ackerflächen angrenzende Flächen sowie nicht oder nur extensiv genutzte Flächen auf ihr ökologisches Aufwertungs- bzw. Anreicherungspotenzial hin untersucht. Es gibt ferner Versuche zu langjährig angelegten Blühstreifen und Blühmischungen für Randstreifen sowie Untersuchungen zu deren Biodiversitätsgewinnen. Derartige Maßnahmen sollten sowohl von der DLG als auch von proaktiv denkenden Landwirten unterstützt werden.

Pflanzenbau 2030

Blick auf das Internationale DLG-Pflanzenbauzentrum (IPZ) in Bernburg-Strenzfeld und den Campus des Fachbereichs Landwirtschaft der Hochschule Anhalt.

3. Landwirte: mehr Wissen und Engagement zu Agrarumweltmaßnahmen

Landwirte selber sollten sich stärker mit der Ausgestaltung zukünftiger Agrarumweltmaßnahmen aktiv beschäftigen und von der Seite der Bremser auf die Seite der Ideengeber und Gestalter wechseln. Dazu muss das Wissen der Landwirte über landschaftsökologische Zusammenhänge vermehrt und vertieft werden. Der „Lerninhalt Biodiversität" gehört in die landwirtschaftliche Ausbildung! Auch Unterricht in Biologie sollte verpflichtender Teil der Ausbildung werden, damit ökologische Inhalte vermittelt und verstanden werden können. Wenn die in der Landschaft tätigen Landwirte besser über Lebensräume und Nahrungsansprüche nicht nur ihrer Nutztiere, sondern auch hinsichtlich des Nutzens von Niederwild, Vogel- und Insektenarten informiert wären, müsste vielleicht nicht jeder Ackerrandstreifen kurz gemäht und jeder vermeintlich störende Strauch entfernt werden. Biodiversität lässt sich auch auf Hochertragsstandorten umsetzen.

Im Vorfeld der nächsten Reform der EU-Direktzahlungen, die sicher zu einer stärkeren Betonung von Agrarumweltmaßnahmen (AUM) mit entsprechenden Verpflichtungen führen wird, sollte die Landwirtschaft aktiv bei der Ausgestaltung dieser AUM mitwirken und sich mit eigenen Ideen einbringen. Die derzeitigen AUM leiden an ihrer bürokratischen und unflexiblen Ausgestaltung. Deswegen scheuen sich zur Zeit die meisten Landwirte, diese Greeningva-

> *Die Landwirte sollten sich selber aktiv mit der Ausgestaltung zukünftiger Agrarumweltmaßnahmen beschäftigen und von der Seite der Bremser auf die Seite der Ideengeber und Gestalter wechseln!*

rianten zu wählen. Das muss bei einer Reform vermieden werden, auch Regelungen des Pflanzenschutzgesetzes wie zum Beispiel Abstandsauflagen zu Blühstreifen und Randstrukturen sind dabei zu berücksichtigen.

Pflanzenschutz und Wirkungen der Politik

1. **Auswirkungen von Entscheidungen über Pflanzenschutz**
   Die Nutzung von chemischem Pflanzenschutz als Lösung für pflanzenbauliche Probleme wird zunehmend erschwert:
   - EU-Kommission und EU-Parlament tendieren in jüngster Zeit dazu, die Einstufung von Pflanzenschutzmitteln nicht nach ihrem Risikopotenzial, sondern nach ihrem Gefahrenpotenzial vorzunehmen. Das erschwert die Zulassungsverfahren von Pflanzenschutzmitteln in hohem Masse.
   - Bereits erheblich sind die Auswirkungen auf den Rapsanbau nach dem Wegfall der Neonicotinoide für die Saatgutbeizung.
   - Auch die zur Bekämpfung vieler Pilzkrankheiten derzeit unentbehrliche Wirkstoffgruppe der Azole droht zu verschwinden.
   - Durch den Wegfall von Wirkstoffen wird das ohnehin vorhandene Resistenzpotenzial im Pflanzenbau noch einmal erheblich verstärkt.

Pflanzenschutz und Wegfall von Pflanzenschutzmaßnahmen.

2. Durch Resilienz Bedeutungszuwachs für Anbauspektrum und Fruchtfolge

Gesunde Böden und Pflanzen sowie Ertragsstabilität sind im Pflanzenbau wichtige Leitprinzipien. Durch die hohe Gewichtung des Kriteriums Resilienz erhält der Faktor Anbauspektrum bzw. die Fruchtfolge wieder stärkere Beachtung und Stellenwert. Wenn ein betriebswirtschaftlich motiviertes enges Anbauspektrum an Grenzen stößt, muss über Erweiterungsmöglichkeiten nachgedacht werden. Abwechseln von Frühjahrs- und Herbstkulturen schafft sicher Erleichterung in vielerlei Richtung.

Klimawandel – Anpassungsmöglichkeiten an Trockenheit und hohe Temperaturen

Die Folgen des Klimawandels sind in der Landwirtschaft, besonders im Ackerbau, seit Jahren spürbar. Dazu gehören unter anderem Vorsommertrockenheit, hohe Temperaturen und starke Sonneneinstrahlung wie auch die Zunahme von Gewittern und Starkregen. Kann bzw. sollte der Landwirt in seinen Anbauplänen hierauf reagieren? Vermehrte Vorsommertrockenheit und hohe Temperaturen in der Kornfüllungsphase machen eine Risikoverteilung auf mehr Kulturen erforderlich. Auch wenn die Vermarktung alternativer, nicht marktbereiter Kulturen schwierig ist, sollte der engagierte Ackerbauer auch den Anbau und die Vermarktung von Nischenprodukten nicht scheuen.

Pflanzenzüchtung

Wenn die Agrarchemie als Lösung für pflanzenbauliche Probleme zunehmend erschwert wird, gewinnt die Pflanzenzüchtung zwangsläufig an Bedeutung. Die Übernahme von Monsanto als einem global agierenden Pflanzenzuchtunternehmen durch Bayer als einem global bedeutendem Agrarchemiegiganten ist sicher vor allem auch vor diesem Hintergrund zu interpretieren.

Die Züchtungslandschaft in Deutschland ist vor allem bei Getreide und Kartoffeln, wo Hybridsorten bisher nur eine untergeordnete Rolle spielen, noch durch eine Vielzahl mittelständischer Zuchtunternehmen geprägt. Um die breite Streuung der Wettbewerber, aber auch des Genpools weiter zu erhalten, ist es unerlässlich, die derzeitige Nachbauregelung absolut verbindlich und effizient zu gestalten. Die bestehende Regelung bringt die Zuchtunternehmen unter wirtschaftlichen Druck und führt zu ständig weiterer Konzentration.

> *Zur Erhaltung der breiten Streuung der Wettbewerber in der deutschen Pflanzenzüchtung wie auch des Genpools ist es unerlässlich, die derzeitige Nachbauregelung absolut verbindlich und effizient zu gestalten.*

Darüber hinaus benötigen auch kleine Züchterhäuser Zugang zu modernen Technologien, mit denen die Zuchtarbeit kostengünstig und vor allem zeitsparend geleistet werden kann. Das derzeit diskutierte Genome Editing ist dafür ein Beispiel. Eine vorschnelle Ablehnung dieser Verfahren als vermeintlicher Ableger der in Europa weitgehend verbotenen Gentechnik würde zu weiterem Abwandern von hiesigem Züchtungs-Know-how aus Europa führen.

Literatur

Daniels-Spangenberg, Hubertus von (2013): Nachhaltigkeit als Unternehmeraufgabe. Erfahrungen und Vorteile für landwirtschaftliche Betriebe. In: DLG (Hrsg.): Landwirtschaft im Konflikt mit der Gesellschaft. Votum für eine nachhaltige Produktion. (Archiv der DLG, Band 107). Frankfurt am Main: DLG-Verlag, S. 61-74.

DLG (Hrsg.): DLG-Nachhaltigkeitsbericht 2016. Landwirtschaft in Deutschland. Frankfurt am Main: DLG e.V.

DLG-Vorstand (2017): Landwirtschaft 2030 – 10 Thesen. In: DLG (Hrsg.): Landwirtschaft 2030 – Signale erkennen, Weichenstellen, Vertrauen gewinnen. (Archiv der DLG, Band 111). Frankfurt am Main: DLG-Verlag, S. 15

Löwenstein, Felix zu (2011): Food Crash. Wir werden uns ökologisch ernähren oder gar nicht mehr. München: Pattloch, Verlagsgruppe Droemer Knaur.

Noleppa, Steffen (2016): Pflanzenschutz in Deutschland und Biodiversität. Auswirkungen von Pflanzenschutzstrategien der konventionellen und ökologischen Landbewirtschaftung auf die regionale und globale Artenvielfalt. HFFA Research Paper 1/2016, Berlin: Humboldt Forum for Food and Agriculture (HFFA) e.V.

Taube, Friedhelm (2016): Umwelt- und Klimawirkungen der Landwirtschaft. – Eine kritische Einordnung – Statusbericht, Herausforderungen und Ausblick. In: DLG (Hrsg.): Moderne Landwirtschaft zwischen Anspruch und Wirklichkeit. Eine kritische Analyse. (Archiv der DLG, Band 110). Frankfurt am Main: DLG-Verlag, S. 13-38

WWF Deutschland (Hrsg., 2015): Handbuch Landwirtschaft für Artenvielfalt. Ein Naturschutzstandard für ökologisch bewirtschaftete Betriebe. Berlin, 2. Überarbeitete Auflage 2016 (Online unter: http://www.landwirtschaft-artenvielfalt.de/wp-content/uploads/2016/12/WWF_LFA_Handbuch_ZweiteAuflage_web.pdf).

Hubertus von Daniels-Spangenberg

bewirtschaftet seit 1980 das Gut Niederbarkhausen in Leopoldshöhe-Asemissen (Kreis Lippe), das seit über 20 Jahren mit drei weiteren Betrieben in Form einer Vollfusion zur „Lippe-West GbR" verbunden ist. Nach der Wiedervereinigung ging er zu den großelterlichen Wurzeln in den Vorharz in Sachsen-Anhalt zurück, wo er 1991 das Gut Piesdorf seines Großvaters wieder aufbaute und seit 1992 zusammen mit dem Nachbarbetrieb „Gut Welfesholz GbR" als Betriebsgemeinschaft führt. Das Gut Piesdorf GbR gehörte zu den ersten sieben Betrieben, die 2008 mit dem DLG-Zertifikat „Nachhaltige Landwirtschaft – zukunftsfähig" ausgezeichnet wurden. Seit 35 Jahren ist Hubertus von Daniels-Spangenberg auch aktiv in die DLG-Arbeit eingebunden. Er war Mitglied verschiedener Fachausschüsse der DLG, wie dem Ausschuss für Ackerbau, dem Ausschuss für Pflanzenernährung, dessen Leitung er 1998 übernahm, sowie dem Ausschuss für Betriebsführung und seit 1999 im Gesamtausschuss. Darüber hinaus ist er seit Mai 2006 einer der beiden DLG-Rechnungsprüfer, im Januar 2015 wurde er zum Stellvertretenden Vorsitzenden des DLG-Aufsichtsrates gewählt.

Prof. Dr. Werner Wahmhoff, *stellvertretender Generalsekretär der Deutschen Bundesstiftung Umwelt, Osnabrück*

Produktionsprozesse im Pflanzenbau[*)]

Grenzen der Systemverträglichkeit und Chancen für eine stärkere Resilienz

1. Resilienz und Pflanzenbau

Bei der Gestaltung zukünftiger Produktionsprozesse im Pflanzenbau gewinnen zunehmend Einflussgrößen an Bedeutung, die über die Betrachtung der Situation auf dem einzelnen Schlag hinausgehen. Neben der Optimierung von Ertrag und Qualität gilt es, die über die Feldgrenzen hinausgehenden Wirkungen

---

[*)] Für die Buchausgabe bearbeitete Fassung der Präsentation von Prof. Wahmhoff im Rahmen der Klausurtagung der DLG über „Landwirtschaft 2030" am 11. Oktober 2016 im DLG-Haus in Frankfurt a. M.

Produktionsprozesse im Pflanzenbau

auf die verschiedenen Indikatoren der Nachhaltigkeit in produktionstechnische Entscheidungen einzubeziehen und letztlich auch die Frage im Blick zu haben, ob das gewählte Produktionsverfahren dauerhaft stabil, also resilient ist, vor allem dann, wenn die Mehrzahl der Landwirte in gleicher Weise verfährt.

Der Begriff Resilienz umschreibt das „Abfederungsvermögen" von Systemen gegen äußere Störungen. Der Ansatz der Resilienz geht von dynamischen Systemen aus, die sich in unterschiedliche Richtung entwickeln können und wird vor allem im Zusammenhang mit Kulturökosystemen angewendet. So findet er Anwendung bei der Bewertung von Landnutzungssystemen vor dem Hintergrund des globalen Wandels. In diesem Zusammenhang steht der Begriff für die Eigenschaft von Landnutzungssystemen, unter den Bedingungen klimatischer Veränderungen und sich verändernder Produktionsverfahren, dauerhaft die Produktivität der genutzten Standorte zu erhalten. Damit wird der Begriff Resilienz heute sehr viel breiter angewandt als ursprünglich in der Definition von Heinz Ellenberg, dem Wegbereiter der ganzheitlichen Sicht des Ökosystems in Deutschland, beschrieben (Ellenberg & Leuschner, 2010, S. 110). Er bezeichnet Resilienz als die Fähigkeit, nach wesentlichen, durch menschliche Eingriffe ausgelösten Artenverschiebungen in Ökosystemen im Sinne einer sekundären Sukzession wieder zum ursprünglichen Artengefüge zurückzukehren. Danach sind Ackerbauökosysteme nicht resilient, weil sie sich nach Einstellen der Bearbeitung zu anderen Ökosystemen entwickeln würden. Hier in Mitteleuropa wäre das der Wald. Andererseits sind bei jährlich wiederkehrenden ähnlichen pflanzenbaulichen Maßnahmen Ackerbauökosysteme sehr stabil. Welcher Zustand als „wertvoll" erachtet wird, beruht auf menschlicher Wertzuschreibung und kann nicht durch ökologische Erkenntnisse allein bestimmt werden. Entsprechend kommen heute aus der Mitte der Gesellschaft Fragen nach den Grenzen der Systemverträglichkeit heutiger Produktionssysteme. Hier werden Antworten von der pflanzenbaulichen Forschung erwartet.

Welche globale Relevanz und damit einhergehend auch welches große gesellschaftliche Interesse die landwirtschaftliche Flächennutzung hat, zeigen die Publikationen von Rockström et al. (2009) und von Steffen et al. (2015) über die wichtigsten globalen Umweltprobleme und deren planetaren Belastungsgrenzen. Danach sind diese für den Stickstoffkreislauf, den Phosphorkreislauf und die Intaktheit der Biosphäre bereits überschritten und dringender Handlungsbedarf oder Korrekturbedarf ist angezeigt (siehe Übersicht 1). Auch bei den Themen Landnutzungs- und Klimawandel hat die Menschheit den sicheren Raum bereits verlassen. Auf dem Weg zu einer nachhaltigen Landwirtschaft resultieren daraus vier Handlungsfelder:
- Landnutzungswandel und Flächenbeanspruchung begrenzen,
- Emission reaktiver Stickstoffverbindungen vermindern,
- Nährstoffkreisläufe schließen,
- Biodiversität in der Agrarlandschaft erhalten.

Produktionsprozesse im Pflanzenbau

Übersicht 1:
Die wichtigsten globalen Umweltprobleme und deren planetare Belastungsgrenzen

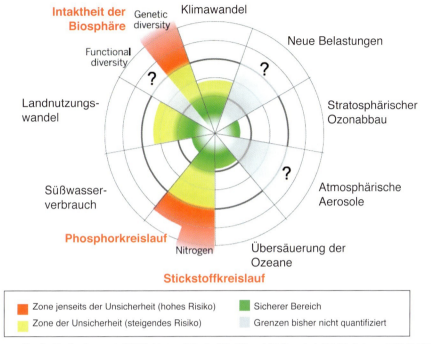

Quelle: Rockström et al. (2009), Nature 461, S. 472-475 und Steffen et al. (2015), Science 347, S. 736

2. Landnutzungswandel und Flächenbeanspruchung begrenzen

Nicht nur deutschlandweit, sondern auch global ist landwirtschaftlich nutzbare Fläche ein knappes Gut. Die weltweite Nachfrage nach immer mehr flächengebundenen Produkten resultiert sowohl aus steigenden Bevölkerungszahlen als auch aus den wachsenden Ansprüchen nach höherwertigen Nahrungsmitteln in den sich entwickelnden Ländern. Mit steigender Weltbevölkerung sinkt die für jeden Menschen rechnerisch verfügbare landwirtschaftliche Nutzfläche. Der Blick auf Deutschland zeigt, dass trotz der im globalen Maßstab überdurchschnittlich hohen Flächenproduktivität die im Inland zur Verfügung stehende Fläche nicht ausreicht, um die Bedürfnisse aller Bundesbürger zu decken. Die Bilanz der Flächenbelegung für pflanzliche Rohstoffe und tierische Produkte zeigt, dass die deutschen Konsumenten 5,1 Millionen Hektar Fläche mehr beanspruchen als im Inland verfügbar ist. Die Zahlen in Tabelle 1 verdeutlichen auch, wie stark heute die Produktion von Lebensmitteln international vernetzt ist.

Um die externe Flächenbeanspruchung zu begrenzen, ist es wichtig, die seit Jahren unvermindert anhaltenden Flächenverluste der Landwirtschaft in Deutschland zu begrenzen. In Übersicht 2 ist die Veränderung der Flächennutzung in

Produktionsprozesse im Pflanzenbau

Tabelle 1:
Deutschland: Bilanz der Flächenbelegung für pflanzliche Rohstoffe und tierische Produkte (in Mio. ha)

	Pflanzliche Produkte	Pflanzl. u. Tierische Produkte
Importe	14,1	18,1
Exporte	7,5	13,0
Flächensaldo	6,6	5,1

Flächen in Deutschland zum Vergleich:
  Ackerfläche: 11,9 Mio. ha
  Anbaufläche NR: 2,4 Mio. ha   Quelle: Eigene Berechnungen nach DESTATIS (2013)

Aus Nachhaltigkeitsgründen muss es das klare Ziel sein, so zeitnah wie möglich den Landnutzungswandel überall auf der Welt einzudämmen und die wachsende Nachfrage nach pflanzlichen Produkten von den heute bestehenden landwirtschaftlichen Nutzflächen zu decken.

Deutschland seit 1992 dargestellt. Insbesondere zu Lasten von Siedlungs- und Verkehrsflächen, aber auch von Wald stehen mehr als eine Million Hektar landwirtschaftliche Nutzfläche nicht mehr zur Verfügung. Vor dem Hintergrund einer stagnierenden Gesamtbevölkerung ist ein konsequentes Umsteuern aus Nachhaltigkeitsgründen unabdingbar. Ansonsten leistet Deutschland dem Landnutzungswandel in anderen Teilen der Welt Vorschub. Weltweit gehen natürliche bzw. naturnahe Lebensräume durch Inkulturnahme verloren. Damit geht nicht nur eine klimarelevante CO_2-Freisetzung bei Entwaldung und Grünlandumbruch einher, sondern auch eine Verringerung der

Übersicht 2:
Veränderung der Landnutzung in Deutschland 1992 – 2015

Quelle: DESTATIS (2016); eigene Darstellung

Produktionsprozesse im Pflanzenbau

Biodiversität. Aus Nachhaltigkeitsgründen muss es das klare Ziel sein, so zeitnah wie möglich den Landnutzungswandel überall auf der Welt einzudämmen und die wachsende Nachfrage nach pflanzlichen Produkten von den heute bestehenden landwirtschaftlichen Nutzflächen zu decken.

3. Emission reaktiver Stickstoffverbindungen vermindern

„Too much of a good thing", so betitelte im April 2011 eine Autorengruppe in der Zeitschrift „Nature" ihren Beitrag, in dem sie die Begrenzung der Stickstoffemissionen als eine zentrale Herausforderung des Umweltschutzes im 21. Jahrhundert herausstellte (Sutton et al., 2011 a). Die Überschrift beschreibt die Ambivalenz der Stickstoffdüngung kurz und treffend. Als wichtiger Proteinbestandteil ist Stickstoff essenziell für alle Lebewesen. Entsprechend wurden im Jahr 2014 weltweit durchschnittlich 80 Kilo Stickstoff/ha als Mineraldünger ausgebracht (siehe: FAOSTAT, 2016). Doch bisher gelingt es nicht, mehr als 50 % der Düngermenge im Erntegut zu binden. Entsprechend unterliegt ein größerer Teil der Düngermenge der Gefahr, in Form reaktiver Stickstoffverbindungen in die Umwelt zu gelangen (siehe: Sutton et al., 2011 b), als Nitrat ins Grundwasser oder in Oberflächengewässer bzw. als Ammoniak, Lachgas oder Stickoxide in die Atmosphäre. Die Folge sind Eutrophierung und Versauerung von Ökosystemen, Verminderung der biologischen Vielfalt und Treibhausgaszunahmen.

Seit 1990 ist der Stickstoffsaldo zwar von 147 kg N/ha auf 84 kg N/ha im Jahr 2014 zurückgegangen (siehe: BMEL, 2016), hat aber das von der Bundesregierung für 2010 angestrebte Ziel von 80 kg N/ha und Jahr verfehlt (siehe Übersicht 3). Entsprechend wurden die Ziele der EU-Nitratrichtlinie und der NEC-Richtlinie für gasförmige Verluste nicht erreicht. Die regionalen Abweichungen von den Durchschnittszahlen der Stickstoffgesamtbilanz sind sehr ausgeprägt. In einigen Landkreisen Nordwestdeutschlands liegen die Stickstoffüberschüsse bei über 150 kg N/ha und Jahr, in Landkreisen mit überwiegend reinen Ackerbaubetrieben bleiben die N-Überschüsse bei unter 50 kg N/ha und Jahr (siehe Übersicht 4, nach Frede & Bach 2014). Durch die Abnahme der Nutztierdichten in den meisten Landkreisen Deutschlands und der gleichzeitigen Konzentration auf wenige Gebiete hat sich die Überschusssituation dort noch verstärkt. Der Nitratbericht 2016 (BMUB & BMELV 2016) etwa weist für den Zeitraum seit 2012 genauso viele Messstellen mit sinkenden Nitratgehalten wie mit steigenden auf.

Produktionsprozesse im Pflanzenbau

Übersicht 3:
Nachhaltigkeitsindikator: Stickstoffüberschüsse der Gesamtbilanz Deutschland (Hoftor-Bilanz, kg/ha landwirtschaftlicher Nutzfläche)

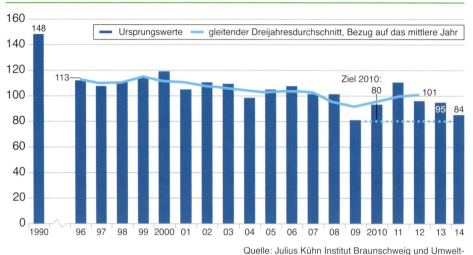

Quelle: Julius Kühn Institut Braunschweig und Umweltbundesamt/Universität Gießen; Statistisches Bundesamt

Übersicht 4:
Stickstoff-Flächenbilanz-Überschuss Mittel 2007-2010

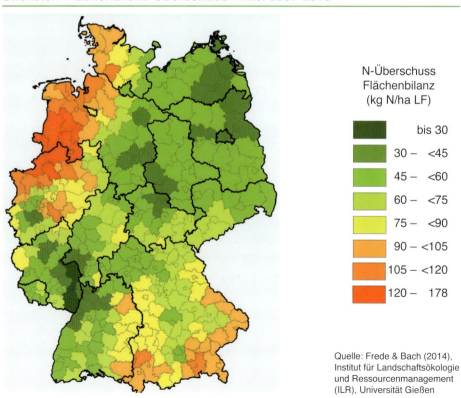

Quelle: Frede & Bach (2014), Institut für Landschaftsökologie und Ressourcenmanagement (ILR), Universität Gießen

Der Nitratbericht konstatiert für die deutschen Fließgewässer eine leichte bis deutliche Abnahme der Nitratkonzentrationen vom Berichtszeitraum 1991/94 bis 2011/14 (ebd.). Ein abnehmender Trend war an 89 %, eine Zunahme an 6 % der Messstellen zu verzeichnen. Gleichwohl sind zur Einhaltung der Critical Loads weitere Reduktionen notwendig (siehe SRU, Sachverständigenrat 2015). Das gilt auch für Seen, bei denen zwar bei 74 % der Messstellen der Nitratgehalt 2014 unter 1 mg/l lag, aber keine Verbesserung der Situation seit Mitte der 1990er Jahre zu beobachten ist.

Zur Lösung der Probleme sind eine Abkehr von bisher sektoralen Ansätzen hin zu einer Gesamtbetrachtung aller Emissionspfade und eine enge Abstimmung ordnungsrechtlicher und technischer Maßnahmen notwendig. Dabei sind nur solche Lösungen nachhaltig, die ohne gravierende Minderung der Flächenerträge auskommen, denn zusätzlicher Flächenbedarf führt zu einem verstärkten Landnutzungswandel und damit zu anderen, bereits beschriebenen Umweltproblemen.

In der Studie „The European Nitrogen Assessment" (Sutton et al., 2011b) werden folgende Minderungsmaßnahmen als besonders wichtig herausgestellt:

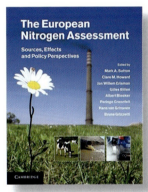

- stickstoffreduzierte Fütterungsstrategien in der Tierhaltung,
- Entwicklung emissionsarmer Ställe,
- verlustarme Lagerung organischer Dünger,
- verlustarme Ausbringung organischer Dünger,
- Verringerung von Ammoniakverlusten bei der Anwendung mineralischer N-Dünger.

Diese Auflistung zeigt, dass die organischen Dünger das Hauptproblem darstellen und Lösungen vorrangig hier ansetzen müssen. Es stellt sich die Frage, ob sich bei den gegenwärtigen Stall- und Wirtschaftsdüngertechnologien die Verlustquellen im Stall, bei der Lagerung, dem Transport oder der Ausbringung zufriedenstellend beseitigen lassen. Wenn zusätzlich noch in Betracht gezogen wird, dass die Nährstoffzusammensetzung der Güllen nicht dem Pflanzenbedarf entspricht, sind die aktuell verbreiteten Flüssigmistketten insgesamt in Frage zu stellen. Deshalb besteht dringender Forschungs- und Entwicklungsbedarf für neue Stallsysteme und Aufbereitungstechnologien für Urin und Kot, um heutige Gülleverfahren zu ersetzen und gleichzeitig den gesellschaftlichen Forderungen nach tiergerechteren Haltungsformen nachzukommen. Insbesondere vor dem Hintergrund der regional konzentrierten Tierhaltung nicht nur in Deutschland sind transport- und handelsfähige Dünger, die vergleichbar zu Mineraldüngern gezielt eingesetzt werden können, zu entwickeln.

Produktionsprozesse im Pflanzenbau

> *Die organischen Dünger stellen das Hauptproblem dar und Lösungen müssen vorrangig hier ansetzen. Deshalb besteht dringender Forschungs- und Entwicklungsbedarf für neue Stallsysteme und Aufbereitungstechnologien für Urin und Kot, um heutige Gülleverfahren zu ersetzen und gleichzeitig den gesellschaftlichen Forderungen nach tiergerechteren Haltungsformen nachzukommen.*

Aber auch beim Einsatz mineralischer Stickstoffdünger gibt es Ansätze zur Minderung von Stickstoffverlusten. Ein verringerter Einsatz von Harnstoffdüngern kann Ammoniakverluste um bis zu 15 % senken (siehe Umweltbundesamt, 2009), die Verwendung von Ureaseinhibitoren ebenfalls (siehe Schmidhalter, 2011). Ein weiteres wichtiges Feld zur Minderung von Stickstoffverlusten sind verschiedene Formen der Präzisionsdüngung. Die gezielte Platzierung der Dünger sowie die teilflächenspezifische Mengenbemessung sollten breiten Eingang in die Praxis finden. Entwicklungsbedarf besteht auch bei der präziseren Prognose der Stickstoffnachlieferung aus dem Boden und bei der Bedarfskalkulation durch eine verbesserte Ertragsprognose. Dafür sind den Landwirten praxistaugliche Werkzeuge zur Entscheidungsunterstützung an die Hand zu geben.

Nicht zuletzt ist die Pflanzenzüchtung gefordert, höhere Stickstoffaufnahmeraten der Kulturpflanzen bei geringen Stickstoffgehalten im Boden zu realisieren. Die methodischen Möglichkeiten dazu erweitern sich gerade erheblich.

4. Nährstoffkreisläufe schließen

Als Folge der Arbeitsteilung und Verstädterung, aber auch durch die Optimierung der Fruchtartenwahl in den verschiedenen Anbauregionen der Welt ist eine fortschreitende Entkopplung von Produktions- und Verbrauchsort bei landwirtschaftlichen Produkten zu beobachten. Folglich sinkt der Anteil der auf die Produktionsflächen zurückgeführten Nährstoffe kontinuierlich. Als Beispiel sei der Verbleib von Phosphor in der menschlichen Nahrungskette in Deutschland angeführt. Mit pflanzlichen und tierischen Marktprodukten gelangen rund 134.000 Tonnen Phosphor an die Konsumenten. 40.000 Tonnen davon finden sich in den jährlich anfallenden rund 2 Millionen Tonnen Klärschlamm wieder. Davon gelangen nur 14.000 Tonnen Phosphor über die Klärschlammdüngung wieder auf die Felder. Durch die derzeit präferierte Ver-

> *Durch die derzeit präferierte Verbrennung von Klärschlämmen mit anschließender Deponierung der Aschen gehen fast 90 % des Phosphors dem Nährstoffkreislauf verloren. Das Ziel geschlossener Nährstoffkreisläufe rückt sowohl global als auch national in weite Ferne, der Begriff „Nährstoffsackgasse" ist eher zutreffend.*

brennung von Klärschlämmen mit anschließender Deponierung der Aschen gehen fast 90 % des Phosphors dem Nährstoffkreislauf verloren. Das Ziel geschlossener Nährstoffkreisläufe rückt sowohl global als auch national in weite Ferne, der Begriff „Nährstoffsackgasse" ist eher zutreffend.

Genauso wenig nachhaltig sind Nährstoffanreicherungen, beispielsweise von Phosphor in Böden in Regionen mit starker Tierhaltung. Ziel sind ausgeglichene Nährstoffsalden. Die Herausforderung besteht darin, Verfahren zur konsequenten Rückführung von Nährstoffen zu entwickeln und dabei gleichzeitig unerwünschte Begleitstoffe zu eliminieren. Noch sind sowohl die Schadstoffbelastung von Sekundärrohstoffdüngern als auch die noch zu hohen Aufbereitungskosten ein wesentliches Hindernis bei der Rückführung von Nährstoffen. Anders als beim Stickstoff sind perspektivisch für die Nährstoffe Phosphor, Kalium und Magnesium mehr oder weniger geschlossene Kreisläufe anzustreben und auch möglich.

5. Biodiversität der Agrarlandschaft erhalten

Jede Form der Landnutzung führt zu einem nutzungstypischen Arteninventar. Durch das Wirken der Menschen hat sich seit dem Beginn des Ackerbaus vor rund 6.000 Jahren sowohl die Lebensraumvielfalt als auch die Zahl der vorkommenden Tier- und Pflanzenarten in Mitteleuropa erhöht. Grundsätzlich führt jede Veränderung der Landnutzung zu Anpassungen bei Tier- und Pflanzenarten. Diese Prozesse vollziehen sich in der Regel über einen längeren Zeitraum. In den letzten Jahrzehnten ist ein deutlicher Rückgang der Artenvielfalt in den Agrarlandschaften Mitteleuropas festzustellen. Hauptursachen dafür sind die Verluste von Strukturelementen (Feldgehölze, Hecken, Feldraine, Kleingewässer u. a.), die Vereinheitlichung der Acker- und Grünlandflächen selbst, die geringere Anzahl der kleinräumig nebeneinander angebauten Feldfrüchte und die zunehmend räumlich und zeitlich einheitlicher erfolgenden pflanzenbaulichen Maßnahmen.

> *In den letzten Jahrzehnten ist ein deutlicher Rückgang der Artenvielfalt in den Agrarlandschaften Mitteleuropas festzustellen.*

Von Bedeutung ist auch das einheitlich hohe Nährstoffniveau der Ackerböden, die den an Nährstoffarmut angepassten Pflanzen- und Tierarten keinen Lebensraum mehr bieten. Als Folge davon finden sich heute von den etwa 350 auf Äckern vorkommenden Pflanzenarten 93 in einer der Kategorien der Roten Liste wieder. Ein weiterer wichtiger Grund für die steigende Zahl von Rote Liste-Arten ist das Aufgeben früher weit verbreiteter, extensiver Landnutzungsformen. Für die Artenvielfalt wichtige Offenlandlebensräume wie Heiden, Streuwiesen oder Trockenrasen sind entweder in eine intensive landwirtschaftliche Nutzung überführt worden oder wurden aufgegeben und haben sich bewaldet. Noch bestehende Reste werden heute durch gezielte Pflegemaßnahmen erhalten.

Produktionsprozesse im Pflanzenbau

Jede Veränderung der Landnutzung führt zu Anpassungen bei Tier- und Pflanzenarten. Als Folge davon befinden sich heute von den etwa 350 auf Äckern vorkommenden Pflanzenarten 93 auf der Roten Liste der gefährdeten Gefäßpflanzenarten Deutschlands. Dazu gehören unter anderem Sandmohn und Adonisröschen.

Der Rückgang der biologischen Vielfalt in der Agrarlandschaft wird von der Gesellschaft den heutigen, modernen Produktionsverfahren angelastet. Der Verantwortung bei der Suche nach Lösungen kann die Landwirtschaft sich nicht entziehen. Sie steht in der Verantwortung, Lösungen anzubieten. Die Lösung kann nicht darin liegen, zu den alten Verfahrensweisen zurückzukehren. Vielmehr kommt es darauf an, eingebunden in moderne Produktionsverfahren mit hohen Erträgen ein zu definierendes Maß an biologischer Vielfalt in der Agrarlandschaft zu erhalten.

Das ist realisierbar durch eine differenzierte Naturschutzstrategie in Abhängigkeit vom zu schützenden Lebensraum. Je nachdem, ob das Ziel die natürliche Entwicklung ohne menschliche Eingriffe (Wildnis) ist, der Schutz von Biotopen, die auf dauerhafte Pflege angewiesen sind, oder es um den Naturschutz auf Acker- und Grünlandflächen geht, bedarf es einer spezifischen Strategie. So gehören Wildnisflächen, sowohl was Eigentum als auch Management anbelangt, in die Obhut staatlicher Institutionen oder Stiftungen mit entsprechender Zweckbindung. Auch Biotope, die auf dauerhafte Pflege angewiesen sind, deren Bewirtschaftung aber keinen ökonomischen Nutzen durch Ernteprodukte erbringt, sollten eigentumsrechtlich für den Naturschutz gesichert und auf vertraglicher Basis durch Landwirte, die über entsprechende technische Möglichkeiten verfügen, gepflegt werden. Auf landwirtschaftlichen Nutzflächen, die vorrangig zur Gewinnung

> *Der Rückgang der biologischen Vielfalt in der Agrarlandschaft wird von der Gesellschaft den heutigen, modernen Produktionsverfahren angelastet. Der Verantwortung bei der Suche nach Lösungen kann die Landwirtschaft sich nicht entziehen. Sie steht in der Verantwortung, Lösungen anzubieten.*

von Nahrungs- und Futtermitteln bewirtschaftet werden, sollte jenseits der mit dem Eigentum verbundenen Verpflichtung, Naturschutzbelange zu berücksichtigen, auf freiwilliger Basis ein gezielter Schutz von Tier- und Pflanzenarten erfolgen. Die Entscheidungshoheit darüber, welche Naturschutzmaßnahmen ergriffen werden sowie deren Umsetzung, sollten beim jeweiligen Bewirtschafter der Flächen liegen. Aufwendungen und mögliche Ertragseinbußen sind auf Basis vertraglicher Regelungen auszugleichen. Im Idealfall ist vorstellbar, dass jeder landwirtschaftliche Betrieb über ein Naturschutzkonzept mit möglichst konkreten Zielstellungen verfügt, welches er als Dienstleistung der Gesellschaft gegen einen ökonomischen Ausgleich anbietet. Die entsprechenden Instrumente zur Finanzierung gibt es bereits heute in Form von Agrarumweltmaßnahmen und Vertragsnaturschutz. Zielführend ist auf jeden Fall eine Verzahnung dieser Instrumente mit Greening-Aktivitäten und Ausgleichs- und Ersatzmaßnahmen. Dadurch könnte relativ kurzfristig dem Rückgang der biologischen Vielfalt in Agrarlandschaften flächeneffizient und gezielt Einhalt geboten werden.

6. Nachhaltigkeit gewährleisten

Fast alle Staaten der Erde haben sich im Dezember 2015 mit der Agenda 2030 auf 17 Entwicklungs- und Umweltziele verständigt, die bis zum Jahr 2030 nach dem Prinzip der internationalen Lastenteilung gemeinsam, aber mit differenzierter Verantwortung erreicht werden sollen. 2016 hat die deutsche Bundesregierung mit der deutschen Nachhaltigkeitsstrategie die Umsetzung dieser globalen Vereinbarung konkretisiert [14]. Darin wird ausdrücklich herausgestellt, dass die Landwirtschaft als Basis für die Ernährungssicherung wie kein anderer Wirtschaftszweig auf natürliche Ressourcen angewiesen ist und damit auch in der besonderen Verantwortung steht, diese nachhaltig zu bewirtschaften. In der Strategie werden u. a. folgende Herausforderungen für die Landwirtschaft aufgelistet:
- Schutz und Nutzung von Ökosystemen,
- Erhalt und nachhaltige Nutzung der Biodiversität,
- Reduktion von Nährstoffüberschüssen,
- Umsetzung des Nationalen Aktionsplans zur nachhaltigen Anwendung von Pflanzenschutzmitteln, unter anderem zur Verringerung von Rückständen von Pflanzenschutzmitteln in Grundwasser und Lebensmitteln.

Produktionsprozesse im Pflanzenbau

Nicht nur für die Produktionsprozesse im Pflanzenbau, sondern für die gesamte Landwirtschaft resultiert aus dieser gesellschaftlichen Rahmensetzung die Notwendigkeit, umfassende Bewertungssysteme der Nachhaltigkeit zu entwickeln und flächendeckend anzuwenden. Die Bewertungssysteme müssen faktenbasiert, transparent und in aggregierter Form auch für Verbraucher verständlich und nutzbar sein. Die heute üblichen Produktionsverfahren sind einer Nachhaltigkeitsbewertung zu unterziehen und je nach Notwendigkeit Schritt für Schritt weiterzuentwickeln, unter verantwortlicher Nutzung des technischen Fortschritts. Der dafür notwendige gesellschaftliche Diskussionsprozess um die Festlegung der Nachhaltigkeitsziele ist bereits in vollem Gange. Für die Pflanzenproduktion und die Milchviehhaltung stehen entsprechende Werkzeuge zur Verfügung, zum Beispiel der DLG-Nachhaltigkeitsstandard.

Nicht nur für die Produktionsprozesse im Pflanzenbau, sondern für die gesamte Landwirtschaft resultiert aus der gesellschaftlichen Rahmensetzung die Notwendigkeit, umfassende Bewertungssysteme der Nachhaltigkeit zu entwickeln und flächendeckend anzuwenden. Für die Pflanzenproduktion und die Milchviehhaltung stehen entsprechende Werkzeuge zur Verfügung, ein Beispiel dafür ist DLG-Nachhaltigkeitsstandard.

7. Herausforderungen und Handlungsbedarf im Überblick

Die gegenwärtige Landwirtschaft, die adäquat zu anderen Teilen der Gesellschaft den technischen Fortschritt nutzt und entsprechende Effizienzsteigerungen aufzuweisen hat, wird dafür in Teilen der Öffentlichkeit als industrialisierte Landwirtschaft stark kritisiert. Eine klare Trennung zwischen sachlich gerechtfertigten Kritikpunkten und emotional motivierten Meinungen scheint derzeit kaum möglich. Für die Zukunft mit einem allseits anerkannten Leitbild der nachhaltigen Entwicklung ist es deshalb von großer Bedeutung, die Nachhaltigkeitsdefizite klar zu benennen, sachlich fundierte Ziele zu definieren und praktikable Lösungsansätze für eine nachhaltige Landwirtschaft zu erarbeiten.

Bezogen auf die Pflanzenproduktion wird sich eine nachhaltige Landwirtschaft durch hohe Erträge bei gleichzeitiger Gewährleistung anspruchsvoller Nachhaltigkeitsstandards auszeichnen. Eine Lösung ohne die Zuhilfenahme des biologischen und technischen Fortschritts ist nicht vorstellbar.

> *Für die Zukunft mit einem allseits anerkannten Leitbild der nachhaltigen Entwicklung ist es deshalb von großer Bedeutung, die Nachhaltigkeitsdefizite klar zu benennen, sachlich fundierte Ziele zu definieren und praktikable Lösungsansätze für eine nachhaltige Landwirtschaft zu erarbeiten. Eine Lösung ohne die Zuhilfenahme des biologischen und technischen Fortschritts ist nicht vorstellbar.*

Um diesen Herausforderungen gerecht zu werden, besteht im Pflanzenbau folgender Handlungsbedarf:

- *Landnutzungswandel:* Ein weiterer Landnutzungswandel ist weitestgehend zu beschränken. Das gilt global, indem möglichst kein Naturland in Agrarland umgewandelt wird. Auf nationaler Ebene ist der Flächenumfang von Grünland und Ackerbau stabil zu halten. Bei notwendiger Umwandlung von Siedlungsflächen ist der Saldo durch Rekultivierung vollständig auszugleichen. Dazu bedarf es auch überregionaler Ansätze des Flächenmanagements.
- *Nährstoffkreisläufe:* Ohne die konsequente Wiederverwertung der in den Nahrungsmitteln enthaltenen Nährstoffe, d. h. deren Rückführung von den Konsumenten können Landwirtschaft und Ernährung nicht nachhaltig sein. Umfassende Verfahrensänderungen bei der Aufarbeitung organischer Abwässer und Abfälle aller Art sind notwendig. Die Rückführung darf sich nicht auf das Phosphat beschränken, sondern sollte letztlich alle Pflanzennährstoffe einschließlich Stickstoff umfassen. Voraussetzung für die Nährstoffrückführung ist die Eliminierung der Schadstoffe.
- *Verminderung der Verluste reaktiver Stickstoffverbindungen:* Die in der Tierhaltung anfallenden organischen Dünger sind eine wesentliche Quelle für

Stickstoffemissionen, die weitreichende ökologische Wirkungen nach sich ziehen. Die Verluste sind nach heutiger Kenntnis nur durch eine kontinuierliche und zeitnahe Aufarbeitung der Exkremente sowie eine anschließende pflanzenbedarfsgerechte und verlustarme Verwendung der Nährstoffe zu vermeiden.

- *Artenrückgang in Agrarlandschaften:* Vor allem die Vereinheitlichung der Bewirtschaftung von Flächen in Zeit und Raum zur Optimierung der Erträge reduziert die Lebensraumvielfalt von Agrarlandschaften und damit auch die Artenvielfalt. Im Sinne einer differenzierten Naturschutzstrategie sind gemeinsam mit den Bewirtschaftern praktikable Lösungen zu erarbeiten, die in Summe zu einer Stabilisierung der Populationen typischer Arten der Agrarlandschaft führen. Idealerweise existiert für jeden landwirtschaftlichen Betrieb ein Naturschutzplan, der bisherige Ansätze (Greening, Agrarumweltmaßnahmen) integriert.
- *Pflanzenschutz:* Der in den letzten Jahren dominierende chemische Pflanzenschutz wird nicht zuletzt durch den Verlust von Wirkstoffen durch Resistenzbildung und auslaufende Zulassungen im Sinne eines integrierten Pflanzenschutzes wieder auf eine breitere Basis gestellt werden. Resistente Sorten, die Rückbesinnung auf ackerbauliche Maßnahmen zur Herabsetzung der Schadenswahrscheinlichkeit, Schadenschwellen und die in Zukunft sich stark erweiternden Möglichkeiten mechanischer Bekämpfungsverfahren durch autonome Arbeitsmaschinen werden chemische Maßnahmen ersetzen.
- *Grünlandnutzung:* Die Grünlandnutzung ist je nach Zielsetzung stärker zu differenzieren in Dauergrünland zur Bereitstellung hochwertiger Futtermittel und in Extensivgrünland mit vorrangiger Naturschutzzielsetzung. Beide Ziele sind erfahrungsgemäß auf einer Fläche nicht erreichbar, wohl aber in räumlicher und betrieblicher Verzahnung.

> *Nach einer mehrere Jahrzehnte andauernden Vereinfachung der Produktionsprozesse im Pflanzenbau sind nun komplexere Verfahren gefragt, um hohe Erträge bei gleichzeitig deutlich verminderten Umweltbelastungen unter Einhaltung weiterer Nachhaltigkeitskriterien zu erzielen.*

Produktionsprozesse im Pflanzenbau

Literatur

BMELV (2016): Statistik und Berichte des BMELV. Online unter: https://www.bmel-statistik.de/

BMUB & BMELV (2016): Nitratbericht 2016. Gemeinsamer Bericht der Bundesministerien für Umwelt, Naturschutz, Bau und Reaktorsicherheit sowie für Ernährung und Landwirtschaft. Online unter: http://www.bmub.bund.de/fileadmin/Daten_BMU/Download_PDF/Binnengewaesser/nitratbericht_2016_bf.pd.

Ellenberg, Heinz; Leuschner, Christoph (2010): Vegetation Mitteleuropas mit den Alpen. In ökologischer, dynamischer und historischer Sicht. Stuttgart: UTB Ulmer, 6., erweiterte Auflage.

FAOSTAT (2016): in: http://www.fao.org/faostat/en/#data/RL

Frede, Hans-Georg; Bach, Martin (2014): Nitratbelastung im Grundwasser – Situation, rechtlicher Rahmen und Defizite. Umweltrechtliches Praktikerseminar, 23. Januar 2014, Institut für Landschaftsökologie und Ressourcenmanagement (ILR), Universität Gießen (2014). Online unter: https://www.uni-giessen.de/fbz/fb01/professuren/reimer/mediathek/dateien/upspdf/upsfrede

Rockström, J.; Steffen, W.; Noone, K.; Persson, Å.; Chapin, F. S.; Lambin, E. F.; Lenton, T. M.; Scheffer, M.; Folke, C.; Schellnhuber, H. J.; Nykvist, B.; de Wit, C. A.; Hughes, T.; van der Leeuw, S.; Rodhe, H.; Sörlin, S.; Snyder, P. K.; Costanza, R.; Svedin, U.; Falkenmark, M.; Karlberg,L.; Corell, R. W.; Fabry, V. J.; Hansen, J.; Walker, B.; Liverman, D.; Richardson, K.; Crutzen, P.; Foley, J. A. (2009): A safe operating space for humanity. In: Nature, 461 (2009), S. 472-475. doi:10.1038/461472a

Sachverständigenrat für Umweltfragen (SRU; 2015): Stickstoff: Lösungsstrategien für ein drängendes Umweltproblem. Berlin: Erich Schmidt Verlag.

Schmidhalter, U.(2011): N-Düngung – Präzisionsdüngung und Gießkannenprinzip. In: Mitteilungen Gesellschaft Pflanzenbauwissenschaft, Band. 23 (2011), S. 1-6

Steffen, W.; Richardson, K.; Rockström, J.; Cornell, S. E.; Fetzer, I.; Bennett, E. M.; Biggs, R.; Carpenter, S. R.; de Vries, W.; de Wit, C. A.; Folke, C.; Gerten, D.; Heinke, J.; Mace, G. M.; Persson, L. M.; Ramanathan, V.; Reyers, B.; Sörlin, S. (2015): Planetary boundaries: Guiding human development on a changing planet. In: Science, 347 (2015), S. 736

Sutton, M. A.; Oenema, O.; Erisman, J. W.; Leip, A.; van Grinsven, H. & Winiwarter, W. (2011a): Too much of a good thing. In: Nature, Vol. 472 (2011), 14.4.2011, S. 159 -161

Sutton, M. A.; van Grinsven, H.; Billen, G.; Bleeker, A.; Bouwman, F.; Bull, K.; Erisman, J.; Grennfelt, W. P.; Grizzetti, B.; Howard, C. M.; Oenema, O.; Spranger, T. & Winiwarter, W.: Summary for policy makers. In: Sutton, M. A.; Howard, C. M.; Erisman, J. W.; Billen, G.; Bleeker, A.; Grennfelt, P.; van Grinsven, H.; & Grizzetti, B. (Ed., 2011b): The European nitrogen assessment – Sources, effects and policy perspectives. Cambridge: Cambridge University Press.

Umweltbundesamt (2009): Integrierte Strategie zur Minderung von Stickstoffemissionen. Online unter: http://www.umweltbundesamt.de/publikationen/integrierte-strategie-zur-minderung-von

Prof. Dr. Werner Wahmhoff

ist stellvertretender Generalsekretär der Deutschen Bundesstiftung Umwelt (DBU) in Osnabrück und Leiter der Abteilung Umweltforschung und Naturschutz sowie als Prokurist der DBU-Naturerbe GmbH für das Management der stiftungseigenen Flächen verantwortlich. Im Oktober 2004 ist er zum außerplanmäßigen Professor für Pflanzenbau an der Fakultät für Agrarwissenschaften der Universität Göttingen ernannt worden. Wahmhoff wurde am Institut für Pflanzenpathologie und Pflanzenschutz der Universität Göttingen unter der Leitung von Prof. Dr. Rudolf Heitefuß promoviert und war von ab 1985 Koordinator des Forschungs- und Studienzentrums Landwirtschaft und Umwelt an der Fakultät für Agrarwissenschaften. 1991 wechselte Prof. Dr. Wahmhoff zur Deutschen Bundesstiftung Umwelt nach Osnabrück. Seit seiner externen Habilitation im Jahre 1999 über „Untersuchungen zur Entwicklung integrierter Produktionsverfahren am Beispiel Winterraps" bietet er an der Göttinger Fakultät Lehrveranstaltungen im Bereich Umweltmanagement an. Der Agrarwissenschaftler engagiert sich insbesondere auf dem Gebiet der nachhaltigen Pflanzenproduktion. So ist er Mitglied des Beirats für Nachwachsende Rohstoffe am Niedersächsischen Landwirtschaftsministerium. Weitere ehrenamtliche Aufgaben nimmt er als Mitglied im MAB-Nationalkomitee des UNESCO-Programms „Man and Biosphere" und als Leiter des Arbeitskreises Umwelt im Bundesverband Deutscher Stiftungen wahr. Dass mit Unterstützung der Deutschen Bundesstiftung Umwelt (DBU) die DLG mit den Projektpartnern der Technischen Universität München-Weihenstephan, der Martin-Luther-Universität Halle-Wittenberg und dem Institut für Nachhaltige Landbewirtschaftung den DLG-Nachhaltigkeitsstandard entwickelt hat, daran hat Prof. Wahmhoff auch großen Anteil. Auch in der Arbeitsgruppe, die 2015 den DLG-Nachhaltigkeitsbericht über den Stand der Nachhaltigkeit der Landwirtschaft in Deutschland entwickelt hat, war sein fachlicher Rat gefragt.

V. Landwirtschaft 2030 –
   ... in der Tierhaltung

Philipp Schulze Esking, *Schweinehalter in Billerbeck (Nordrhein-Westfalen); DLG-Vizepräsident und Vorsitzender Fachbereich Ausstellungen*

Zur Zukunft der Tierhaltung in Deutschland[*]

Problemlagen und Entwicklungschancen –
aus der Sicht der Landwirtschaft

Die moderne Landwirtschaft und insbesondere die moderne Tierhaltung stehen immer stärker in der öffentlichen Kritik. Vor allem Tierwohl und Tiergesundheit sind Themen, die in der gesellschaftlichen Diskussion zunehmend mehr Platz einnehmen. Der gesellschaftliche Druck, gerade auch auf die Politik, nimmt weiter zu, verschärfende gesetzliche Auflagen sind eine der Folgen. Was uns Tierhalter vor allem zunehmend zermürbt, ist das mangelnde Verständnis für die moderne Landwirtschaft und die schwindende Akzeptanz in der Gesellschaft.

[*] Überarbeitete Fassung des Vortrages im Rahmen der Klausurtagung der DLG über „Landwirtschaft 2030" am 11. Oktober 2016 im DLG-Haus in Frankfurt a. M.

Zur Zukunft der Tierhaltung in Deutschland

Dies belastet die Stimmung bei uns Landwirten mehr als alles andere. Es muss etwas geschehen, wenn moderne Nutztierhaltung in Deutschland eine Zukunft haben soll.

1. Ausgangslage und Rahmenbedingungen

Für die deutsche Landwirtschaft ist die Nutztierhaltung von herausragender Bedeutung, der wirtschaftliche Stellenwert für die deutsche Agrar- und Ernährungswirtschaft ist erheblich. In einigen Regionen ist sie für deren Wirtschaftskraft und für die wirtschaftliche Entwicklung der ländlichen Räume zusammen mit den vor- und nachgelagerten Unternehmen von ausschlaggebender Relevanz (siehe Wissenschaftliches Gutachten BMEL, 2015, S. 1). Die deutschen Schweinehalter haben ihre Produktion in den letzten 15 Jahren deutlich ausgebaut (vgl. Schulze Esking 2014, S. 147 f.). Dabei haben wir Schweinehalter zum einen von der Öffnung der osteuropäischen Märkte profitiert. Doch Schweinefleisch „Made in Germany" ist nicht nur in Osteuropa und Russland, sondern auch in Asien und vielen anderen Drittländern hoch angesehen und nachgefragt. Der Selbstversorgungsgrad mit Schweinefleisch hat sich in Deutschland von unter 90 % in den 1990er Jahren hin bis zu 120 % im Jahre 2015 als neue Rekordmarke entwickelt (vgl. Schulze Esking 2014, S. 147 f.). Die Entwicklung des Selbstversorgungsgrades für Fleisch insgesamt in den Jahren von 1991 bis 2015 zeigt Übersicht 1.

Übersicht 1:
Selbstversorgungsgrad bei Fleisch in Deutschland 1991 bis 2015

Quelle: Statista, 2017

Zur Zukunft der Tierhaltung in Deutschland

In den vergangenen drei Jahren hat sich jedoch die Preis- und Einkommenssituation in der Landwirtschaft, insbesondere auf dem Milch- und Fleischmarkt gravierend verschlechtert, besonders ungünstig hat sich vor allem die Lage in den Futterbau- und Veredlungsbetrieben entwickelt (vgl. hierzu Schmitz 2016, S. 1ff). Vor allem in 2015 und im ersten Halbjahr 2016 herrschte in den Betrieben mit Tierhaltung eine angespannte Lage. Neben den niedrigen Erzeugerpreisen sind die Tierhalter und die deutsche Fleisch- und Milchwirtschaft auch von dem im Sommer 2014 von Russland verkündeten Importstopp für Milch, Fleisch, Obst und Gemüse aus der EU und anderen westlichen Ländern erheblich getroffen worden. Wie sehr die wirtschaftliche Lage der Landwirtschaft und in der Tierhaltung im Besonderen in dieser Phase sich eintrübte und in den Betrieben mit Milchviehhaltung sich dramatisch verschlechterte, verdeutlichen die Ergebnisse der Erhebungen durch die DLG im Rahmen des halbjährlich erhobenen DLG-Trendmonitors Europa. Erreichten die Einschätzungen der Milchvieh- und Schweinehalter über die wirtschaftliche Lage im Frühjahr noch mit 2,4 Punkten („gute Lage") ihre höchsten Werte, so sanken sie bis zum Herbst 2016 bei den Schweinehaltern auf 3,8 Punkten (unbefriedigende Lage) und bei den Milchviehhaltern sogar auf 4,3 Punkte („schlechte Lage") und damit auf ihre niedrigsten Werte in den letzten zehn Jahren (siehe Übersicht 2, vgl. Schaffner, Sievers, 2016). Zwar haben sich die Preise in der Tierhaltung in der zweiten Hälfte des Jahres 2016 etwas freundlicher entwickelt, doch die Betriebe werden durch die in den Preistiefs entstandenen Verluste weiterhin stark belastet.

Übersicht 2:
Beurteilung der aktuellen Geschäftslage der Landwirtschaft in Deutschland 2009–2016

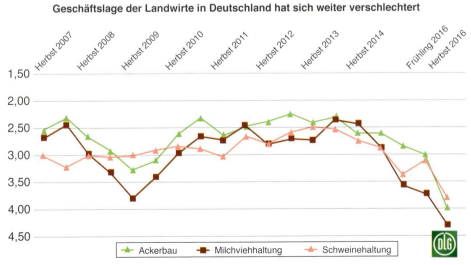

Quelle: DLG-Trendmonitor Europa; Schaffner, Sievers, 2016

Übersicht 3:
Deutsche Anteile an der EU-Agrarerzeugung

Deutsche Anteile an der mengenmäßigen Agrarproduktion in der EU-27 in Prozent (Dreijahresdurchschnitt)

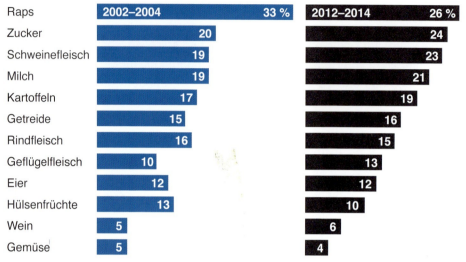

	2002–2004	2012–2014
Raps	33 %	26 %
Zucker	20	24
Schweinefleisch	19	23
Milch	19	21
Kartoffeln	17	19
Getreide	15	16
Rindfleisch	16	15
Geflügelfleisch	10	13
Eier	12	12
Hülsenfrüchte	13	10
Wein	5	6
Gemüse	5	4

Quelle: AMI, 2015; BMEL; nach Schmitz, 2016, S. 9

Trotz dieser Erschwernisse im eigenen Land hat sich die deutsche Landwirtschaft im europäischen und internationalen Wettbewerb ganz gut behauptet. Innerhalb der EU steht sie bei vielen Produkten sehr gut da und hat ihre Position im Zehn-Jahres-Vergleich bis 2012-14 in vielen Fällen sogar noch ausgebaut (vgl. Übersicht 3 und Schmitz, 2016, S. 4, 9).

Aktuelle Rahmenbedingungen:

Die Entwicklung in der Tierhaltung und vor allem in der Veredlungswirtschaft wird wesentlich durch die aktuellen Rahmenbedingungen beeinflusst. Zu nennen sind hierbei vor allem folgende Faktoren:

- *Offene Märkte und globale Arbeitsteilung:* Funktionierende offene Märkte bilden die Grundlage für unsere Wirtschaft, auch für die Agrar- und Ernährungswirtschaft. Internationale „Produktionsstandards" dienen hierbei als Maßstab. Eine funktionierende Wettbewerbsordnung ist eine der Grundlagen für die Offenheit der Märkte, sie gewährleistet einen ungehinderten Markteintritt, ein funktionsfähiges Preissystem und währungspolitische Stabilität und den Schutz des Eigentum an den Produktionsmitteln.
- *Lebensmittel-Einzelhandel (LEH):* Er verlangt höchste Qualität zu günstigstem Preis.
- *Der Verbraucher:* Er orientiert sich vorwiegend an den Preisen (er vergleicht die Preise). Zudem verlangt er hohe Qualität zu niedrigen Preisen.

Übersicht 4:
Entwicklung Fleischproduktion in Deutschland (2000 – 2016)

Gewerbliche Fleischproduktion 2000=100   2016=1. Halbjahr

[Diagramm: Geflügelfleisch, Schweinefleisch, Rindfleisch]

Quelle: Destatis; Statistisches Bundesamt, 2016

- *Substitution von Fleisch:* Rot- und Weißfleisch wird substituiert/ersetzt durch pflanzliche Produkte, durch Fisch und durch „Kunstfleisch" (Veggie und vegane Produkte)
- *Der Strukturwandel setzt sich verstärkt fort.*
- *Rückgang der Fleischerzeugung:* Wie die aktuellen Daten des Statistischen Bundesamtes zeigen, hat die Fleischerzeugung in Deutschland im dritten Quartal 2016 einen Rückgang um 1 % im Vergleich zum selben Vorjahresquartal zu verzeichnen. Für den Produktionsrückgang sind sinkende Schweineschlachtungen und ein deutlicher Rückgang bei den Rinderschlachtungen verantwortlich. Demgegenüber stieg die Geflügelfleischerzeugung gegenüber dem Vorjahreszeitraum um 0,4 % (vgl. Destatis, 2016; siehe Übersicht 4).
- *Kein Wachstum:* Schon 2016 ließen die Rahmenbedingungen in der deutschen Nutztierhaltung kaum noch Wachstum zu.
- *Die Landwirte/Nutztierhalter:* sie bleiben weiter unter verschärfter Beobachtung der Öffentlichkeit.

2. Zwei Zukunftsszenarien: Ausstieg oder Wende

Neben der wirtschaftlich schwierigen Lage der Tierhaltung in Deutschland hat die gesellschaftliche Kritik an der modernen Nutztierhaltung ein bisher nicht gekanntes Ausmaß angenommen. Es muss etwas geschehen, so kann es nicht weitergehen.

Zur Zukunft der Tierhaltung in Deutschland

Für uns Tierhalter zeichnen sich angesichts dieser Ausgangslage und den Rahmenbedingungen zwei Zukunftsszenarien ab. Zum einen ist es der „Ausstieg aus der Tierhaltung" als worst Case und zum anderen die „Wende" als best Case.

2.1 Worst Case: „Tierhaltungsausstieg, der schwedische Weg"

Der Ausstieg aus der Tierhaltung würde den „worst Case" darstellen. Er wird deshalb als der „schwedische Weg" bezeichnet, weil das Beispiel Schweden zeigt, wie empfindlich die heimische Produktion reagiert, wenn in offenen, internationalen Märkten einseitig die Produktionsauflagen auf nationaler Ebene hochgeschraubt werden.

- Der „schwedische Weg" würde sich auch in Deutschland abzeichnen, wenn
- die Produktionsstandards durch Ordnungsrecht deutlich angehoben würden (mit der Folge eines großen Abstandes zum internationalen Standard) und
- kein Ausgleich der Mehrkosten durch Markt oder Staat erfolgen würde.

Die Systemverträglichkeit wäre überschritten durch deutliche Anhebungen der Produktionsstandards wie:
- verpflichtende Abluftreinigung bundesweit für alle Betriebe;
- Verbot Kastenstand/freie Abferkelung (in der Sauenhaltung);
- Verbot von Vollspaltenböden;
- deutliche Erhöhung des Platzangebots;
- Verbot nicht kurativer Eingriffe am Tier;
- ständiger Zugang zu Außenklima (insbesondere für die Schweinehaltung);
- Verbot des Antibiotikaeinsatzes in der Tierhaltung sowie
- Verbot des Einsatzes von GVO-Futtermitteln.

> *Das würde eine Überschreitung der Systemverträglichkeit bedeuten. Die Folge wäre eine starke Beeinträchtigung der Wettbewerbsfähigkeit der Nutztierhaltung in Deutschland.*

Solche Verordnungen hätten eine starke Beeinträchtigung der Wettbewerbsfähigkeit der Tierhaltung in Deutschland zur Folge. Wie sich große Wettbewerbsnachteile im Markt auswirken, das zeigt eindringlich das Beispiel Schweden (vgl. Schulze Esking, 2014, S. 152ff.).

Der „schwedische Weg":

Ende der 1980er Jahre lag in Schweden der Selbstversorgungsgrad mit Schweinefleisch noch bei über 110 %, bis 1988 ein neues Tierschutzgesetz in Kraft getreten ist. Dieses enthält sehr strenge Tierschutzauflagen. Seitdem sind Kastenstände völlig verboten, die Abferkelbuchten müssen mindestens 6 m² große sein (EU= 4 m²), der Platzbedarf eines Endmastschweins liegt bei 0,94 m² (EU= 0,75 m²), wovon mindestens 0,7 m² planbefestigt sein müssen. Zudem ist allen Schweinen Stroh als Beschäftigungsmaterial zu verabreichen. Diese Maßnahmen erhöhten die Festkosten und durch den zusätzlichen Stroheinsatz ebenfalls die variablen Produktionskosten, insbesondere durch einen erhöhten Arbeitszeitbedarf. Die hohen Produktionsauflagen, die weit über jenen der EU-Richtlinie und der meisten europäischen Mitgliedsländer liegen, führten spätestens mit dem Beitritt zur EU 1995 und der damit verbunden Öffnung zum gemeinsamen Binnenmarkt zu großen Wettbewerbsnachteilen der schwedischen Schweinehalter. Als Folge ist der Selbstversorgungsgrad mit Schweinefleisch bis heute auf 60 % zurückgegangen (siehe Übersicht 3). Eine schwedische Studie über die Auswirkungen der schwedischen Tierschutzgesetzgebung auf die Arbeitskosten der Schweinehalter hat bereits 2005 festgestellt: „Trotz aller Bemühungen, die Anforderungen der Konsumenten durch das Tierschutzgesetz zu erfüllen, werden die Landwirte nicht für diese

> *Das Beispiel Schweden zeigt, wie empfindlich die heimische Produktion reagiert, wenn in offenen, internationalen Märkten einseitig die Produktionsauflagen auf nationaler Ebene hochgeschraubt werden.*
> *Das Beispiel zeigt zugleich, dass der Wunsch der Politik, über einen steuernden Eingriff ins Angebot auch das Nachfrageverhalten der Konsumenten zu beeinflussen, in offenen Märkten fehlschlägt, weil der Konsument dann auf günstigere, ausländische Ware zugreift.*

Übersicht 5:
Schweinebestand in Schweden 1994-2015

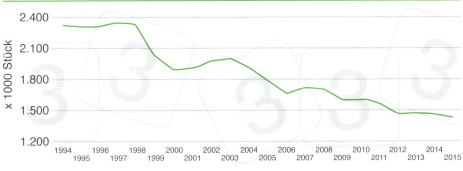

Quelle: nach ISN

zusätzliche Arbeit bezahlt. Das schwedische Tierschutzgesetz schwächt die Konkurrenzfähigkeit der schwedischen Schweineproduzenten und führt zu steigenden Schweinefleischimporten." (Mattsson et al, 2005).

2.2 Best Case: „Wende"

Ziel ist, dass moderne Nutztierhaltung in Deutschland eine Zukunft hat und nicht die Abschaffung der Tierhaltung. Diese „Wende" zu einer von der Gesellschaft und der Landwirtschaft getragenen und akzeptierten Form der modernen Nutztierhaltung wäre gegeben, wenn

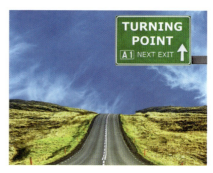

- die gesellschaftlichen Wünsche von den Tierhaltern aufgenommen und implementiert werden;
- die „Wünsche" der Verbraucher die Tierhalter über den Markt vergütet bekommen und wenn sie
- glaubwürdige Verbündete aus dem Bereich gesellschaftlicher Anspruchsgruppen haben, wie etwa den Deutschen Tierschutzbund (DTschB).

3. Lösungen

Der derzeitige Zustand im Verhältnis zwischen Gesellschaft und Nutztierhaltung ist so nicht mehr tragbar. Ansonsten würde es letztendlich das Ende der Tierhaltung in Deutschland bedeuten. Es gibt Wege zu einer gesellschaftlich akzeptierten Nutztierhaltung. Damit die deutsche Tierhaltung, so wie abgebildeten Tierhalter auf Seite 145, in eine befriedete Zukunft mit einer von Gesellschaft und Landwirten akzeptierten Form der Nutztierhaltung blicken kann, stellen folgende Lösungen den Weg in diese Zukunft dar:

- Gesellschaftlichen Konsens herstellen.
- Alle Anspruchsgruppen müssen an einen großen „rundenTisch", d. h. ein nationaler „runder Tisch", keine Länderlösungen.
- Ehrliche Bereitschaft aller Beteiligten, die Tierhaltung weiterzuentwickeln und nicht, sie abzuschaffen.
- Herkunftskennzeichnung als Chance
- Eindeutige Kennzeichnung der Produkte nach Herkunft und Haltungsverfahren, um auf diese Weise dem Verbraucher „rationale" Kaufentscheidungen zu ermöglichen.

Zur Zukunft der Tierhaltung in Deutschland

Optimistische Schweinehalter im Schweinestall

Dieser Weg in eine Zukunft für die Nutztierhaltung in Deutschland kann nur gelingen, wenn alle Partner – Landwirtschaft, Fleischwirtschaft, Lebensmitteleinzelhandel und letztlich auch der Verbraucher – gemeinsam konkrete Veränderungen in Gang setzen, ähnlich wie die 2015 gestartete Initiative Tierwohl sie vorsieht.

So hat moderne Nutztierhaltung in Deutschland eine Zukunft.

Die Weiterentwicklung der Nutztierhaltung in unserem Lande und die ehrliche Bereitschaft dazu, das muss eine gemeinsam akzeptierte Ausgangslage sein. Diesem stimme ich voll und ganz zu, wie ich in einem Diskussionsbeitrag in der „Rhein-Zeitung" (Koblenz) über Pro und Kontra Tierhaltung geschrieben habe (vgl. hierzu Schulze Esking, 2016). Ich bin Landwirt und bewirtschafte unseren Betrieb mit Schweinehaltung, der seit dem 12. Jahrhundert im Familienbesitz ist. Unseren Betrieb konnten wir nur erfolgreich weiterentwickeln, weil wir immer vor Augen hatten, dass wir ohne gesellschaftliche Akzeptanz keine Zukunft haben.

Literatur

Destatis (2016): Fleischerzeugung: Rückgang im dritten Quartal 2016. In: Destatis, Statistisches Bundesamt, Wiesbaden 2016 (Stand: 16.01.2017)

Schaffner, Achim; Sievers, Sve a (2016): DLG-Trendmonitor Europe. Fact Sheet – Herbst 2016. Frankfurt am Main: DLG e.V.

Schmitz, P. Michael (2016): Entwicklungsmöglichkeiten der deutschen Veredlungswirtschaft unter den aktuellen gesellschaftlichen Rahmenbedingungen. In: Deutsche Vilomix Tierernährung GmbH. Themen zur Tierernährung Fachtagung 2015/2016. Online unter: http://www.vilomix.de/pdf_files/tiererhnaehrung/2016_entwicklungsmoeglichkeiten_deutsche_veredelung_schmitz_vilomix.pdf

Schulze Esking, Philipp (2014): Offene Agrarmärkte: Chancen für Landwirte am Gunststandort Europa. Perspektiven für die Schweinehaltung im internationalen Wettbewerb – Die Sicht eines deutschen Schweinehalters. In: DLG (Hrsg.): Weltagrarhandel. Wer profitiert? Wer verliert? (Archiv der DLG, Band 108). Frankfurt am Main: DLG-Verlag, S. 147-162

Schulze Esking, Philipp (2016): Kann Massentierhaltung artgerecht sein? Pro und Kontra. In: Rhein-Zeitung, Koblenz, 3.1.2016. Online unter: http://www.rhein-zeitung.de/nachrichten/tagesthema_artikel,-kann-massentierhaltung-artgerecht-sein-pro-und-kontra-_arid,1420772.html

Wissenschaftlicher Beirat Agrarpolitik beim BMEL (2015): Wege zu einer gesellschaftlich akzeptierten Nutztierhaltung. Gutachten. Berlin

Philipp Schulze Esking

Der 38-jährige Landwirt hat Agrarwissenschaften an den Universitäten in Göttingen und in Cordoba (Spanien) studiert. Er bewirtschaftet seit 2005 den elterlichen Betrieb mit Schweinemast und Ackerbau. Darüber hinaus kooperiert er im Ackerbau mit vier weiteren Betrieben. Bereits während seines Studiums engagierte er sich beispielgebend in mehreren Fachorganisationen. So unter anderem als Mitglied der European Pig Producers (EPP) und im Vorstand der Jungen ISN (Interessengemeinschaft der Schweinehalter Deutschlands). Seit 2009 ist er stellvertretender Vorsitzender der ISN. Er gehört zu den jungen unternehmerischen Landwirten, die sich seit Jahren auch in der DLG engagieren. 2005 ist Philipp Schulze Esking auf der Wintertagung in Münster mit dem Internationalen DLG-Preis ausgezeichnet worden. Damit fördert die DLG besonders qualifizierte Nachwuchskräfte der Agrar- und Ernährungswirtschaft. Seitdem verstärkte sich dessen Engagement in DLG-Fachgremien und für die deutsche Veredlungswirtschaft. Trotz seiner jungen Jahre hat er im Auftrag der DLG aufgrund seines ausgeprägten Unternehmertums und seiner internationalen Ausrichtung mehrfach auf internationalen Pressekonferenzen im Ausland mitgewirkt, wo er im Vorfeld der EuroTier-Ausstellungen über die wirtschaftliche Lage und die Trends der Veredlungswirtschaft in Deutschland und in Europa berichtete. Gefragt ist er auch als Referent auf DLG-Veranstaltungen, so unter anderem bei den DLG-Unternehmentagen 2012 in Mannheim oder der Wintertagung 2014 in München. 2009 gehörte er zu den Mitgliedern, die in den neuen DLG-Ausschuss für Schweineproduktion berufen worden sind. 2013 wurde Philipp Schulze Esking auf der Wintertagung in Berlin in den DLG-Vorstand gewählt und im Januar 2015 wurde er zum neuen Vorsitzenden des Fachbereichs Ausstellungen und zugleich zum DLG-Vizepräsidenten gewählt.

Prof. Dr. Dr. Matthias Gauly, Freie Universität Bozen/Südtirol, Fakultät für Naturwissenschaften und Technik, Nutztierwissenschaften; Präsident der Europäischen Vereinigung für Tierwissenschaften (EVT)

Zukunftsfähige Tierhaltung 2030[*]

Probleme, Herausforderungen und Entwicklungschancen – aus der Sicht der Nutztierwissenschaften

Wie kaum eine andere Branche steht die Landwirtschaft in Deutschland im Fokus der öffentlichen Aufmerksamkeit. Vor allem die moderne Nutztierhaltung hat einen erheblichen Ansehensverlust zu verzeichnen. Und das, obwohl die Landwirtschaft sich selbst vor einem Jahrzehnt noch als eine der wichtigsten Branchen im Lande und als Zukunftsbranche einschätzte (vgl. Wintertagungen 2009 und 2010). Zurecht konnte der Wissenschaftliche Beirat für Agrarpolitik beim Bundesministerium für Ernährung und Landwirtschaft (WBA) in seinem Gutachten vom März 2015 über „Wege zu einer gesellschaftlich akzeptierten

---

[*] Überarbeitete und ergänzte Fassung des Vortrages im Rahmen der Klausurtagung der DLG über „Landwirtschaft 2030" am 11. Oktober 2016 im DLG-Haus in Frankfurt a. M.

Nutztierhaltung" eingangs festhalten, dass die Nutztierhaltung in Deutschland sich in den letzten Jahrzehnten zu einem wirtschaftlich sehr erfolgreichen Sektor entwickelt hat und große Fortschritte in Bezug auf die Ressourceneffizienz erzielt worden sind (Grethe et al., 2015, S. I).

1. Moderne Tierhaltung, kritische Öffentlichkeit und ihre Zukunft

Doch die Nutztierhaltung in Deutschland steht vor großen Herausforderungen, auch deshalb, weil in der Bevölkerung seit Jahren eine zunehmende Entfremdung zur Nutztierhaltung zu beobachten ist. Zum Synonym für wenig tiergerechte Haltungssysteme ist der Begriff „Massentierhaltung" oder „factory farming" (so in den USA) geworden. Der Begriff hat sich etabliert, obwohl es keine klare Definition gibt. Er wird vor allem in den Medien stark benutzt und diskutiert und ruft eindeutig negative Assoziationen hervor (McCarty, 2005; Busch et al. 2013). Und dies, obwohl kaum wissenschaftlich belastbare Erkenntnisse über die Zusammenhänge von Bestandsgrößen und Tierwohl vorliegen (Gauly, 2015, S. 10). In der gesamten Bevölkerung ist, wenn auch auf unterschiedlichem Niveau, eine ablehnende Haltung gegenüber „Massentierhaltung" und damit verbundenen Produktionsmethoden festzustellen (Busch et al., 2013).

1.1 Wie kommen alle Beteiligten raus aus dem Dilemma?

Eigentlich stehen alle Beteiligten vor einem großen Dilemma, sowohl die Landwirte, die Verbraucher, die Politik, die Wissenschaft und nicht zuletzt auch die Medien. Ein Beispiel lieferte jüngst eine PANORAMA-Sendung in der ARD, die für heftige PRO und CONTRA-Reaktionen bei Zuschauern, Verbrauchern und bei Landwirten sorgte. Unter der Schlagzeile „Massive Tierschutz-Probleme bei Bauern-Chefs" berichtete PANORAMA in der Sendung am 22. September 2016 um 21.45 Uhr, dass es in Ställen von Vorständen deutscher Landwirtschaftsverbände zu Tierschutzverletzungen gekommen sein soll. Zum Beleg dafür wurden heimliche Video-Aufnahmen gezeigt, die Aktivisten der Organisation „Animal Rights Watch" in 2014 und 2015 erstellt und die NDR und Süddeutsche Zeitung gezeigt haben. In den Kommentaren in den sozialen Netzwerken im landwirtschaftlichen Bereich wurde unter anderem von einem tendenziösen Bericht und einer fragwürdigen Expertise gesprochen, die auf Straftaten, nämlich Einbrüchen in Ställen beruhe. Es sei illegal beschafftes Material und die Medien würden damit zur Unsachlichkeit und nicht zur Versachlichung der Diskussion beitragen.

1.2 Das Dilemma der Landwirte

Berichte wie jüngst in der ARD-Sendung „Panorama" vom 22. September 2016 zeigen, dass es offenbar immer noch in Betrieben zu klaren Verfehlungen kommt. Solange dies der Fall ist, werden Medien und NGOs – was deren gutes

Recht, wahrscheinlich sogar ihre Aufgabe ist – diese Verfehlungen aufgreifen und somit die gesamte Branche an den Pranger stellen. Häufig wird dann am Ende die Systemfrage gestellt. Das Dilemma der Landwirte besteht darin, dass durchaus ein Handlungsbedarf gesehen wird, man aber auch aus ökonomischem Zwang heraus den Weg gerne selbst bestimmen möchte.

Die Branche sollte künftig nicht davor zurückschrecken, einerseits Defizite frühzeitig zu benennen und andererseits sich klar von „schwarzen Schafen" in den eigenen Reihen abzugrenzen.

1.3 Das Dilemma der Verbraucher

Auch der Verbraucher steckt in einem Dilemma, wie die Kommentare in sozialen Medien zeigen. Die Landwirte würden heute alles tun, um die Tiere so art-/tiergerecht wie möglich zu halten, aber sie würden für ihre Produkte nicht das notwendige Geld und auch nicht die Wertschätzung vom Verbraucher erhalten. „Bei uns Deutschen wird so wenig Geld wie möglich für Lebensmittel ausgegeben, Hauptsache billig!", so ein Landwirt in seiner Einschätzung des Verbrauchers. Dieser trägt also aus Sicht der Landwirte eine Mitschuld aufgrund seiner mangelnden Zahlungsbereitschaft.

Das Dilemma des Verbrauchers besteht also darin, dass er die Fakten zur Tierhaltung fachlich nicht beurteilen und somit die angepriesenen Produkte auch kaum unterscheiden bzw. bewerten kann. Er muss sich auf die Aussagen und Einschätzungen von „Experten", von Medien und auf sein Gefühl verlassen. Der Verbraucher möchte Veränderungen in der Haltung der Tiere, vor allem mehr Tierwohl, doch er möchte nicht unbedingt mehr bezahlen. Das ist sein gutes Recht und sollte ihm nicht zum Vorwurf gemacht werden.

1.4 Das Dilemma der Politik

Die Politik steht vor einem ähnlichen Dilemma wie der Verbraucher. Auch sie muss sich bei der Beurteilung von Entwicklungen und Vorgängen auf das Urteil von Experten verlassen. Zudem schaffen die Medien mit ihren Berichten Bewusstsein und bestimmen damit auch das Handeln, die Agenda der Politik. Doch die Vertreter der Politik, sowohl auf Bundes- wie auch auf Länder- und kommunaler Ebene, wollen zudem die Wirtschaftskraft erhalten. Denn nicht zuletzt möchte der Politiker ja wiedergewählt werden. Je nach Grundausrichtung ihrer Agenda könnten das Wähler aus dem „Lager" der Landwirte oder grüner, umwelt- und tierorientierter Gruppen sein.

1.5 Das Dilemma der Wissenschaft

Angesichts der aktuellen extrem schwierigen Situation der Nutztierhaltung in Deutschland mit fehlender Planungssicherheit im Hinblick auf gesetzliche Vorgaben, stetig steigenden Anforderungen aus dem Lebensmittelhandel sowie der kritischen

Öffentlichkeit sind die Agrarwissenschaften in Sachen Nutztierhaltung in besonderer Weise gefordert. Zum einen sollten sie durch ihre Expertise zu einer sachlichen Diskussion mit der Gesellschaft beitragen und zum anderen Innovationen für eine zukunftsfähige, vom Verbraucher akzeptierte und bezahlbare Tierhaltung entwickeln. Das Dilemma der agrarischen Fachwissenschaften besteht also darin, dass sie die Systeme der modernen Tierhaltung selbst mitentwickelt und nachhaltig gerechtfertigt haben. Nicht zuletzt fühlen sie sich der Praxis verpflichtet. Wir Fachwissenschaftler sehen die Probleme und Anforderungen, doch wir haben häufig – dies muss ehrlich eingeräumt werden – keine einfachen, schmerzfreien Lösungen zur Hand.

> *Allen Beteiligten in der Agrarbranche und in der Wissenschaft muss klar sein, dass etwas geschehen muss. Denn wenn wir nichts tun, verlieren wir die Produktion in Deutschland.*

Die Nutztierhaltung in Deutschland hat sich zweifelsohne in den letzten Jahrzehnten zu einem wirtschaftlich sehr erfolgreichen Sektor entwickelt. Damit die Tierhaltung in Deutschland auch weiterhin eine Zukunft hat, muss etwas geschehen.

Wo bestehen in der Praxis der Nutztierhaltung in Deutschland Problemfelder und Handlungsbedarf? Wo sind aber auch Entwicklungschancen zu sehen? Welche Voraussetzungen sind für positive Veränderungen erforderlich? Im Folgenden werden anhand einiger Beispiele Problemfelder, Herausforderungen, aber auch Chancen aufgezeigt.

2. Wo bestehen Probleme und Handlungsbedarf?

2.1 Bestandsgrößenproblematik und Tierwohl

Moderne Nutztierhaltung wird von vielen Verbrauchern mit hohen Tierzahlen auf engem Raum sowie daraus resultierenden Defiziten im Tierschutz verbunden. Wie sieht die Realität in den Betrieben aus? Besteht ein Zusammenhang zwischen Bestandsgröße, Tierwohl und Tiergerechtheit? Die Bestandsgrößenproblematik wird in der öffentlichen Diskussion vor allem im Zusammenhang mit der Schweine- und Mastgeflügelhaltung behandelt.

Festzuhalten ist diesbezüglich zunächst, dass die Kenntnisse über kausale Zusammenhänge zwischen Tierwohl und Tierverhalten sowie konventioneller Tierhaltung einerseits und Bestandsgrößen andererseits ausgesprochen gering sind. Wie Sophie Meyer-Hamme 2015 in ihrer Dissertation über Tierwohlkriterien und Bestandsgröße betont, sind die Kenntnisse zu diesen Fragen sowohl auf theoretischer wie auch anhand empirischer Daten gering. Vorhandene Studien beziehen lediglich einzelne Teilaspekte des Tierschutzes und nur bestimmte Tierarten in ihre Auswertungen ein. Gerade für den Bereich Mastschweinehaltung, die in den aktuellen Tierschutzdebatten besonders im Blickpunkt steht, liegen nur wenige wissenschaftliche Untersuchungen zu diesen Fragen vor (Meyer-Hamme, 2015, S. 1 ff.).

Zukunftsfähige Tierhaltung 2030

Moderne Nutztierhaltung wird in der kritischen öffentlichen Diskussion immer mit hohen Tierzahlen auf engem Raum verbunden.

2.1.1 Mastschweinehaltung

Zur genauen Untersuchung dieser Fragestellung hat Frau Meyer-Hamme in ihrer Studie untersucht, ob in konventionellen Mastschweinebetrieben in Niedersachsen ein belastbarer Zusammenhang zwischen Tierwohlkriterien und Bestandsgröße besteht (die untersuchten Betriebe liegen dabei über dem Bundesdurchschnitt). Zudem sollte ein aktueller Statusbericht über die Tiergerechtheit konventioneller Schweinemastbetriebe erstellt werden.

Die Untersuchung ergibt:
- Die Bestandsgröße ist als Indikator für unzureichendes Wohlergehen der Tiere nicht geeignet.
- Eine hohe Anzahl an Mastschweinen pro Bestand weist nicht automatisch auf eine niedrige Tierwohlbewertung hin.
- Bei der Beurteilung des Tierwohl-Niveaus konventioneller Schweinemastbetriebe anhand des tierorientierten Indikatorensystems nach dem Welfare Quality® Protokoll (WQP)[1] muss zusammengefasst festgestellt werden, dass

---

[1] *Welfare Quality® assessment protocol for pigs (2009)*

das Tierwohl-Niveau in den untersuchten Betrieben als eher niedrig einzustufen ist. Auf der Basis der WQP-Indikatoren werden die Betriebe als „ausgezeichnet", „verbessert", „akzeptabel" oder „nicht klassifiziert" eingestuft. Annähernd 80 % der untersuchten Betriebe wurden als „verbessert" klassifiziert und alle anderen Betriebe als „akzeptabel" (siehe Meyer-Hamme, 2015, S. 2 ff. und Tabelle 1). Wie Übersicht 1 zeigt, erzielte der Faktor „Gute Fütterung" mit Abstand die höchste Punktzahl. Der Faktor „Gute Haltung" wird mit Hilfe des Verschmutzungsgrades und dem Vorkommen von Bursitis, einer wichtigen Erkrankung, bewertet. Wie die Untersuchung ergibt, steigt der Verschmutzungsgrad mit steigender Bestandsgröße. Von Bursitis sind rund 35 % der Schweinebetriebe betroffen und zwar unabhängig von der Betriebsgröße (siehe Übersicht 2). Keine der untersuchten Gruppengrößen-Kategorien ist damit bezüglich der Indikatoren des Welfare Quality® Protokolls konsistent überlegen.

- Grundsätzlich muss hinsichtlich des Wohls der Tiere die Gesamtsituation allerdings aufgrund der erfassten Kriterien als unbefriedigend bezeichnet werden (Meyer-Hamme, 2015, S. 4). Dies betrifft vor allem die Faktoren Verhalten und Gesundheit der Tiere, also Krankheiten, Verletzungen und andere Schäden bei den Tieren, die durch Haltungsbedingungen verursacht sind. Als Problembereiche weisen die Ergebnisse auf die Kriterien Überbelegung und mangelndes Wasserangebot und damit tierschutzrelevante Punkte hin. So waren beim Kriterium „Bewegungsfreiheit", unter Berücksichtigung der Tierschutz-Nutztierverordnung von 2006, rund 40 % der Buchten überbelegt. Und davon waren 92 % der Betriebe betroffen (Meyer-Hamme, 2015, S. 3). Auch wurden hinsichtlich des Kriteriums „Abwesenheit von Durst" teilweise erhebliche Mängel bei der Wasserversorgung festgestellt, weshalb beim Faktor „gute Fütterung" nicht die volle Punktzahl erreicht wurde. Hier besteht dringender Handlungsbedarf. Und dieser bewegt sich im Rahmen bereits existierender Rechtsvorgaben.

Tabelle 1:
Zusammenhang zwischen Bestands- und Gruppengröße sowie Tierwohl

Bestands-größe	Ø Score (1-100 Punkte)	Gesamtklassifizierung			
		Ausgezeichnet	Verbessert	Akzeptabel	Nicht klassifiziert
Klein (n=20)	55,0 ± 1,5	0	17	3	0
Mittel (n=20)	54,9 ± 1,4	0	16	4	0
Groß (n=20)	54,2 ± 1,6	0	15	5	0

- Bestandsgrößen → kein Unterschied (p>0,05)
- Keine Bestandsgröße erreicht beste Bewertung

Definiton Bestandsgröße: Klein = < 1.500 Mastplätze, Mittel = 1.500 – 3.000; Groß = > 3.000

Quelle: Meyer-Hamme, Sophie, Lambertz, Christian, Gauly, Matthias (2015), Folie 8

Zukunftsfähige Tierhaltung 2030

Übersicht 1:
Bewertung der Tiergerechtheit konventioneller Schweinemastbetriebe

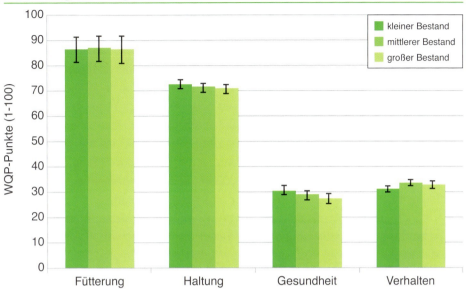

- Bestandsgrößen → kein Unterschied (p>0,05)
- Grundsätze Gesundheit und Verhalten auf sehr niedrigem Niveau

Quelle: Meyer-Hamme, Sophie, Lambertz, Christian, Gauly, Matthias (2015), Folie 7

Übersicht 2:
Prävalenz von Infektionskrankheit Bursitis bei Mastschweinen

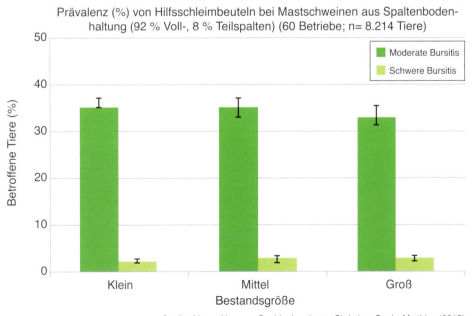

Quelle: Meyer-Hamme, Sophie, Lambertz, Christian, Gauly, Matthias (2015)

2.1.2 Milchvieh

Das Milchvieh schneidet hinsichtlich des Tierwohls in der Bewertung durch den Verbraucher im Vergleich zu anderen Tierhaltungssystemen überdurchschnittlich gut ab. Ein Grund hierfür ist in der Sichtbarkeit der Tiere bei der Weidehaltung und deren „gefühlten" und teilweise realen Vorteilen hinsichtlich Nachhaltigkeit und Tierwohl zu sehen. Das Wohl und die Gesundheit von Tieren sind tatsächlich auch davon abhängig, ob sie ihre natürlichen Verhaltensweisen ausleben können. Und dies scheint bei Weidehaltung gegeben zu sein (Armbrecht et al., 2015, S. 70). Dass Verbraucher seit vielen Jahren in der Natürlichkeit der Haltungsform und der humanen Behandlung der Tiere die wichtigsten Kriterien für das Tierwohl sehen, haben bereits die Verbraucherstudien von Alvenslebens vom Anfang des letzten Jahrzehnts aufgezeigt (v. Alvensleben, 2003, S. 17). Daher genießt die Milchviehhaltung seit langer Zeit beim Verbraucher eine hohe Akzeptanz.

Aus Sicht des Tierwohls sehr positiv bewertet wird auch die Entwicklung von der Anbinde- zur Laufstallhaltung. Auch das dürfte die positiven Akzeptanzwerte der Milchviehhaltung bei Verbrauchern gefördert haben (Gauly 2015, S. 12). Zu den positiven Auswirkungen der Weidehaltung auf das Image der Milchviehhaltung sowie das Imagerisiko hinsichtlich der Entwicklung zur reinen Stallhaltung gehe ich im Abschnitt 2.3 weiter ein.

Zur Bestandsgröße ist festzuhalten, dass beim Milchvieh hinsichtlich des Tierwohls größere Bestände sogar zumindest in der Tendenz besser abschneiden, wie Untersuchungen belegen (siehe Ergebnisse im Band Tierwohl-Tagung 2015 in Göttingen. Gieseke et al., 2015).

2.2 Leistung und Tiergesundheit

Der Bereich der Tiergesundheit muss über alle Tierarten hinweg als kritisch gesehen bzw. als signifikant verbesserungswürdig benannt werden (Gauly 2015, S. 13). An dieser Stelle weise ich nur auf zwei Beispiele hin, die auf die enge Verknüpfung dieser Problematik zur Leistung bzw. zur Zucht der Tiere verweisen. 53 % aller Legehennen erleiden nach Untersuchungen von Sandilands (2008, 2011) im Laufe einer Legeperiode mindestens einen Knochenbruch, was möglicherweise mit der extrem hohen Legeaktivität der Genotypen in Zusammenhang stehen kann. Die Prävalenz war bei den Untersuchungen nicht signifikant unterschiedlich zwischen den Haltungssystemen. Unterscheiden ließ sich jedoch der Zeitpunkt der Fraktur. Dieser wies zumindest teilweise auf Mängel der Systeme und des Managements hin (z. B. mehr frische Fakturen bei Tieren aus konventioneller Käfighaltung als bei Tieren aus Boden- und Freilandhaltung). Solche Systemmängel müssten bereits vor der Marktreife und dem Verkauf des Produktes an Landwirte behoben sein! Vor diesem Hintergrund ist es nicht ganz verständlich, warum sich die Berufsverbände so sehr gegen die Einführung eines Prüf- und Zulassungsverfahrens von Stalleinrichtungen und Systemen wehren.

Tabelle 2:
Legehennen: Knochenbrüche in Abhängigkeit vom Haltungsverfahren

	Konv. Käfig	Ausgestalt. Käfig	Freiland	Boden
Betriebe, n= jeweils 100 Hennen/Betrieb	8	4	9	3
Frische Fraktur (%)	23	13	9	15
Alte Fraktur (%)	26	30	45	53
Total	49	43	54	68

53 % der Tiere erleiden Knochenbrüche.

Quelle: Sandilands, Victoria (2008, 2011)

Ein weiteres Beispiel wird in Tabelle 3 gezeigt. Darin sind die Erkrankungshäufigkeit sowie das Leistungsniveau von Milchkühen aus Testherden in Brandenburg dargestellt (Roffeis und Waurich, 2013). Neben dem Zusammenhang zur Leistung fällt vor allem der im Laufe einer Laktation geringe Anteil unbehandelter (d.h. gesunder) Kühe negativ auf.

Tabelle 3:
Erkrankungshäufigkeit und Leistungsniveau von Milchkühen aus Testherden in Brandenburg

Leistungsgruppe nach 100-Tage Milch-kg	Erkrankungshäufigkeit je Kuh und Jahr			Anteil gesunder Tiere
	Gesamt	Euter	Bewegungsapparat	%
< 3000	2,98	0,52	0,91	13,0
3000 – 3500	2,90	0,53	0,94	11,9
3500 – 4000	3,10	0,60	0,93	10,6
> 4000	3,48	0,61	1,12	8,6

Quelle: Roffeiss, Waurich (2013)

Für die Rentabilität der Milchviehhaltung sind die Leistung wie auch die Nutzungsdauer einer Kuh die wichtigsten Faktoren. Das durchschnittliche Abgangsalter der Kühe liegt bei 5,4 Jahren, also bei etwas mehr als zwei Laktationen. Dies ist eindeutig als zu gering zu bewerten (Römer, 2011, S. 8, 17) und weist auf Probleme bei der Tiergesundheit hin. Ein ähnliches, unbefriedigendes Bild zeigt die Entwicklung der Nutzungsdauer (Länge des produktiven Lebens in Monaten von erster Kalbung bis zum Abgang) auf der phänotypischen Ebene (siehe Übersicht 3). Und dies trotz aller Bemühungen der Zuchtverbände.

Zukunftsfähige Tierhaltung 2030

Übersicht 3:
Entwicklung der Nutzungsdauer (Länge des produktiven Lebens in Monaten von erster Kalbung bis zum Abgang) auf der phänotypischen Ebene in verschiedenen Zuchtverbänden (Zusammenstellung auf Basis Jahresbericht des ViT, Verden)

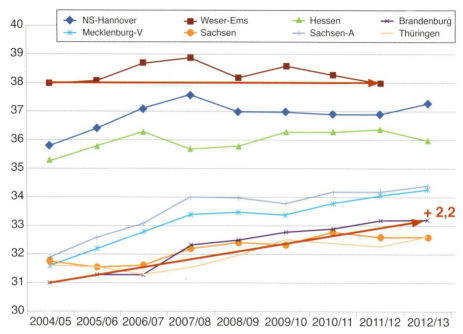

Quelle: Zusammenstellung von Prof. Swalve auf Basis Jahresbericht des ViT, Verden

Als Gründe für diese unbefriedigende Entwicklung gibt es zwei Hypothesen: Zum einen sind für viele Betriebe die hohen genetisch veranlagten Leistungen nicht oder nur sehr schwer beherrschbar. Und dies gilt für alle Nutztierarten. Zum anderen muss festgestellt werden, dass für einige Veränderungen (z. B. die Leistungszuwächse) die teilweise in der Praxis eingesetzten Stallsysteme nicht ausgelegt sind. Der Kurzstand der Milchkuh ist dafür ein Beispiel, und in der Schweineproduktion ist die Entwicklung der steigenden Ferkelzahlen und das damit verbundene mangelnde Platzangebot zu nennen. Lange Abschreibungszeiträume für Stallungen verhindern eine stete Anpassung an die extremen Entwicklung (z. B. größerer Rahmen der Kuh, mehr Platz im Flatdeckbereich). Die Zuchtverbände und Wissenschaftler müssen diese Entwicklung in Zukunft stärker in ihrer Verantwortung für die Praxis berücksichtigen (Gauly, 2015, S. 14f.). Die neuen Möglichkeiten der genomischen Selektion bieten in diesem Zusammenhang Chancen und Risiken zugleich.

2.3 Haltungsverfahren und Akzeptanz von Tierhaltungssystemen

Die verschiedenen Haltungssysteme wirken sich nicht nur, wie bereits erwähnt, auf das Tierwohl aus, sondern sie beeinflussen auch die Meinungen der Verbraucher zur modernen Tierhaltung. So wird das Image der Milchviehhaltung von der Mehrheit der Bürger als positiv bewertet, wie es 2014 eine Göttinger Verbraucher-Studie belegte (Kühl et al., 2014). Als ein besonderer „Imageförderer" erweist sich der Faktor Weidehaltung. „Imageträger Weidehaltung" lautete daher auch die Überschrift des Beitrages mit den Ergebnissen und Folgerungen (ebd.). Das Milchvieh ist durch die Haltung auf Weiden für die Verbraucher direkt sichtbar und damit zunächst „unverdächtig". Ein Großteil der befragten Teilnehmer gibt an, dass Kühe auf der Weide gehalten werden sollten. Sie können sich auch nicht vorstellen, dass es Kühen in der Stallhaltung gut geht. Die Werbung für Milch und Milchprodukte mit weidenden Kühen hat dieses Image wesentlich mitgeprägt.

Demgegenüber ist aber in ganz Europa ein Rückgang der Weidehaltung zu verzeichnen, wie eine umfangreiche Studie über die erwartete Entwicklung der Milcherzeugung mit Weidehaltung in verschiedenen europäischen Ländern, durchgeführt vom LEI-Institut in Wageningen, feststellte (Reijs et al., 2013). Bis zum Jahr 2025 wird danach für die Niederlande ein deutlicher Rückgang der Milch aus Vollweidehaltung von derzeit 35 auf 9 % erwartet. Noch gravierender ist die Prognose für Deutschland, wie Übersicht 4 zu entnehmen ist. Danach würde die Weidehaltung bei uns bis auf wenige Prozentpunkte zurückgehen.

Die Weidehaltung schneidet nicht nur in der Diskussion um Tierwohl im Vergleich mit anderen Tierhaltungssystemen überaus positiv ab, sondern erweist sich auch als ein positiver Imagefaktor beim Verbraucher.

Zukunftsfähige Tierhaltung 2030

Übersicht 4:
Erwartete Entwicklung der Weidehaltung im Zeitraum 2012 bis 2025 in verschiedenen EU Staaten

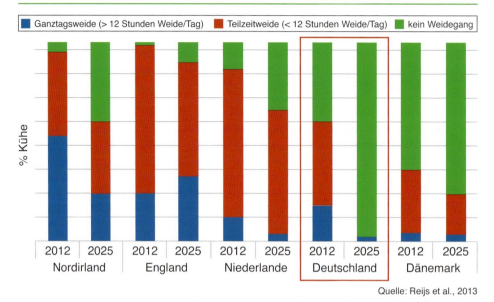

Quelle: Reijs et al., 2013

Wie sich Weidehaltung und reine Stallhaltung hinsichtlich der verschiedenen Tierwohlindikatoren unterscheiden, wurde in einem Vergleich über niedersächsische Milchviehbetriebe untersucht. Diese Studie ergab, dass Betriebe mit Weide- im Vergleich zur reinen Stallhaltung am Ende der Sommerperiode ein verbessertes Tierwohl aufweisen. Viele dieser Unterschiede waren jedoch am Ende der Winterperiode nicht mehr vorhanden, da Verletzungen auf der Weide im Vergleich zum Stall – verursacht durch Stalleinrichtungen – vermindert anzutreffen waren (Armbrecht et al., 2015, S. 71).

Bei der Beurteilung des Einflusses der Weide auf das Tierwohl und vor allem auf die Einstellungen der Verbraucher zur Milchviehhaltung erhält ein Aspekt zunehmende Beachtung, nämlich die Frage der Emotion von Tieren und welche Bedeutung sie für das Tierwohl und die hohe emotionale Wirkung auf den Verbraucher hat. Dieser Faktor ist bisher von Wissenschaft und Praxis kaum beachtet worden (Gauly, 2015, S. 12).

Seit langer Zeit genießt die Milchviehhaltung beim Verbraucher eine hohe Akzeptanz, wie die Untersuchungen von Alvensleben bestätigt haben. Das Bild, das der Verbraucher über die Natürlichkeit der Haltungsform und die Behandlung der Tiere hat, schlägt sich auch in seinen Einschätzungen über die Rangfolge der Haltungssysteme für die verschiedenen Tierarten nieder. So hat eine repräsentative Befragung zur Akzeptanz der Haltungsverfahren nach Tierarten folgende Rangfolge ergeben:

Ein nicht unerhebliches Imagerisiko ist für die Milcherzeugung in der nun stärkeren Entwicklung hin zur reinen Stallhaltung angesichts der zuvor genannten Verbrauchereinschätzung zu sehen. Die Entwicklung hin zur ganzjährigen Stallhaltung erfolgt vorrangig aus ökonomischen Gründen und aus Effizienz- und Managementgründen. Stallhaltung wird insbesondere in größeren Betrieben als rentabler und einfacher angesehen, da ressourceneffizienter und mit weniger Risiko behaftet (Gauly, 2015, S. 12). Diese Entscheidungen werden vielfach auch durch eine sehr stark einseitige Orientierung an der Jahresleistung pro Kuh bedingt. Diesbezüglich ist aber die Frage zu stellen, wie hoch die Korrelation zum ökonomischen Erfolg ist. Korrelieren die Jahresleistungen wirklich mit Produktionseffizienz und Wirtschaftlichkeit? Nicht berücksichtigt werden bei den Entscheidungen für ein Haltungssystem meines Erachtens vor allem die gesellschaftlich bedeutsamen Zusatzleistungen wie Imagefaktor und Verbrauchermeinung, Landschaftsbild, Tierwohl oder Biodiversität. Dies ist nicht verwunderlich, da der Einzellandwirt davon kaum leben kann. Betrachtet man die Gesamtbranche, ist es natürlich anders.

Die Haltungsbedingungen von Milchkühen erweisen sich auch als ein relevantes Kriterium beim Milcheinkauf, wie eine weitere Göttinger Studie über die

Tabelle 4:
Rangfolge der Akzeptanz der Haltungssysteme nach Tierarten

1. Milchviehhaltung
2. Schafhaltung
3. Schweinehaltung
4. Rindermast
5. Eiererzeugung
6. Kälbermast
7. Geflügelmast

Quelle: von Alvensleben, 2003, S. 17)

Übersicht 5:
Bedeutung verschiedener Kriterien für den Milcheinkauf

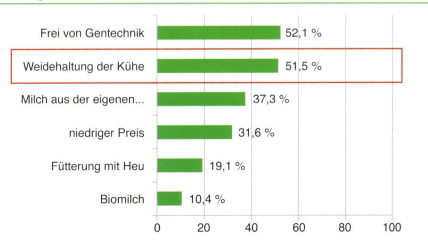

Quelle: Zühlsdorf et al., 2014, S. 4

Bedeutung verschiedener Kriterien für den Milcheinkauf belegt (Zühlsdorf et al., 2014, S. 4). Für die Mehrheit der Konsumenten (55,6 %) ist dieses ein Kaufkriterium, lediglich knapp 16 % der Befragten erklären „Beim Milcheinkauf ist es mir nicht so wichtig, wie die Kühe gehalten werden." Übersicht 5 verdeutlicht zum einen den hohen Stellenwert der Weidehaltung. Diese ist vielen Verbrauchern wichtiger als die Herkunft der Produkte aus der Region und der Preis. Nur eine gentechnikfreie Fütterung liegt in der Käufergunst noch weiter vorn (ebd., S. 5). Geradezu absurd ist der in diesem Zusammenhang aus der Branche immer wieder vorgebrachte Vorwurf, dass der Verbaucher von den Realitäten keine oder eine völlig falsche Vorstellung habe. Das mag sein. Aber wer hat diese denn nach seinen Vorstellungen geprägt und bewusst genutzt?

> **Zwischenfazit:**
>
> Es besteht Handlungsbedarf!
> Weil wir es aus Sicht des Tieres und der Ökonomie als notwendig ansehen.

3. Entwicklungschancen

Das übergeordnete Ziel aller Bestrebungen muss sein:
- Die Tierhaltung in Deutschland zu halten!

3.1 Voraussetzungen für positive Veränderungen

Um bei den Verbrauchern und in der Öffentlichkeit eine breite Akzeptanz für die moderne Tierhaltung in Deutschland zu erreichen, sind folgende Voraussetzungen unumgänglich:
- *Klare Abgrenzung von Verfehlungen:* Zum Schutz all der Landwirte, die korrekt arbeiten, ist eine klare Abgrenzung von Verfehlungen bei Berufskollegen erforderlich.

Die Tierhaltung muss in Deutschland eine Zukunft haben. Das muss das gemeinsame Ziel von Gesellschaft, Politik, Landwirtschaft und Branche sein.

- *Identifizierung und klare Benennung der Probleme:* auch die Systemfrage zu stellen sollte für Landwirte kein Tabu sein (bezüglich Haltungssysteme und Genotypen in der Zucht). Dies ist zwingend notwendig.
- *Einhaltung der gesetzlichen Standards.* Hierzu sind Aufklärung, Weiterbildung und betriebliche Eigenkontrollen wichtige Instrumente.
- *Etablierung der betrieblichen Eigenkontrolle:* Das Tierschutzgesetz sieht dies seit 2014 vor. Die Eigenkontrolle ist geeignet zur Schwachstellenanalyse und zum Aufzeigen von Optimierungsmöglichkeiten. Sie bietet auch Möglichkeiten für Betriebsvergleiche, für das Benchmarking und für die Darstellung von Verbesserungen. Sie muss als Chance, nicht als Überwachung und Reglementierung verstanden und genutzt werden
- *Sachkunde und Weiterbildung:* Der Kenntnisstand im Tierbereich muss stetig weiter verbessert werden. Ständige Weiterbildung gehört auch für Tierhalter zur To-do-Liste. Gerade auch schwächere Betriebe müssen zu Weiterbildungsmaßnahmen motiviert werden. Um dieses Ziel zu erreichen, muss die Politik auch für diese Betriebe Perspektiven schaffen.
- *Tierwohl ökonomisch tragfähig:* Mehr Tierwohl bedeutet mittel- bis langfristig auch ökonomischen Erfolg.
- *Den Faktor „Emotionen von Tieren" und deren Bedeutung für das Tierwohl und für die Einschätzung der Verbraucher berücksichtigen.* Wissenschaft und Praxis müssen den Aspekt Emotionen von Tieren und seine Bedeutung für das Tierwohl wie auch für die Einschätzung der Verbraucher verstärkt in ihren Entwicklungsplänen und Entscheidungen beachten.
- *Haltungssysteme, Produktionsweisen und Zuchtprodukte:* Sie müssen stärker in Richtung erhöhte Tier- und Umweltschutzstandards ausgerichtet werden. Hier bestehen, wie aufgezeigt, zum Teil erhebliche Defizite. In Kombination mit einer veränderten Einstellung zur Mensch-Tier-Beziehung hat dies in der Vergangenheit zu einer verringerten gesellschaftlichen Akzeptanz der Nutztierhaltung geführt.
- *Erhebliches Innovationspotenzial und Know-how:* Auch der zur Umsetzung notwendige politische Wille hierzu ist vorhanden!
- *Wir brauchen „verantwortungsbewusste" Tierhalter.* Die Tierhalter in Deutschland sind bereit, Veränderungen mitzugehen. Allerdings müssen von der Politik europäische Lösungen angestrebt werden, um Wettbewerbsnachteilen vorzubeugen.
- *Mehr und bessere Aufklärung und Schaffung von Transparenz.* Um eine breite Akzeptanz zu erreichen, müssen nicht nur die Haltungssysteme, Produktionsweisen und Zuchtprodukte stärker in Richtung erhöhte Tier- und Umweltschutzstandards ausgerichtet werden, sondern Landwirte und Branche müssen auch mehr und besser aufklären. Davon hängt die Zukunft der Nutztierhaltung mit ab. Der Erfolg dieser Maßnahme hängt aber von der Glaubwürdigkeit des Berufsstandes ab. Dieser wiederum wird von den oben genannten Punkten abhängen.

3.2 Leitlinien für eine zukunftsfähige Tierhaltung aus Sicht des Tierschutzes

Um die gesellschaftlichen Anforderungen an die Nutztierhaltung und die Realität der landwirtschaftlichen Produktion stärker in Einklang zu bringen, hat der Wissenschaftliche Beirat für Agrarpolitik beim Bundesministerium für Ernährung und Landwirtschaft (WBA) Leitlinien und Empfehlungen für eine gesellschaftlich akzeptierte Nutztierhaltung entwickelt. Die vom WBA aus Sicht des Tierschutzes formulierten neun Leitlinien sind für eine zukunftsfähige Tierhaltung wertvolle Leitlinien zur Orientierung und Ausrichtung von Entscheidungen.

Die neun Leitlinien für eine zukunftsfähige Tierhaltung aus Sicht des Tierschutzes:

1. Zugang aller Nutztiere zu verschiedenen Klimazonen, vorzugsweise Außenklima,
2. Angebot unterschiedlicher Funktionsbereiche mit verschiedenen Bodenbelägen,
3. Angebot von Einrichtungen, Stoffen und Reizen zur artgemäßen Beschäftigung, Nahrungsaufnahme und Körperpflege,
4. Angebot von ausreichend Platz,
5. Verzicht auf Amputationen,
6. routinemäßige betriebliche Eigenkontrollen anhand tierbezogener Tierwohlindikatoren,
7. deutlich reduzierter Arzneimitteleinsatz (besser wäre hier von einem optimierten Arzneimitteleinsatz zu sprechen),
8. verbesserter Bildungs-, Kenntnis- und Motivationsstand der im Tierbereich arbeitenden Personen und
9. stärkere Berücksichtigung funktionaler Merkmale in der Zucht (Grethe et al., 2015, S. II).

Wenn die unter 3.1 und 3.2 aufgeführten Anforderungen aufgegriffen und umgesetzt werden, hat moderne Tierhaltung in Deutschland eine gute Zukunft. Einige dieser Forderungen sind von Wissenschaft und Praxis bereits verstärkt aufgegriffen worden, andere müssen in Zukunft stärker berücksichtigt werden. Die genannten Punkte sind für viele Nutztierarten vergleichsweise leicht und kostenneutral realisierbar, andere stellen dagegen erhebliche Herausforderungen für bestimmte Bereiche dar und führen zu Kostensteigerungen. Damit es zu keiner einseitigen Belastung der landwirtschaftlichen Betriebe in Deutschland kommt und Produktionsanteile ins Ausland abwandern, und dann noch dorthin, wo Tierschutzstandards sowie die Einhaltung derselben unter denen des Inlandes liegen, müssen von der Politik europäische Lösungen zur Vorbeugung von Wettbewerbsnachteilen für die deutschen Tiererzeuger angestrebt werden. Dann hat moderne Tierhaltung auch in Deutschland eine erfolgreiche Zukunft.

Literatur

Alvensleben, Reimar von (2003): Gesellschaft und Tierproduktion. In: Perspektiven in der Tierproduktion. Hrsg. von Ernst-Jürgen Lode und Franz Ellendorff. Landbauforschung Völkenrode. Sonderheft 263, S. 15-21.

Armbrecht, Linda; Lambertz, Christian; Albers, Dirk; Gauly, Matthias (2015): Tierwohl von Milchkühen bei Stall- und Weidehaltung – Ein Vergleich anhand des Welfare Quality® Protokolls. In: Gieseke, Daniel; Busch, Gesa; Ikinger, Christina; Kühl, Sarah; Pirsich, Wiebke (Hrsg.): Tierhaltung im Spannungsfeld von Tierwohl, Ökonomie und Gesellschaft. Tierwohl-Tagung in Göttingen, 7.- 8. Oktober 2015. Tagungsband. Göttingen: Georg-August-Universität Göttingen, Department für Agrarökonomie und Rurale Entwicklung, 2015, S. 70-72

Busch, Gesa; Kayser, Maike; Spiller, Achim (2013): „Massentierhaltung" aus VerbraucherInnensicht – Assoziationen und Einstellungen. In: Eder, M. et al. (Hrsg.): Jahrbuch der österreichischen Gesellschaft für Agrarökonomie, Jg. 22 (1) S. 61-70.

DLG (Hrsg., 2009): Landwirtschaft 2020 – Herausforderungen, Strategien, Verantwortung. (Archiv der DLG, Band 103) Frankfurt am Main: DLG-Verlag.

DLG (Hrsg., 2010): Zukunftsbranche Landwirtschaft. Unternehmerisch-innovativ-verantwortungsvoll. (Archiv der DLG, Band 104) Frankfurt am Main: DLG-Verlag.

Gauly, Matthias (2015): Akzeptanz der Nutztierhaltung: Analyse aus der Sicht der Agrarwissenschaften. In: Akzeptanz der Nutztierhaltung – Herausforderungen im Bereich Futter und Fütterung. 53. Jahrestagung der Bayerischen Arbeitsgemeinschaft Tierernährung e.V., Tagungsband. Freising: Bayerische Arbeitsgemeinschaft Tierernährung (BAT) e.V., S. 10-16

Grethe, Harald; Christen, Olaf; Balmann, Alfons; Bokelmann, Wolfgang; Bauhus, Jürgen; Gauly, Matthias; Knierim, Ute; Latacz-Lohmann, Uwe; Nieberg, Hiltrud; Qaim, Matin; Spiller, Achim; Taube, Friedhelm; Martinez, Jóse; Tenhagen, Bernd-Alois; Weingarten, Peter (2015): Wege zu einer gesellschaftlich akzeptierten Nutztierhaltung. Gutachten. Wissenschaftlicher Beirat für Agrarpolitik beim Bundesministerium für Ernährung und Landwirtschaft. Berlin.

Kayser Maike; Böhm Justus.; Spiller, Achim (2011): Zwischen Markt und Moral – Wie wird die deutsche Land- und Ernährungswirtschaft in der Gesellschaft wahrgenommen. Schriften der Gesellschaft für Wirtschafts- und Sozialwissenschaften des Landbaues e.V., Heft 47, S. 329-341.

Kayser Maike; Schlieker, Katharina; Spiller, Achim (2012): Die Wahrnehmung des Begriffs „Massentierhaltung" aus Sicht der Gesellschaft. In: Berichte über Landwirtschaft, Band 90, 2012, S. 417-427

Kühl, Sarah; Ermann, Manuel; Spiller, Achim (2014): Imageträger Weidegang. DLG-Mitteilungen Heft 4/2014, S. 94-97.

McCarty, Rick (2005): Consumers aware of factory farming; term creates negative impression. In: Research Briefs. Issues Update, November-December 2005, S. 51-52. Online unter: https://web.archive.org/web/20131230234219/http://www.beefusa.org/uDocs/factoryfarming.pdf (Stand: 05.01.2017)

Meyer-Hamme, Sophie (2015): Zusammenhang zwischen Bestands-, Gruppengröße und Indikatoren des Tierwohls in der konventionellen Schweinemast. Dissertation. Fakultät für Agrarwissenschaften, Universität Göttingen.

Meyer-Hamme, Sophie, Lambertz, Christian, Gauly, Matthias (2015): Hat die Bestandsgröße von konventionellen Schweinemastbetrieben Einfluss auf das Tierwohl? Abstract. Vortragstagung der DGfZ und GfT am 16./17. September 2015 in Berlin.

Reijs, J.W. ; Daatselaar, C.H.G. ; Helming, J.F.M. ; Jager, J.H. ; Beldman, A.C.G. (2013): Grazing dairy cows in North-West Europe. Economic farm performance and future developments with emphasis on the Dutch situation. The Hague : LEI Wageningen UR, (LEI Report 2013-001).

Römer, Anke (2011): Untersuchungen zur Nutzungsdauer bei Deutschen Holstein Kühen. In: Züchtungskunde, Jg. 83/ Nr. 1/2011; Stuttgart: Ulmer, S. 8-20.

Roffeiss, Margret; Waurich Benno (2013): Hohe Milchleistungen und gesunde Euter. Ergebnisse aus den RBB-Testherden. Milchrindtag, 10.01.2013. Rinderunion Berlin-Brandenburg, Götz.

Sandilands, Victoria (2011): The laying hen and bone fractures. In: The Veterinary Record, 169(16), S. 411-412. doi: 10.1136/vr.d6564.

Spiller, Achim; Zühlsdorf, Anke; Nitzko, Sina (2014): Lebensmittelkennzeichnung und Verbrauchervertrauen – Zugleich eine Erwiderung auf den Beitrag von Dr. Almut Pflüger in ZLR 2/2014. In: Zeitschrift für das gesamte Lebensmittelrecht (ZLR), 5/2014, S. 523-539.

Welfare Quality (2009): Welfare Quality® assessment protocol for pigs (sow and piglets, growing and finishing pigs). Welfare Quality® Consortium. Lelystad, Netherlands

Welfare Quality (2012): Welfare Quality® assessment protocol for cattle. Welfare Quality® Consortium, Lelystad, Netherlands.

Zukunftsfähige Tierhaltung 2030

Wissenschaftlicher Beirat Agrarpolitik beim BMEL (2015): Wege zu einer gesellschaftlich akzeptierten Nutztierhaltung. Gutachten. Berlin

Zühlsdorf, Anke; Kühl, Sarah; Spiller, Achim (2014): Marketingtrend Weidemilch. Milchviehhaltung der Zukunft aus Verbrauchersicht. In: moproweb.de – mi molkerei-industrie. Heft 5/2014, S. 4-6.

Prof. Dr. Dr. Matthias Gauly

hat an der Fakultät für Naturwissenschaften und Technik der Freien Universität Bozen/Südtirol den Lehrstuhl für Nutztierwissenschaften inne und ist seit September 2015 Präsident der Europäischen Vereinigung für Tierwissenschaften (EVT). Das ist auch ein Zeichen seiner hohen internationalen Wertschätzung und Vernetzung. Damit ist er nach Prof. Joachim Hans Weniger und Philipp Fürst Solms der dritte deutsche Präsident, der an der Spitze der europäischen Tierwissenschaften steht. Angesichts der stark im Fokus stehenden modernen Nutztierhaltung sind die Kompetenz und Erfahrungen des Fachmannes für Tierhaltung und Veterinärmediziner im In- und Ausland gefragt. Seit 2009 ist er auch Mitglied im Wissenschaftlichen Beirat des Bundesministeriums für Ernährung und Landwirtschaft.

Matthias Gauly studierte in Bonn und in Gießen Agrarwissenschaften, das er mit dem Diplom abschloss. Schon im Studium galt sein spezielles Interesse dem Bereich der modernen Nutztierhaltung. Nach dem Diplom war er als Wissenschaftlicher Mitarbeiter bei Prof. Dr. Georg Erhardt am Institut für Tierzucht und Haustiergenetik der Universität Gießen tätig. Parallel dazu absolvierte er in Gießen ein Veterinärstudium mit der Approbation als Abschluss. 1991 erfolgte die Promotion im Fach Tierzucht und 1997 in Veterinärmedizin. 2002 habilitierte er sich in Gießen für das Fach Tierzucht und Haltungsbiologie. Am dortigen Institut für Tierzucht und Haustiergenetik hatte er von 1998 bis 2003 eine Professur inne. 2003 ist er auf den Lehrstuhl mit der Leitung der Arbeitsgruppe für Produktionssysteme der Nutztiere an der Georg-August-Universität Göttingen berufen worden, zudem wurde er 2006 Leiter des in Göttingen neu eingerichteten Master-Studiengangs Pferdewissenschaften. Nach Ablehnungen von Rufen an die Justus-Liebig-Universität Gießen, die Universität Hohenheim sowie die Humboldt-Universität Berlin wurde er im Sommer 2014 an die Freie Universität Bozen in Südtirol auf den Lehrstuhl für Nutztierwissenschaften an der Fakultät für Naturwissenschaften und Technik berufen. 2016 lehnte er einen Ruf an die Technische Universität München sowie die Nord Universität Trondheim (Norwegen) ab.

Bereits seit seiner Studienzeit waren seine Studien- und Forschungsinteressen auch stark international ausgerichtet, wie zahlreiche Studien- und Forschungsaufenthalte auf allen Kontinenten unterstreichen. Seine Kompetenz und sein Rat sind im In- und Ausland gefragt. Natürlich auch in der DLG, wo er seit Jahren sein Wissen und Können als Referent, Autor und Ratgeber in die Facharbeit einbringt, so als Mitglied im Fachausschuss für Tiergerechtheit.

Er ist Mitglied in den Editorial Boards mehrerer internationaler Fachzeitschriften. Darüber hinaus ist er im Management Board der Zeitschrift „Animal" im Cambridge Verlag.

Stefan Teepker, *Interview mit dem Vorsitzenden der Jungen DLG; Landwirt und Tierhalter in Handrup (Landkreis Emsland)*

„Ich wünsche mir mehr Leidenschaft für Tierhaltung"

„Die Durchschnittsbürger bilden die Mehrheit und die sollten wir erreichen" – Einschätzungen eines jungen Tierhalters mit Passion und Pragmatismus

Stefan Teepker hält neue „Veredlungszentren" in Deutschland für unrealistisch. Der Jung-Landwirt aus dem Emsland plädiert für einen entspannten Umgang mit den Kritikern der modernen Landwirtschaft. Teepker setzt auf Transparenz und Normalverbraucher.

■ **Ihren landwirtschaftlichen Betrieb haben Sie in fast zwanzig Jahren deutlich ausgebaut: Wie realistisch waren Ihre eigenen Prognosen?**
Stefan Teepker: Wir, das heißt mein Bruder und ich, haben uns im Jahr 2000,

"Ich wünsche mir mehr Leidenschaft für Tierhaltung"

> *"Die Welternährung ist für uns keine Zielvorgabe. Dazu tragen wir selbstverständlich bei, aber für uns zählen vor allem Familie und Betrieb."*

als ich die Ausbildung beendet hatte, Gedanken gemacht, wie es zehn Jahre später aussehen könnte. Einiges haben wir als Vision bewertet, manches sogar als Spinnerei. Die Realität hat unsere Vorstellungen übertroffen. Zu Beginn haben wir uns primär über Wachstumsziele definiert.

■ **Und jetzt haben Sie die Welternährung im Blick?!**
Teepker: Offen gestanden ist die Welternährung für uns keine Zielvorgabe. Dazu tragen wir selbstverständlich bei, aber für uns zählen vor allem Familie und Betrieb.

■ **Geht es mit dem Betriebswachstum in den kommenden Jahren so weiter?**
Teepker: Wir wollen unseren Betrieb weiter ausbauen, sind uns aber darüber im Klaren, dass es Limits gibt.

■ **Welche sind das?**
Teepker: In den kommenden Jahren werden sich die Gesamtbestände an Nutztieren in Deutschland nicht erhöhen. Wenn es gut läuft, bleiben die Bestände auf dem jetzigen Niveau. Und das bedeutet: Verbleibende Betriebe können nur

Blick auf den Betrieb Teepker in Handrup (Landkreis Emsland).

wachsen, wenn andere Tierhalter aussteigen. Das finde ich bedauerlich, weil es doch besser ist, wenn man möglichst viele Berufskollegen hat, mit denen man sich austauschen kann. Die Politik beschleunigt diesen Prozess noch, indem sie Verfahren vorschreibt und Auflagen beschließt, die kleinere Betriebe nicht stemmen können.

■ **Sind neue Zentren der Tierhaltung, beispielsweise in Ackerbauregionen mit wenig oder ganz ohne Vieh eine Option, diesen Konflikt zu lösen?**
Teepker: Nein, das glaube ich nicht. Ich komme aus einer Region mit intensiver Tierhaltung und weiß um die Probleme, wenn Betriebe dort wachsen wollen, obwohl sich viele vor Ort, auch außerhalb der Landwirtschaft, bewusst sind, dass die Veredelung bei uns einen bedeutenden Wirtschaftsfaktor bildet. Wo es bislang wenig oder keine Nutztiere gibt, sind die Probleme ungleich größer. Oder ganz einfach ausgedrückt: Ställe zu genehmigen und Wachstum für Tierhalter zu ermöglichen, wird in Regionen ohne bestehende Tierhaltung nicht möglich sein.

■ **Würden Sie ganz woanders neu beginnen?**
Teepker: Nein, das würde ich derzeit nicht. Dort, wo wir leben, fühlen wir uns als Familie wohl. Und um es nochmals ganz klar zu sagen: Es sind ja nicht nur die Landwirte, die bei uns von der Tierhaltung profitieren. Alle vor Ort haben davon etwas, direkt oder mittelbar. Derzeit ist ein landwirtschaftlicher Betrieb außerhalb von Deutschland für uns schon alleine wegen der Kinder kein Thema. Deutschland ist ein Land mit hoher Lebensqualität. Das mag in zehn oder fünfzehn Jahren anders aussehen. Aber da sind wir wieder bei den Prognosen.

■ **Wenn aber in der Zwischenzeit die „Systemfrage Tierhaltung" in Deutschland negativ beantwortet wird: Was machen Sie dann und wie sieht Ihr „Plan B" aus?**
Teepker: Einen „Plan B" haben wir nicht. Allerdings habe ich, wie viele meiner Berufskollegen, als Zwanzigjähriger anders investiert als heute mit Mitte dreißig und einer eigenen Familie. Risiken steuert man dann anders als in einer Wachstumsphase.

■ **Sie erwähnten, dass Sie anfangs eher quantitative Ziele hatten: Hat sich das geändert?**
Teepker: Auf jeden Fall. Das ist eng mit der eigenen Entwicklung verbunden. Wenn man eine Familie gründet, denkt man anders. Das beginnt schon damit, dass man nicht nur für den Betrieb, sondern auch für die Familie da sein will und

> *"Wenn man eine Familie gründet, denkt man anders. Das beginnt schon damit, dass man nicht nur für den Betrieb, sondern auch für die Familie da sein will und muss. Außerdem ist es wichtig rauszukommen und nicht sieben Tage die Woche nur für den Betrieb arbeitet."*

muss. Außerdem ist es wichtig rauszukommen und nicht sieben Tage die Woche nur für den Betrieb arbeitet. Das ist nur mit den richtigen Mitarbeitern möglich. Diese zu finden und zu fördern, ist eine enorm wichtige Aufgabe.

■ **Und wie lautet Ihre Strategie?**
Teepker: Dass die Chemie stimmen muss, sagt ihnen jeder, den Sie dazu fragen. Stimmt übrigens komplett. Ich glaube aber, die Landwirtsfamilie und deren Mitarbeiter, müssen sich darüber im Klaren sein, dass sie sich aufeinander einlassen. Vertrauen und gute Organisation bilden dafür die Grundlage.

■ **Unabhängig von den Arbeitszeiten: Ist die Landwirtschaft ein attraktiver Arbeitgeber?**
Teepker: Die Arbeitszeiten sind nicht das Problem. Wer sich für einen Beruf in der Landwirtschaft entscheidet, weiß darum oder erkennt früh, dass es nicht seinen Vorstellungen entspricht. Das ewige Thema mit dem Image sollte die Landwirtschaft anders als bislang angehen.

■ **Was schlagen Sie als Praktiker vor?**
Teepker: Die Kampagnen der diversen NGO können und sollten wir nicht versuchen zu toppen. Das schaffen wir nicht und wieso denn überhaupt: Die Durchschnittsbürger – und die bilden die Mehrheit – sollten wir erreichen. Die essen gerne Fleisch und wollen sich das nicht vermiesen lassen. Wir müssen alles tun, damit diese wissen, es ist von guter Qualität, was sie kaufen. Wenn das gelingt, ist schon viel erreicht.

> *"Das Thema mit dem Image sollte die Landwirtschaft anders als bislang ange-hen. Die Durchschnittsbürger – und die bilden die Mehrheit – sollten wir erreichen. Die essen gerne Fleisch und wollen sich das nicht vermiesen lassen."*

■ **Den Druck der NGO heben Sie damit aber nicht auf?**
Teepker: Das würde ich mir zwar wünschen, aber darauf kommt es nicht an. Man sollte nicht unterschätzen, wie sehr „Normalverbraucher" ein sicheres Gefühl dafür haben, ob sie beeinflusst oder informiert werden. Allerdings ist das niederländische Modell ein guter Kompromiss: Mit hohem Druck auf den Einzelhandel haben NGO ihre Tierwohl-Standards für den niederländischen Markt durchgesetzt. Damit wurde zumindest auf nationaler Ebene ein verlässlicher Markt geschaffen.

"Ich wünsche mir mehr Leidenschaft für Tierhaltung"

Neu ist die „kiek in box" mit Besucherraum und dem Blick in den Hähnchenstall und dem Regiomat.

- **Klingt nach einem faulen Kompromiss, wenn die Standards nur für den niederländischen Markt gelten?**

Teepker: Was wäre die Alternative: Ein Dauerkonflikt mit den NGO?

„Das niederländische Modell ist ein guter Kompromiss: Mit hohem Druck auf den Einzelhandel haben NGO ihre Tierwohl-Standards für den niederländischen Markt durchgesetzt. Damit wurde zumindest auf nationaler Ebene ein verlässlicher Markt geschaffen."

- **Oder erklären, wie Tierhaltung wirklich funktioniert.**

Teepker: Haben wir doch unzählige Male getan. Ein typisches Beispiel ist das Platzangebot für die Tiere. Da werden Größen gefordert, von denen ich sage, dass ein Tierhalter, der seinen Stall im Griff hat, mit weniger auskommt. Doch was nützt das? Es werden die Mäster gezeigt, in deren Ställen es nicht funktioniert. Am Ende erleichtern solche Standards den weniger guten Landwirten ein „weiter so".

"Ich wünsche mir mehr Leidenschaft für Tierhaltung"

■ **Sind Sie wirklich so desillusioniert?**
Teepker: Illusionen bringen nichts. Was ich mir jedoch wünsche, ist mehr Leidenschaft für Tierhaltung, gerade von den jungen Landwirten und deren Mitarbeitern. Landwirtschaft ist mehr als Traktorfahren. Leider wird das umgekehrte Bild von den Medien transportiert. Immer, wenn ich Besuch von Journalisten auf meinem Betrieb habe, wird nach Bildern mit Traktor gefragt. Das ist zu einfach und trifft nicht die Realität. Ich bin viel häufiger im Stall als auf dem Trecker. Wir gewähren daher seit ein paar Monaten im wörtlichen Sinn echte Einblicke. An einem unserer Ställe haben wir einen Besucherraum mit Fenstern. Da kann jeder rein schauen und Produkte aus dem „Regiomat", einem Verkaufsautomaten, erwerben. Wirklich Geld verdienen lässt sich damit nicht, aber die so entstehende Transparenz ist unbezahlbar.

> „Wir gewähren durch unseren Besucherraum mit Fenstern im wörtlichen Sinn echte Einblicke. Da kann jeder rein schauen und Produkte aus dem „Regiomat", einem Verkaufsautomaten, erwerben. Die so entstehende Transparenz ist unbezahlbar."

Das Gespräch führte Dietrich Holler, Kommunikationleiter der DLG.

Macher aus dem Emsland

Stefan Teepker ist in mehreren Geschäftsfeldern aktiv. Der Landwirtschaftsmeister aus dem Emsland hält 1.000 Sauen inklusive Ferkelaufzucht und verfügt über 4.800 Schweinemastplätze. Gemeinsam mit drei anderen Landwirten betreibt Teepker eine Hähnchenmast (440.000 Mastplätze) und produziert Biogas in zwei Anlagen à 570 KiloWatt. Die gleiche Kooperation bewirtschaftet rund 1.000 Hektar Ackerfläche, davon entfallen 380 auf Teepker. In Eigenregie managt der 37-Jährige 1,4 Megawatt Photovoltaik und 280 Kilowatt Hackschnitzelheizung. Teepker ist zudem Geschäftsführer der Maschinengemeinschaft in Handrup/Emsland.
Dass Stefan Teepker ein Unternehmerlandwirt mit Tatkraft und Herz ist, hat er bereits in jungen Jahren bewiesen. Aus familiären Gründen hat er bereits im Jahre 2002 den elterlichen Betrieb übernommen. Unter seiner Leitung wurde die Milchviehhaltung und die Bullenmast abgeschafft und der Betrieb gänzlich auf Schweinehaltung und Hähnchenmast spezialisiert.
Trotz dieses Pensums erfüllt der vierfache Familienvater in der Fortbildung eine selbst gesetzte Vorgabe: jährlich mindestens eine Fachexkursion ins Ausland. Das internationale Interesse hat ihn schon früh fasziniert, wie zahlreiche Auslandsaufenthalte während seiner Ausbildung unterstreichen. Da passte es, dass er 2006 mit dem internationalen DLG-Preis für genau diesen Zweck ausgezeichnet wurde. In der DLG engagiert sich Stefan Teepker seit einer Dekade ehrenamtlich, zunächst ab 2007 im Arbeitskreis „Junge DLG" und seit 2014 als deren Vorsitzender.

VI. Mit Nachhaltigkeit zu einer zukunftsfähigen Landwirtschaft

Meike Packeiser, *Fachgebietsleiterin Nachhaltigkeit und ländliche Räume, Fachzentrum Landwirtschaft, DLG e.V., Frankfurt am Main*

Indikatoren als Steuerungsinstrumente für eine nachhaltige Landwirtschaft

In der Diskussion um die Zukunft der Landwirtschaft dreht sich alles um Nachhaltigkeit. Im Zentrum der Debatte steht die Frage, wie der Schutz von Natur, Umwelt und Klima und die Achtung des Tierwohls umgesetzt werden können. Die Nachhaltigkeitsziele 2030 der Vereinten Nationen setzen dabei die neuen globalen Leitplanken für eine ökologische und gerechte Landwirtschaftspolitik.

An der Frage, wie nachhaltige landwirtschaftliche Produktion gesteuert werden kann, wird bereits seit der Umweltkonferenz 1992 in Rio de Janeiro gearbeitet. Seitdem wird auch der Nachhaltigkeitsbegriff international stark diskutiert. Dies zeigt sich daran, dass die Einhaltung von Nachhaltigkeitsstandards zu einer zunehmend nachgefragten Qualität von Produkten, Prozessen oder Dienstleistungen auf allen Stufen der Wertschöpfungsketten wird. Ob etwas nachhaltig hergestellt oder umgesetzt wird, entscheidet immer mehr über gesellschaftliche Wertschätzung, Marktzutritt und Marktchancen.

> *Ob etwas nachhaltig hergestellt oder umgesetzt wird, entscheidet immer mehr über gesellschaftliche Wertschätzung, Marktzutritt und Marktchancen. Die Einhaltung von Nachhaltigkeitsstandards auf allen Stufen der Wertschöpfungskette wird absehbar zu einem allgemein erwarteten und nachgefragten Qualitätsmerkmal.*

Die Einhaltung von Nachhaltigkeitsstandards auf allen Stufen der Wertschöpfungskette wird absehbar zu einem allgemein erwarteten und nachgefragten Qualitätsmerkmal, oder schärfer formuliert zur Liefervoraussetzung werden. Im Lebensmittelhandel und in der Lebensmittel verarbeitenden Wirtschaft wächst seit längerem die Zahl von Nachhaltigkeitsstandards, einschließlich Tierschutzstandards, die meist in sogenannten Multi-Stakeholder-Gruppen erarbeitet werden und deren Einhaltung von den Marktpartnern zunehmend offensiv eingefordert wird. Die verschiedenen Qualitätsmanagementsysteme, deren Zertifikate auf den weltweiten Märkten von landwirtschaftlichen Rohwaren und Lebensmitteln Voraussetzung geworden sind, sind im Begriff, ihre etablierten Qualitäts- und Sicherheitsstandards um spezifische Nachhaltigkeits- sowie Tierschutzstandards zu ergänzen. Das International Trade Centre (ITC), eine gemeinsame Organisation der WTO (World Trade Organization) und der Vereinten Nationen, gibt auf seiner Online-Plattform (www.standardsmap.org) Informationen

Homepage von www.standardsmap.org

Indikatoren als Steuerungsinstrumente für eine nachhaltige Landwirtschaft

über inzwischen 210 Standards, Verhaltenskodizes und Auditprotokolle, die Nachhaltigkeit in der globalen Lieferkette adressieren.

Diese Entwicklung wird in den kommenden Jahren an Dynamik zunehmen, denn ab 2017 wird eine strukturierte Nachhaltigkeitsberichterstattung zur Pflicht für Großunternehmen in der Europäischen Union (vgl. Richtlinie 2014/95/EU vom 22.10.2014). Kleine und mittlere Unternehmen sind davon zwar ausdrücklich ausgenommen, als Handelspartner berichtspflichtiger Unternehmen sind sie von den Anforderungen der jeweiligen Nachhaltigkeitskonzepte jedoch ebenfalls betroffen und mit einem steigenden Maß an Management- und Berichtsanforderungen konfrontiert. Auch kleine und mittlere Unternehmen, werden je nach Stellung in den Wertschöpfungsketten, ihre eigenen Zulieferer auf ihr jeweiliges unternehmerisches Nachhaltigkeitskonzept verpflichten. Auf diesem Weg wird Nachhaltigkeit als Unternehmenspolitik und -strategie in allen Geschäftsbereichen der Wertschöpfungskette zunehmend etabliert. In beispielhafter Klarheit ist dies der „Orientierungshilfe für die Nachhaltigkeitsberichterstattung" von kleinen und mittleren Unternehmen der Ernährungsindustrie zu entnehmen, die die Bundesvereinigung der deutschen Ernährungsindustrie (BVE) gemeinsam mit dem von der Bundesregierung einberufenen Rat für nachhaltige Entwicklung (RNE) 2015 vorgelegt hat. In dieser Orientierungshilfe wird folgende Rechenschaftslegung empfohlen: „Das Unternehmen legt dar, welche Maßnahmen es trifft, um eine ökologisch, sozial und ökonomisch verantwortliche Erzeugung von Agrarrohwaren und die entsprechende Lieferkette sicherzustellen." (BVE-Branchenleitfaden zum Deutschen Nachhaltigkeitskodex, 2015, S. 44 ff.)

1. Die Nachhaltigkeitsziele der UN für die Landwirtschaft

Die Landwirtschaft steht im Spannungsfeld zwischen den Anforderungen eines verantwortungsvollen Umgangs mit endlichen Ressourcen sowie dem Erhalt von Boden, Wasser- und Luftqualität und der gleichzeitig weltweit steigenden Nachfrage nach Agrarprodukten, die eine intensivere Nutzung landwirtschaftlicher Nutzfläche notwendig macht. Die Sustainable Development Goals (SDG) der Vereinten Nationen nennen an vorderer Stelle das Beenden von Hunger und das Erreichen von Nahrungssicherheit und verbesserter Ernährung. Das Ziel soll bis 2030 durch eine nachhaltige Entwicklung der Landwirtschaft erreicht werden, wobei es nach der Programmatik der Vereinten Nationen auch auf eine Verdopplung der Produktivität kleiner Nahrungsmittelproduzenten in Entwicklungs- und Schwellenländern ankommt. Zu den Bedingungen, unter denen Nahrungssicherheit erreicht werden soll, zählt das Wachstum der Weltbevölkerung. Sie wird von heute mehr als sieben Milliarden Menschen bis zur Jahrhundertmitte auf weit über neun Milliarden Menschen wachsen. Nach Schätzungen der Welternährungsorganisation (FAO) wird die weltweite Lebensmittelproduktion bis dahin gegenüber dem heutigen Stand

Indikatoren als Steuerungsinstrumente für eine nachhaltige Landwirtschaft

Übersicht 1:
Die Nachhaltigkeitsziele der UN bis 2030

um rund 60 % gesteigert werden müssen, um dann alle Menschen ausreichend ernähren zu können. Nach Ansicht der FAO erfordert dies bei wachsender Konkurrenz um die zunehmend knappen landwirtschaftlich nutzbaren Flächen, die auch für die Produktion nachwachsender Rohstoffe genutzt werden, eine nachhaltige Intensivierung der Nahrungsmittelproduktion.

Landwirtschaftliche Unternehmerinnen und Unternehmer tragen deshalb eine hohe Verantwortung und benötigen in besonderem Maße Nachhaltigkeitskompetenz, diesen Anforderungen gerecht zu werden. Damit nachhaltige Entwicklung Verbindlichkeit, Überzeugungskraft und Wirksamkeit vereinen kann, sind alle beteiligten Gruppen in der Pflicht, sich an der sorgfältigen Erarbeitung und Fortschreibung der Standards oder Anforderungen, die eine nachhaltige Entwicklung gewährleisten sollen, zu beteiligen. Nachhaltige Entwicklung wird nach dem 3-Säulen-Prinzip definiert: Ökologie, Ökonomie und Soziales (siehe Ott & Döring, 2008). Dieses Prinzip beruft sich darauf, dass Umweltschutz nur möglich ist, wenn gleichgerichtet zu den ökologischen Kriterien auch die ökonomischen und sozialen Aspekte berücksichtigt werden.

> *Landwirtschaftliche Unternehmerinnen und Unternehmer tragen eine hohe Verantwortung und benötigen in besonderem Maße Nachhaltigkeitskompetenz, um diesen Anforderungen gerecht zu werden. Alle beteiligten Gruppen sind in der Pflicht, sich an der sorgfältigen Erarbeitung und Fortschreibung der Standards oder Anforderungen zu beteiligen.*

2. Das DLG-Zertifikat „Nachhaltige Landwirtschaft"

Um die Nachhaltigkeit der landwirtschaftlichen Produktionssysteme zu messen, hat die DLG in Zusammenarbeit mit der TU München und der Martin-Luther-Universität Halle-Wittenberg und gefördert durch die Deutsche Bundesstiftung Umwelt (DBU) den DLG-Nachhaltigkeitsstandard für landwirtschaftliche Betriebe erarbeitet, der seit 2008 angeboten wird.

Kern der Nachhaltigkeitsanalyse sind 22 Indikatoren aus den Bereichen Ökologie, Ökonomie und Soziales. Zur Berechnung der ökologischen Indikatoren werden die Bewirtschaftungsdaten der letzten drei Bewirtschaftungsjahre auf Teilschlagebene herangezogen. Im Ergebnis werden Aussagen zum Ressourcenschutz von Boden, Wasser, Klima und Biodiversität getroffen. Zur Ermittlung der ökonomischen Indikatoren wird der BMEL-Jahresabschluss herangezogen. Die Indikatoren weisen darauf

hin, ob die Liquidität, die Rentabilität und die Stabilität des Unternehmens gegeben sind. Die Daten zur Ermittlung der sozialen Indikatoren werden anhand eines Betriebsleiterfragebogens erhoben. Hier geht es um Aussagen zum Personalmanagement in den Bereichen Lohn und Gehalt, Arbeitsbelastung, Urlaub, Aus- und Fortbildung, Gesundheitsschutz, Mitbestimmung sowie das gesellschaftliche Engagement des Betriebsleiters.

Für die Bewertung werden die betrieblichen Ist-Werte in dimensionslose Werte überführt und anhand einer Bewertungsfunktion der jeweilige Nachhaltigkeitsstatus bewertet. Der Betriebswert wird auf einer Skala zwischen 0 und 1 eingeordnet, wobei 0 der ungünstigste Wert (nicht nachhaltig) und 1 der günstigste Wert (nachhaltig) ist. Dies ermöglicht es, die unterschiedlichen Einzelkriterien zu aggregieren und eine Gesamtbewertung anhand des gesamten Indikatorsets vorzunehmen. Für die Bewertung wurde zunächst für jeden Indikator eine Nachhaltigkeitsschwelle definiert. Alle Betriebswerte bis zu diesem Grenzwert werden als nachhaltig eingestuft und die Bewertung dieses Grenzwertes erhält den Wert 0,75. Optimale Werte erhalten den Indikatorwert 1, Werte die unter Nachhaltigkeitsaspekten nicht mehr tolerierbar sind, werden mit 0 bewertet.

Übersicht 2:
Indikatorwert

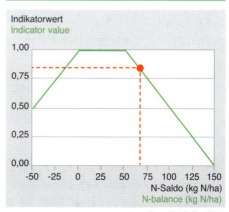

(aus Flyer DLG-Zertifikat Nachhaltige Landwirtschaft, S. 10)

Indikatoren als Steuerungsinstrumente für eine nachhaltige Landwirtschaft

Ausgehend von der Bewertung der Einzelindikatoren werden die Teilindizes der einzelnen Säulen (Ökologie, Ökonomie, Soziales) berechnet. Dazu wird aus der Bewertung der Einzelindikatoren der Durchschnitt berechnet. Ein Ausgleich zwischen den Säulen ist nicht möglich, lediglich innerhalb der Säulen können sich die Bewertungen ausgleichen. Für die Zertifizierung muss jede Säule für sich die Nachhaltigkeitsschwelle von 0,75 erreichen. Auf der Ebene des Gesamtindex wird die Bewertung für die Zertifikatverleihung vorgenommen. Der Gesamtindex errechnet sich aus dem Durchschnitt der Teilindizes der drei Säulen.

> *Die Ergebnisse der Nachhaltigkeitsanalyse können zur Optimierung der Betriebsabläufe genutzt werden. Es können sich Effizienzgewinne ergeben. Ganz wesentlich ist die Kommunikationswirkung und die gesellschaftliche Anerkennung, die aus dem Nachhaltigkeitszertifikat resultieren. Der Landwirt kann zeigen, dass das Bewirtschaftungssystem zum Umwelt- und Ressourcenschutz beiträgt, dass die Mitarbeiterführung fair ist, gesellschaftliches Engagement gelebt wird und das Unternehmen zukunftsfähig geführt wird. Außerdem können die Produkte mit der Produkteigenschaft „aus nachhaltiger Produktion" gehandelt werden.*

Die Ergebnisse der Nachhaltigkeitsanalyse können zur Optimierung der Betriebsabläufe genutzt werden. Es können sich Effizienzgewinne ergeben, zum Beispiel im Düngemanagement oder im Pflanzenschutz. Vielleicht ist es auch ratsam, die Fruchtfolgegestaltung anzupassen, oder es ergeben sich Anregungen zur Mitarbeiterführung. Ganz wesentlich ist die Kommunikationswirkung und die gesellschaftliche Anerkennung, die aus dem Nachhaltigkeitszertifikat resultieren: In Gesprächen mit Handelspartnern, Verpächtern und Anwohnern kann der Landwirt zeigen, dass das Bewirtschaftungssystem zum Umwelt- und Ressourcenschutz beiträgt, dass die Mitarbeiterführung fair ist, gesellschaftliches Engagement gelebt wird und das Unternehmen zukunftsfähig geführt wird. Außerdem können die Produkte mit der Produkteigenschaft „aus nachhaltiger Produktion" gehandelt werden.

3. Die Indikatoren für Ackerbaubetriebe im Einzelnen

Nachfolgend werden die ökologischen Indikatoren des DLG-Nachhaltigkeitsstandards vorgestellt.

> *Indikatoren machen es möglich, den Nachhaltigkeitsstatus landwirtschaftlicher Betriebe zu messen. Auf dieser Grundlage können Optimierungen in den Betriebsabläufen vorgenommen werden. Die DLG bietet für Ackerbaubetriebe den DLG-Nachhaltigkeitsstandard an.*

Indikatoren als Steuerungsinstrumente für eine nachhaltige Landwirtschaft

Übersicht 3:
Indikatorübersicht

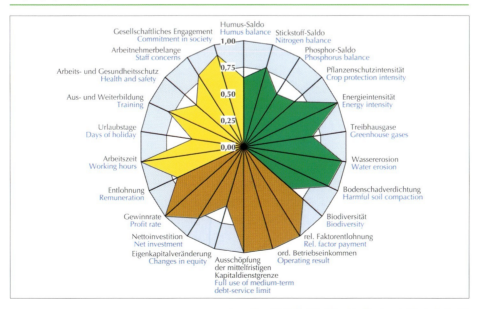

(aus Flyer DLG-Zertifikat Nachhaltige Landwirtschaft, S. 12)

Indikatoren als Steuerungsinstrumente für eine nachhaltige Landwirtschaft

Für eine vertiefte Auseinandersetzung mit der Methodik zur Bestimmung der Indikatoren sowie der Bewertungsfunktionen und der Zielwerte wird auf die Prüfbestimmungen für das DLG-Zertifikat Nachhaltige Landwirtschaft verwiesen. Hier finden sich auch die Erläuterungen für die ökonomischen und sozialen Indikatoren.

a) Stickstoffsaldo

Die ausreichende Versorgung der Pflanzen mit Stickstoff ist eine wesentliche Voraussetzung für die Erzielung hoher Erträge bei guter Qualität. Aufgrund seiner hohen Reaktivität ist Stickstoff an zahlreichen Umwandlungsprozessen im Boden beteiligt. Diese Prozesse werden maßgeblich durch die landwirtschaftliche Nutzung der Böden beeinflusst, insbesondere durch mineralische und organische Düngung. Um die Verlustpfade innerhalb des Bewirtschaftungssystems so gering wie möglich zu halten, sind landwirtschaftliche Betriebe verpflichtet, den Stickstoffüberschuss im dreijährigen Mittel pro Hektar auf maximal 60 kg ha^{-1} zu begrenzen (§6 DüV 2006).

Im DLG-Nachhaltigkeitsstandard wird die erweiterte flächenbezogene N-Bilanz verwendet. In der flächenbezogene N-Bilanz werden die dem Boden zugeführten und abgeführten N-Mengen saldiert. Die flächenbezogene N-Bilanz erlaubt Aussagen zur Dünger-N-Ausnutzung und -Effektivität sowie zur Umweltgefährdung durch N-Verluste (siehe Biermann, 1995). Der flächenbezogene N-Saldo beschreibt das Gesamtverlustpotenzial an reaktiven N-Verbindungen (NO_3, NH_4, N_2O, NH_3) aus dem Boden. Je höher der N-Saldo, umso größer ist die Gefahr umweltrelevanter N-Emissionen in die verschiedenen Umweltbereiche (Gewässer, Atmosphäre, naturnahe Biotope).

b) Phosphor-Saldo

Als Hauptnährelement nimmt Phosphor (P) in der landwirtschaftlichen Produktion eine zentrale Rolle ein. Ziel ist es, eine ausreichende P-Versorgung der Pflanzenbestände zur Sicherung der Ertragsleistung und Produktqualität zu gewährleisten. Eine Luxus- bzw. Überversorgung kann zu unkontrollierten P-Einträgen in Oberflächengewässer führen. Phosphor besitzt dadurch eine bedeutende Umweltrelevanz. In der Phosphorbilanz und im P-Saldo spiegeln sich unter anderem die Struktur (Tierbesatz, Fruchtfolge), die Intensität (Dünger-Einsatz) und die Verfahrensgestaltung direkt oder indirekt wider. Alle Maßnahmen, die ertragsrelevant sind, beeinflussen zugleich die P-Entzüge der Kulturpflanzen.

Die Darstellung des Phosphorhaushaltes erfolgt im DLG-Nachhaltigkeitsstandard über die Eingabe teilschlagbezogener Messwerte für Gehalte an pflanzenverfügbarem Phosphor im Boden und über die Berechnung der entsprechenden Nährstoffbilanzen. In die Berechnung des P-Saldos fließen leicht erhebbare Bewirtschaftungsdaten ein: angebaute Fruchtarten, Erträge an Haupt- und Nebenprodukten, Nährstoffentzüge, mineralische und organische Düngung (differenziert nach Düngerart und Qualitätsparametern). Abschließend erfolgt eine Korrektur anhand der schlagspezifischen Versorgungsklasse.

c) Humussaldo

Die Bedeutung des Humussaldos liegt in der komplexen Beeinflussung nahezu aller Bodeneigenschaften und -funktionen durch die organische Bodensubstanz. Zahlreiche Stoffumsatzprozesse im Boden werden durch die Zufuhr organischer Substanz nachhaltig aktiviert. Die Humusversorgung ackerbaulich genutzter Böden dient der Ertragssicherung. Durch die Steuerung des Kohlenstoff- und Stickstoffumsatzes hat die Humusversorgung auch eine ökologische Relevanz.

Die Humusbilanzierung im DLG-Nachhaltigkeitsstandard erfolgt auf Grundlage der Humuseinheiten (HE)-Methode nach Hülsbergen et al., 2000. Abrechnungsmaßstab ist die „Humuseinheit", die als 1 t Humus mit 50 kg N und 580 kg C definiert ist. In die Berechnung der Humusbilanz fließen verschiedene Bewirtschaftungsdaten ein: so die angebauten Fruchtarten, die Erträge von Haupt- und Nebenprodukten, die Stickstoffentzüge, die mineralische N-Düngung und die organische Düngung.

d) Pflanzenschutzintensität

Der chemische Pflanzenschutz ist eine der wichtigsten Maßnahmen zur Ausschöpfung und Sicherung des Ertragspotenzials der Kulturpflanzen. Er ist einer der wesentlichen Faktoren bei der Rationalisierung und bei der Sicherung der landwirtschaftlichen Produktion. Verschiedene Produktionsverfahren (so zum Beispiel Minimalbodenbearbeitung oder Mulchsaat) sind mit dem Einsatz chemischer Pflanzenschutzmittel verbunden. Von allen landwirtschaftlichen Maßnahmen stehen der chemische Pflanzenschutz und die damit verbundenen Risiken (Stoffaustrag, Nahrungsmittelbelastung) am stärksten in der öffentlichen Kritik.

Im DLG-Nachhaltigkeitsstandard wird der Behandlungsindex verwendet. Dieser Indikator hat für die Einschätzung des betrieblichen Pflanzenschutzes folgende Vorteile: Der Indikator aggregiert verschiedene Kennzahlen zum Pflanzenschutzmitteleinsatz, so die Anzahl der durchgeführten Applikationen, Teilflächenapplikationen und die tatsächliche Anwendungskonzentration. Diese Kennzahlen sind vom Landwirt steuerbar und der Indikator kann für alle Fruchtarten und Pflanzenschutzmittel (PSM)-Gruppen nach einer einheitlichen mathematischen Vorgabe ermittelt werden (siehe Heyer et al. 2005; Heyer & Christen 2009). Auf dieser Ebene ist es möglich, eventuelle Schwachpunkte in der Umsetzung des Pflanzenschutzes zu erkennen.

e) Energieintensität

Nahezu alle landwirtschaftlichen Aktivitäten sind mit dem Einsatz fossiler Energie verbunden. Deren effiziente Nutzung nimmt unter dem Aspekt des Kli-

Indikatoren als Steuerungsinstrumente für eine nachhaltige Landwirtschaft

maschutzes durch Schonung der natürlichen Ressourcen und Minderung der Treibhausgasemissionen eine Schlüsselrolle ein. Erforderlich ist die Einbeziehung des direkten Energieeinsatzes im Landwirtschaftsbetrieb (durch den Einsatz von Dieselkraftstoff, Elektroenergie, Festbrennstoffen und anderen Energieträgern), des indirekten Energieeinsatzes im industriellen Vorleistungsbereich (zur Herstellung und zum Transport von Düngemitteln, Pflanzenschutzmitteln und Maschinen), der innerbetrieblichen Energieflüsse und der Energieabfuhr. Zur Analyse und Bewertung der Energieeffizienz im DLG-Nachhaltigkeitsstandard wird der ertragsspezifische Energieaufwand als Energieintensität nach Hülsbergen (2000, 2003) berechnet. In die Bilanzierung fließen alle Produktionsprozesse (Saatbettbereitung, mechanische Unkrautbekämpfung, Düngung, Pflanzenschutz, Ernte/Transport) auf Schlagebene ein. Die Energieintensität wird im Bezug zur produzierten Getreideeinheit berechnet. Dabei werden der direkte Energieeinsatz in Form von Kraftstoff sowie der indirekte Energieaufwand durch die Produktion von Betriebsmitteln (Saatgut, Dünge- und Pflanzenschutzmittel) und den Investitionsgütern (Maschinen) berücksichtigt. Die Umrechnung der Inputgrößen erfolgt über Energieäquivalente in den Primärenergieeinsatz in Megajoule (MJ).

f) Treibhausgase

Mit der Unterzeichnung des Kyoto-Protokolls im Jahr 1997 hat sich die Bundesrepublik Deutschland verpflichtet, ab 2005 jährlich einen „Nationalen Inventarbericht" (NIR) zu den Quellen und Senken von Treibhausgasemissionen (THG) im Bundesgebiet zu erstellen. Es erfolgt eine Umrechnung aller klimarelevanten Gase (CH_4, N_2O, FCKW, FKW, HFKW und $SF6$) in CO_2-Äquivalente. Als Emissionsquellen werden im NIR die Emissionen aus der fermentativen Verdauung der Wiederkäuer sowie dem Wirtschaftsdüngermanagement als auch Emissionen aus landwirtschaftlich genutzten Böden angeführt.

Jedoch ist es nicht ausreichend, die Gesamt CO_2-Emissionen bzw. das CO_2-Einsparungspotenzial global und national für die einzelnen Sektoren zu ermitteln. Vielmehr stellt sich die Frage, wie viele CO_2-Äquivalente werden für die Produktion eines Produktes benötigt, um die Effizienz von Produktionsprozessen bewerten zu können.

Die im DLG-Nachhaltigkeitsstandard verwendete Methode bezieht sich ausschließlich auf die Klimawirksamkeit der landwirtschaftlichen Produktion (Küstermann et al., 2007). Bilanziert werden die Emissionen klimarelevanter Gase innerhalb eines Betriebssystems, sodass alle relevanten Stickstoff-, Kohlenstoff- und Energieflüsse in Abhängigkeit von Standort- und Bewirtschaftungsbedingungen einbezogen werden. Als wesentliche Einflussfaktoren der Bewirtschaftung werden die Betriebsstruktur (Tierbesatz, Fruchtfolge), die Bewirtschaftungsintensität (Stoff- und Energieinputs) sowie die Arbeitsverfahren (zum Beispiel Bodenbearbeitung) berücksichtigt.

g) Wassererosion

Der Boden als nicht vermehrbare Ressource erfüllt vielfältige Funktionen, weshalb sein Schutz eine hohe gesellschaftliche Bedeutung hat. Das Bundesbodenschutzgesetz definiert Anforderungen an die Vorsorge gegen schädliche Bodenveränderungen und die Gefahrenabwehr. Die wichtigsten Gefährdungen des Bodens stellen in Deutschland neben der Flächenversiegelung die Bodenschadverdichtung und die Wassererosion dar.

Die Landnutzung und -bewirtschaftung führt zu einer erheblichen Beeinflussung der Erosionsprozesse. Aus landwirtschaftlicher Sicht bestehen durch Fruchtartenwahl, den Anbau von Zwischenfrüchten und Untersaaten und den gewählten Zeitpunkten für Bewirtschaftungsmaßnahmen Einflussmöglichkeiten. Die anschließende Bewertung nimmt Bezug auf die gute fachliche Praxis und die damit verbundene Verpflichtung zum Bodenschutz.

Zur Abschätzung der Wassererosion wird die Allgemeine Bodenabtragsgleichung (ABAG) nach Schwertmann et al. (1987) und DIN 19708 angewandt.

h) Bodenschadverdichtung

Die Folgen von Bodenschadverdichtungen sind vielfältig und beeinträchtigen alle wesentlichen Bodenfunktionen. Der Gasaustausch im Profil wird vermindert und eine verringerte Infiltrationsleistung infolge kompakter Gefüge führt zu einer Zunahme von Oberflächenabfluss und Wassererosion. Bei starker Bodenverdichtung sind deutliche Ertragseinbußen möglich. Das Ertragspotenzial wird nur unzureichend ausgenutzt und die Effizienz der eingesetzten Betriebsmittel vermindert sich. Besonders problematisch sind diese Gefahren vor dem Hintergrund, dass Verdichtungen über einen langen Zeitraum Bestand haben können. Diese umfassenden Auswirkungen erfordern die Berücksichtigung der Schadverdichtungsgefährdung durch landwirtschaftliche Tätigkeiten bei der Bewertung der Nachhaltigkeit.

Der Belastungsindex auf Betriebsebene, als Indikator der Schadverdichtungsgefährdung, ist durch zwei Sachverhalte geprägt:

1. Stabilität des Bodengefüges

Zur Abschätzung der Vorbelastung werden Standardwerte für Trockenrohdichte und Aggregatdichte in der unteren Krume und dem krumennahen Unterboden entsprechend der Hauptbodenart herangezogen und verrechnet. Es findet eine Unterscheidung zwischen wendender und konservierender Bodenbearbeitung statt. Als Korrekturfaktor zur Vorbelastung wird der aktuelle Bodenwassergehalt (differenziert nach 3 Fruchtgruppen) zum Zeitpunkt der Befahrung für die Berechnung der Stabilität des Gefüges einbezogen.

2. Berechnung des Bodendruckes

Der Bodendruck wird aus Radlast und Reifeninnendruck in der entsprechenden Tiefe ermittelt. Analog zur Berechnung der Gefügestabilität dient der tatsächliche Bodenwassergehalt zum Zeitpunkt der Befahrung als Korrekturfaktor für die Berechnung des Bodendruckes.

i) Biodiversität

Im Rahmen der Diskussionen über die Nachhaltigkeit von Landnutzungssystemen spielt Biodiversität eine wichtige Rolle. In der Konvention zur Biologischen Vielfalt (CBD) umfasst der Begriff der Biodiversität die Vielfalt von Arten und Lebensräumen, die genetische Vielfalt sowie die Vielfalt der zwischen den Organismen bestehenden Interaktionen und ihrer Beziehungen zur Umwelt.

Damit wird deutlich, dass Biodiversität umfassend definiert ist und in Abhängigkeit vom jeweils betrachteten Bereich der Biodiversität und den jeweiligen Forschungszielen deutlich unterschiedliche methodische Ansätze zur Erfassung von Biodiversität verfolgt werden.

Im DLG-Nachhaltigkeitsstandard sind die Interaktionen zwischen Bewirtschaftungsmaßnahmen und Biodiversität berücksichtigt (Heyer & Christen, 2009). Es ist ein qualitativer Ansatz, der durch elf indirekte Indikatoren beschrieben wird (Roedenbeck, 2004). Demnach erfolgen keine Artaufnahmen und -zählungen auf den Flächen, sondern es wird das Potenzial eines Betriebes zum Nutzen und Erhalt der Biodiversität über diese Wechselwirkungen abgeschätzt.

4. Ergebnisse praktischer Anwendungen der Nachhaltigkeitsindikatoren

In einer aktuellen wissenschaftlichen Studie (Ökologische Nachhaltigkeit deutscher Ackerbaubetriebe, VLI, 2016) wurden 32 landwirtschaftliche Betriebe in Deutschland, aufgeteilt in die Regionen Nord, Ost, Süd und West einer Nachhaltigkeitsanalyse unterzogen. Dazu wurden die ökologischen Indikatoren Stickstoffsaldo (kg N ha^{-1}), Phosphorsaldo (kg P_2O_5 ha^{-1}), Humusbilanz (kg C ha^{-1}), Pflanzenschutzintensität (Index), Energiebilanz (MJ GE^{-1}), Wassererosion (t ha^{-1} a^{-1}), Bodenschadverdichtung (Belastungsindex) und Biodiversität aus den vollständigen Bewirtschaftungsdaten von drei Anbaujahren berechnet.

Nachfolgend werden die Ergebnisse für die einzelnen Indikatoren dargestellt. Es wird noch einmal darauf hingewiesen, dass der Bereich zwischen 0,75 und 1,00 der definierte Zielbereich für eine nachhaltige Produktion im Sinne des DLG-Nachhaltigkeitsstandards ist (siehe S. 177 in diesem Beitrag).

Indikatoren als Steuerungsinstrumente für eine nachhaltige Landwirtschaft

a) Stickstoffsaldo

Auf betrieblicher Ebene führen die berechneten 3-jährigen Stickstoffsalden zu Bewertungen von 0,00 bis 1,00. Im Mittel der Projektbetriebe wird eine gute Bewertung von 0,78 erreicht.

Übersicht 4:
Bewertung betrieblicher Stickstoffsalden

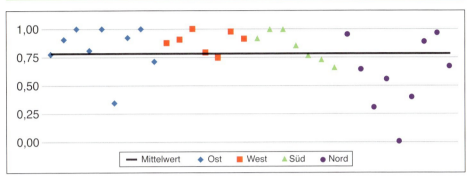

Quelle: Ökologische Nachhaltigkeit deutscher Ackerbaubetriebe, VLI, 2016

b) Phosphorsaldo

Die Betriebe erreichen gute Phosphorbilanzen. Das spiegelt sich auch in der Bewertung wider. Im Mittel erfolgt eine Bewertung von 0,79. Die einzelbetrieblichen Ergebnisse variieren zwischen 0,15 und 1,00.

Übersicht 5:
Bewertung betrieblicher Phosphorsalden

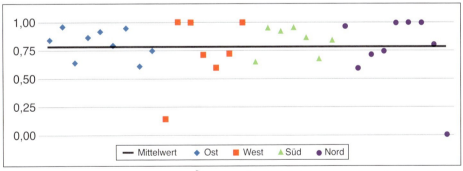

Quelle: Ökologische Nachhaltigkeit deutscher Ackerbaubetriebe, VLI, 2016

c) Humussaldo

Die einzelbetrieblichen Bewertungen der Humusbilanz variieren zwischen 0,00 und 1,00. Im Mittel aller Betriebe wird für diesen Indikator eine Bewertung von 0,63 erreicht. D.h. die Humusversorgung der Flächen sollte verbessert werden, da es sonst zu einer Verringerung der Bodenfruchtbarkeit und zu einer Verschlechterung der Bodenstruktur kommen kann.

Indikatoren als Steuerungsinstrumente für eine nachhaltige Landwirtschaft

Übersicht 6:
Bewertung betrieblicher Humussalden

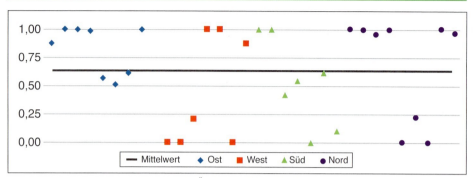

Quelle: Ökologische Nachhaltigkeit deutscher Ackerbaubetriebe, VLI, 2016

d) Pflanzenschutzintensität

Im Mittel der Betriebe wird eine Bewertung von 0,66 erreicht, wobei die einzelbetrieblichen Ergebnisse zwischen 0,33 und 0,88 liegen. Folglich ist es wichtig, die Betriebe unterhalb der Nachhaltigkeitsschwelle auf das Prinzip des integrierten Pflanzenschutzes hinzuweisen.

Übersicht 7:
Bewertung betrieblicher Behandlungsindizes

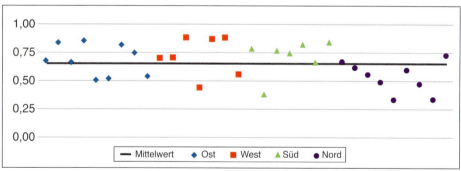

Quelle: Ökologische Nachhaltigkeit deutscher Ackerbaubetriebe, VLI, 2016

e) Energieintensität

Im Mittel der Betriebe wird eine Bewertung von 0,98 erreicht. Dies bedeutet, dass die Produktion hinsichtlich des Energieeinsatzes je produziertem Gut als annähernd optimal zu betrachten ist. Die einzelbetrieblichen Ergebnisse variieren zwischen 0,81 und 1,00. Daran ist erkennbar, dass alle Betriebe ihren Einsatz fossiler Energien an das spezifische Ertragspotential angepasst haben und man einen nachhaltigen Umgang mit dieser Ressource bestätigen kann.

Indikatoren als Steuerungsinstrumente für eine nachhaltige Landwirtschaft

Übersicht 8:
Bewertung der betrieblichen Energieintensitäten

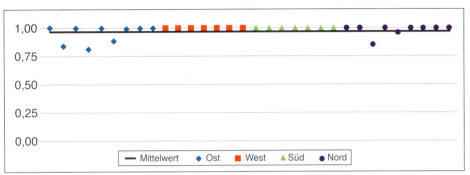

Quelle: Ökologische Nachhaltigkeit deutscher Ackerbaubetriebe, VLI, 2016

f) Treibhausgasemissionen

Die Ergebnisse der Betriebe variieren zwischen einer Bewertung von 0,00 und 1,00. Im Mittel wird ein guter Wert von 0,80 erreicht.

Übersicht 9:
Bewertung der betrieblichen Treibhausgasemissionen

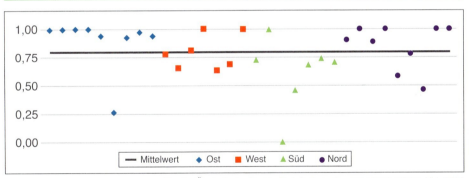

Quelle: Ökologische Nachhaltigkeit deutscher Ackerbaubetriebe, VLI, 2016

g) Bodenschadverdichtung

Die analysierten Betriebe erreichen im Mittel einen guten Indexwert von 0,77. Die einzelbetrieblichen Werte liegen zwischen 0,30 und 1,00.

Indikatoren als Steuerungsinstrumente für eine nachhaltige Landwirtschaft

Übersicht 10:
Bewertung der betrieblichen Bodenschadverdichtung

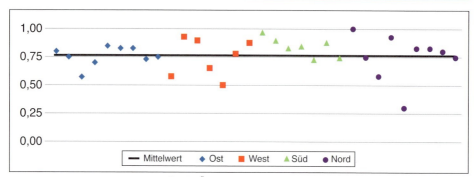

Quelle: Ökologische Nachhaltigkeit deutscher Ackerbaubetriebe, VLI, 2016

h) Bodenerosion

In den analysierten Betrieben war die tatsächlich berechnete, mittlere Bodenerosion relativ gering. Im Mittel wird ein sehr guter Wert von 0,99 erreicht. Die einzelbetrieblichen Ergebnisse schwanken zwischen 0,75 und 1,00.

Übersicht 11:
Bewertung der betrieblichen Bodenerosion

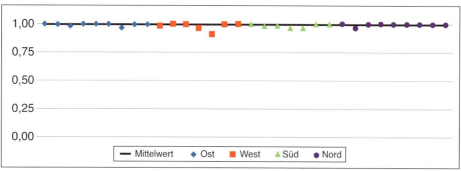

Quelle: Ökologische Nachhaltigkeit deutscher Ackerbaubetriebe, VLI, 2016

i) Biodiversität

Die Bewertung der Biodiversität erfolgt über die 11 dargestellten Teilindikatoren aus den Wirkungsbereichen Strukturen-Inputs-Maßnahmen. Im Mittel aller Betriebe wird ein Wert von 0,61 erreicht, wobei die betrieblichen Werte für das Biodiversitätspotential zwischen 0,26 und 1,00 liegen. Somit werden einzelbetriebliche Verbesserungsmaßnahmen empfohlen.

Indikatoren als Steuerungsinstrumente für eine nachhaltige Landwirtschaft

Übersicht 12:
Bewertung des betrieblichen Biodiversitätspotentials

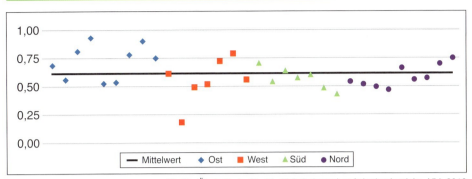

Quelle: Ökologische Nachhaltigkeit deutscher Ackerbaubetriebe, VLI, 2016

j) Zusammenfassende Darstellung des Nachhaltigkeitsstatus in Ackerbaubetrieben

Für eine zusammenfassende Darstellung des Nachhaltigkeitsstatus der Flächenbewirtschaftung der 32 Betriebe werden die oben angegebenen Einzelindikatoren in einem Diagramm zusammengefasst. Der Bereich zwischen 0,75 und 1,00 (hellgrün) ist der definierte Zielbereich für eine nachhaltige Produktion im Sinne des DLG-Nachhaltigkeitsstandards.

Übersicht 13:
Übersicht über die Bewertungen aller Indikatoren

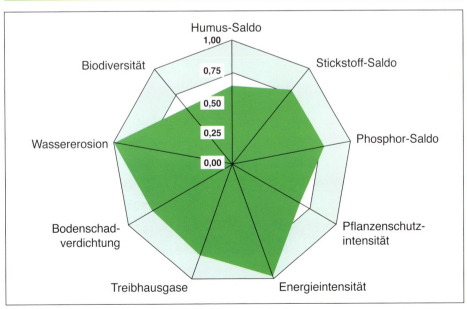

Quelle: Ökologische Nachhaltigkeit deutscher Ackerbaubetriebe, VLI, 2016

Der optimale Bewertungsbereich wird bei sechs von neun Indikatoren im Mittel aller Betriebe erreicht. Es ist auch erkennbar, dass es für die untersuchten Betriebe Potenziale in den Bereichen Humus, Pflanzenschutz und Biodiversität gibt. Die notwendigen Anpassungen im Betriebssystem zur Verbesserung der Werte sollten einzelbetrieblich abgeleitet werden. Im Mittel der Betriebe wird ein Ergebnis von 0,78 erreicht. Damit wirtschaftet der Durchschnitt der Betriebe in der ökologischen Säule nachhaltig.

5. Nachhaltigkeit in der Rinderhaltung

Die DLG schloss nach 3,5 Jahren Projektlaufzeit Ende 2015 das Forschungsprojekt „Entwicklung eines Nachhaltigkeitsmanagementsystems für Rinder haltende Betriebe: Fütterung, Ressourcen, Klima, Tiergerechtheit" ab. Ziel des Projekts war es, Indikatoren und Methoden zur Analyse, Bewertung und Optimierung der Nachhaltigkeit ausgewählter Rinderhaltungsverfahren zu erarbeiten. Das Projekt wurde gefördert durch die Deutsche Bundesstiftung Umwelt (DBU). Es stellte ein Verbundprojekt dar, an dem folgende Partner beteiligt waren: DLG e. V., INL GmbH (Institut für Nachhaltige Landbewirtschaftung, Halle/Saale), Institut für Tierwissenschaften der Universität Bonn und Institut für Agrar- und Ernährungswissenschaften der Universität Halle-Wittenberg.

In dem Projekt wurde ein Analysetool für die Rinderhaltung entwickelt, womit die Umwelt- und Klimawirkungen der Rinderhaltung mit Hilfe von Indikatoren

Ende 2015 ist von der DLG die Entwicklung eines Nachhaltigkeitsmanagementsystems für Rinder haltende Betriebe abgeschlossen worden. Somit können nun auch die Umwelt- und Klimawirkungen der Rinderhaltung sowie die Tiergerechtheit mit Hilfe von Indikatoren analysiert, bewertet und optimiert werden.

analysiert, bewertet und optimiert werden können. Anhand der Bewertungen können Aussagen zur ökologischen Nachhaltigkeit der Rinderhaltung getroffen werden. Hierzu wird der Bewirtschaftungseinfluss (Struktur, Intensität, Fütterung, Haltungsverfahren etc.) auf die abiotische und biotische Umwelt (Stoff- und Energieflüsse, Nährstoffhaushalt, Emissionen von NH_3, N_2O, CH_4, CO_2) quantitativ analysiert. Die gewonnenen Erkenntnisse können durch die Verknüpfung mit dem Ackerbau die Aussagekraft und die Anwendbarkeit eines Nachhaltigkeitsmanagementsystems auf Betriebsebene deutlich erhöhen.

Ein solches Analysetool kann in der Beratung eingesetzt werden. Auch Label- und Zertifizierungssysteme benötigen Software, um Umwelt- und Klimaschutzwirkungen sowie Tiergerechtheitsbewertungen durchführen zu können.

Folgende Indikatoren wurden in dem Projekt ausgearbeitet und anhand von 14 Testbetrieben erprobt. Zur weiteren Auseinandersetzung mit dem Thema verweisen wir auf das Buch „Nachhaltigkeitsbewertung in der Rinderhaltung", Arbeiten der DLG, Band 206 erschienen im DLG-Verlag (2015).

a) Stickstoffeffizienz

Der Indikator Stickstoffeffizienz zeigt das Verhältnis zwischen Stickstoffzufuhr mittels Futtermitteln und der tatsächlich erbrachten tierischen Leistung auf. Je effizienter der in der Fütterung eingesetzte Stickstoff verwertet wird, desto geringer sind die Nährstoffausscheidungen über die tierischen Exkremente und somit auch das Potential zur Bildung der klimarelevanten Lachgas- und Ammoniakemissionen.

b) Phosphoreffizienz

Die Phosphoreffizienz gibt, ebenso wie die Stickstoffeffizienz, Aufschluss über die Nutzung des über das Futter zugeführten Phosphors im erzeugten Produkt. Die Ergebnisse der Testbetriebe zeigen, dass hinsichtlich der Stickstoff- und Phosphoreffizienzen Optimierungsbedarf besteht, dem durch eine qualitative und quantitative Anpassung der Rationen sowie eine Steigerung des Leistungsniveaus Rechnung getragen werden kann. Vor allem der P-Aufwand der Fütterung übersteigt häufig den Bedarf der Tiere. Um negative Umweltwirkungen zu vermeiden, sollte bei der Rationsgestaltung der P-Gehalt aller eingesetzten Futtermittel beachtet werden.

c) Methan

Das klimarelevante Gas Methan steht im Fokus der Diskussionen einer nachhaltigen Tierhaltung. Der Methanausstoß aus der tierischen Verdauung (enterisch) ist jedoch unvermeidbar und macht 80 % des gesamten Methanausstoßes aus. Die restlichen 20 % stammen aus dem Wirtschaftsdüngermanagement. Mechanismen, die die enterischen Emissionen wirksam beeinflussen können,

Indikatoren als Steuerungsinstrumente für eine nachhaltige Landwirtschaft

sind für den Landwirt in der Praxis nur schwer umsetzbar, weshalb dieser Indikator einen eher informativen Wert zum Vergleich der Betriebe untereinander besitzt. Bei den Emissionen aus der Wirtschaftsdüngerlagerung zeigt sich bei Sichtung der Testbetriebsergebnisse, dass diese nicht nur durch die Art der Tierhaltung und Düngerlagerung, sondern vor allem auch durch die Futteraufnahme und den Gehalt an vergärbarer organischer Substanz beeinflusst werden.

d) Ammoniak-Emission

Der Indikator Ammoniak-Emission stellt neben Methan ein Hauptproblem innerhalb der gesellschaftlichen Akzeptanz landwirtschaftlicher Tierhaltungssysteme dar. Die ökologische Wirkung des Gases liegt nicht in einer direkten Klimawirkung, sondern vielmehr bei seinem Versauerungs- und Eutrophierungspotenzial. Die Ergebnisse der Testbetriebe weisen erhebliche Schwankungsbreiten auf und zeigen, dass die Zielwerte nur schwer erreicht werden. Die geringen Zielwerterreichungen können Folge einer Überschätzung des Emissionsgeschehens sein. Eine mögliche Ursache könnte die durch den Betriebsleiter überschätzte Trockensubstanzaufnahme der Tiere sein. Hierbei wird ersichtlich, dass realistische Ausgangsgrößen entscheidend für die Validität der Ergebnisse sind. Eine Minderung des Versauerungs- und Eutrophierungspotenzials sowie der indirekten Klimawirkung von Ammoniak kann über die Reduzierung der Tierzahlen erfolgen. Ansonsten bergen technische Lösungen der betriebseigenen Wirtschaftsdüngerlagerung Möglichkeiten zur Emissionsminderung.

e) Lachgas

Lachgas hat neben Methan das größte Treibhausgaspotenzial und somit eine hohe Brisanz als Indikator für eine Nachhaltigkeitsanalyse. Berechnet werden die Lachgas-Emissionen aus der Stall- und Weidehaltung und aus der Wirtschaftsdüngerlagerung. Die betriebsindividuellen Ergebnisse der Testbetriebe stimmen über die Tiergruppen hinweg sehr gut mit den berechneten Zielwerten überein, weshalb wenig Handlungsbedarf für die Testbetriebe hinsichtlich der Optimierung besteht.

f) Stickstoffbilanzsaldo

Mit Hilfe des Stickstoffbilanzsaldos kann die Haltungsintensität und das N-Verlustpotenzial auf Betriebsebene ermittelt werden. Mit zunehmenden N-Überschüssen steigt der Flächenbedarf für die Ausbringung, der Aufwand der Düngeplanung sowie der Transport- und Zeitbedarf in der organischen Düngung. Besonders Betrieben mit hohem Tierbesatz je Flächeneinheit bietet der N-Saldo eine wichtige Stellschraube zur Verringerung von unerwünschten Umweltwirkungen. Der N-Saldo wird durch landwirtschaftliche Maßnahmen direkt oder indirekt beeinflusst, vor allem durch die Betriebsstruktur (Tierbesatz, Produktionsrichtung), die Fütterung (Grundfutter- und Kraftfuttereinsatz) und dem Stall- und Lagersystem (Gülle, Festmist). Den großen Einfluss des N-Inputs über die Fütterung bzw. einer optimalen Futter-N-Ausnutzung auf den Bilanzsaldo, verdeutlichen zudem die Ergebnisse der Testbetriebe.

g) Phosphorbilanzsaldo

Für den Phosphorbilanzsaldo gilt, wie für den Stickstoffsaldo, dass mit zunehmenden P-Überschüssen der Aufwand im innerbetrieblichen Nährstoffmanagement zur Vermeidung von negativen Umweltwirkungen steigt. Auch hier zeigt sich, dass P-Einsparungen in der Fütterung den Phosphorsaldo insgesamt entlasten.

h) Energieintensität

Die Energieintensität berücksichtigt den schonenden Ressourceneinsatz und ist damit ein wesentlicher Indikator, um die Nachhaltigkeit von Rinderhaltungssystemen zu beurteilen. Der Indikator wird maßgeblich durch den direkten und indirekten Energieeinsatz in den Prozessschritten Futteraufbereitung und -lagerung, Wirtschaftsdüngerlager, Haltungssystem, Nachzucht, Milchgewinnung, Weide, Maschinen und Geräte beeinflusst. Die Effizienzunterschiede zwischen den Betrieben sind auf die Produktionsintensität zurückzuführen, wobei die Testbetriebe bessere Ergebnisse erzielen, die über eine kurze Aufzuchtdauer und eine hohe Milchleistung verfügen.

i) Treibhausgasausstoß

Die Landwirtschaft trägt maßgeblich zum Treibhausgasausstoß bei. Wie zuvor bereits erwähnt, sind dafür hauptsächlich der Methanausstoß und die Lachgasemissionen verantwortlich. In die Berechnung des Treibhausgaspotenzials fließen die CO_2-Emissionen durch den Einsatz fossiler Energie, die N_2O-Emissionen aus Stall, Auslauf, Weide und Wirtschaftsdüngerlagerung und die CH_4-Emissionen aus Verdauung und Wirtschaftsdüngerlagerung ein. Die Ergebnisse der Testbetriebe veranschaulichen, dass die Höhe der Treibhausgasemissionen eines Betriebes von vielen Faktoren wie beispielsweise Management, Haltung oder Leistung abhängt.

j) Tiergerechtheit

Die Tiergerechtheit spielt eine große Rolle bei der Haltung von Nutztieren, nicht zuletzt durch die gesellschaftliche Fokussierung und dem Verbraucherwunsch nach tiergerecht erzeugten Lebensmitteln. Die Bewertung der Tiergerechtheit wird unter Berücksichtigung der Haltungsumwelt, Tierleistung, Tiergesundheit und des Tierverhalten/Habitus vorgenommen. Nur durch die Gesamtbetrachtung von Leistungs- und Gesundheitsparametern, die Ausgestaltung der

Indikatoren als Steuerungsinstrumente für eine nachhaltige Landwirtschaft

Bei der Tiergerechtheitsbewertung wird deutlich, dass es zu sehr unterschiedlichen Ergebnissen zwischen den Betrieben kommt bzw. dass es große Variabilität zwischen den Indikatoren gibt.

Haltungssysteme sowie die direkte und indirekte Wirkung auf das Tier und dessen Verhalten können Schlussfolgerungen auf die Tiergerechtheit und somit auf die Nachhaltigkeit gezogen werden. Für die Tiergerechtheitsbewertung wird ersichtlich, dass es zu sehr unterschiedlichen Ergebnissen zwischen den Betrieben kommt bzw. dass es große Variabilität zwischen den Indikatoren gibt. Die vorgegebenen Grenzwerte werden jedoch von nahezu allen Testbetrieben erreicht, weshalb für diese Gruppe festgehalten werden kann, dass ein guter Tiergerechtheitsstandard vorliegt.

6. Restriktionen bei der Einführung von Nachhaltigkeitsstandards

Der DLG-Nachhaltigkeitsstandard, hier beispielhaft genannt für existierende Nachhaltigkeitssysteme, ist in den Bereichen einzelbetriebliche Optimierung/ Beratung, Kommunikation und Marketing, Politikberatung und Kontrolle einsetzbar. Die Indikatoren sind wissenschaftlich fundiert und mit gesellschaftlich relevanten Gruppen diskutiert, da Exaktheit, Transparenz und Partizipation Grundvoraussetzungen der Nachhaltigkeit sind. Die praktische Erfahrung in den vergangenen Jahren hat gezeigt, wo Restriktionen für eine breite Einführung liegen.

Indikatoren als Steuerungsinstrumente für eine nachhaltige Landwirtschaft

a) Für die Landwirtschaft:

Die Datenbereitstellung kann eine Einstiegshürde darstellen, denn die benötigten Betriebsdaten liegen oft weder komplett digital noch zentral in einem Programm vor. Landwirte wollen dann den Zeitaufwand meiden. Die Kosten werden als Grund gegen die Teilnahme angeführt, wenn der Nutzen nicht erkannt wird. Auch wird der Prozess als zu langwierig empfunden, da zunächst drei zurückliegende Bewirtschaftungsjahre analysiert werden und Anpassungen im Betriebssystem sich womöglich nicht unmittelbar positiv in den Ergebnissen bemerkbar machen. Erfolge sind damit nicht sofort mess- und kommunizierbar. Der Kontrolleffekt wird ebenso gefürchtet, wie ein etwaiger Imageverlust bei Nichtbestehen.

b) Lebensmittelindustrie/Lebensmitteleinzelhandel:

Lebensmittelindustrie und Lebensmitteleinzelhandel wollen sich durch die Auslobung von Nachhaltigkeitsattributen strategische Vorteile verschaffen. Nachhaltigkeitsmethoden, die auf Systemverbesserungen abzielen, sind für diese Ziele zu allgemein in den Aussagen gleichzeitig zu spezifisch in den Anforderungen und dadurch zu kostenintensiv.

c) Politik:

Nachhaltigssysteme werden z.Z. als freiwillige Instrumente im einzelbetrieblichen Management oder in Wirtschaftsunternehmen eingesetzt. Wenn diese Systeme als öffentliche Nachweis- bzw. Kontrollinstrumente eingesetzt werden sollten, wären zunächst Anpassungen in der Verwaltung und eine Anerkennung der Standards notwendig. Neben der methodischen Vereinfachung müssen die Systeme justiziabel sein.

d) Verbraucher:

Für die Verbraucher sind die Gesamtzusammenhänge schwer fassbar, da es sich um hochaggregierte Aussagen und Wechselwirkungen handelt. Die Verbraucherkommunikation ist deshalb ein wichtiger Baustein, um die Inhalte beim Konsumenten zu platzieren und die Nachfrage nach nachhaltigen Produkten zu generieren.

Die Weiterentwicklung der Systeme müssen zu einem reduzierten Datenaufwand und zu geringeren Kosten führen. Die fortschreitende Digitalisierung in der Landwirtschaft sollte die Anwendung und Verbreitung von Nachhaltigkeitssystemen unterstützen.

Indikatoren als Steuerungsinstrumente für eine nachhaltige Landwirtschaft

7. Von der einzelbetrieblichen zur Branchenbetrachtung: Der DLG-Nachhaltigkeitsbericht

Mit der Erfahrung der einzelbetrieblichen Nachhaltigkeitsanalysen und aufgrund der intensiven Diskussion der gesellschaftlichen Erwartungen an die Landwirtschaft erstellte die DLG 2015 den ersten und 2016 den zweiten DLG-Nachhaltigkeitsbericht. Damit hat die DLG für die Branche Kernerarbeit geleistet und erstmalig auf Grundlage vorhandener, verlässlicher, gut dokumentierter und lange Zeiträume umfassende Statistiken versucht, den Nachhaltigkeitsstatus des ganzen Sektors Landwirtschaft zu erfassen und abzubilden. Insgesamt wurden zur Ermittlung der Nachhaltigkeitsleistungen 23 Einzelindikatoren ausgewählt. Sie betreffen die Bereiche Umweltverträglichkeit, ökonomische Effizienz und soziale Akzeptanz. Außerdem wurde ein aggregierter Nachhaltigkeitsindex ermittelt. Weitere Informationen sind unter www.dlg.org/nachhaltigkeitsbericht.html abzurufen.

In den Berichten wird auch darauf hingewiesen, dass für eine umfassende Bewertung der sektoralen Nachhaltigkeit der Landwirtschaft in Deutschland weitere Indikatoren notwendig sind, für die kein ausreichend valides Datenmaterial vorliegt.

Folgende Kennzahlen würden die Nachhaltigkeitsberichterstattung sinnvoll ergänzen (ohne Anspruch auf Vollständigkeit):

- **Phosphat:** Die Verbrauchsmengen von Phosphat in der Landwirtschaft werden nicht in einer zentralen Statistik erfasst. Für die Erstellung einer P-Bilanz wäre die Dokumentation des Einsatzes aus mineralischem P-Dünger und aus Wirtschaftsdünger notwendig.
- **Rückstände von Pflanzenschutzmitteln im Grundwasser:** Da der Schutz des Grundwassers ein hohes Ziel ist, würde eine Kartierung der Belastung des Grundwassers mit Pflanzenschutzmitteln HotSpot-Regionen visualisieren.
- **Beanstandungen von Tierkörpern:** Mit einer erweiterten Berichterstattung von Beanstandungen von Tierkörpern bei Schlachttier- und Fleischuntersuchung könnten Entwicklungen beim Tierwohl abgeleitet werden.
- **Erfassung Impfungen:** Statistiken über regelmäßig durchgeführte Impfmaßnahmen können in Verbindung mit der Nutzung von Schlachtkörperbefunden Hinweise zur Beurteilung der Tiergesundheit geben.
- **Erfassung der Betriebe mit Abluftreinigungsanlagen:** Vor dem Hintergrund der bevorstehenden Novellierung der TA Luft ist das Thema der Verbreitung und der Erfassung der Art der Abluftreinigung (Ammoniak/Staub/Geruch, Biofilter/Rieselfilter usw.) von besonderer Relevanz und lässt Rückschlüsse auf die Emissionsminderung landwirtschaftlicher Betriebe zu.

8. Akzeptanz von Nachhaltigkeitszertifizierungssystemen bei Landwirten

Wie die Akzeptanz von Nachhaltigkeitszertifizierungssystemen bei Landwirten ist und was für bzw. gegen den Einsatz im landwirtschaftlichen Betrieb spricht, dazu führt die DLG Anfang 2017 in Zusammenarbeit mit dem Lehrstuhl für Produktions- und Ressourcenökonomie landwirtschaftlicher Betriebe der Technischen Universität München (Prof. Dr. Johannes Sauer) eine Befragung durch. In einer Vorstudie wurden ausgewählte Betriebsleiter nach ihren Erfahrungen und Einschätzungen befragt. Im nachfolgenden Beitrag stellt Veronika Hannus erste Ergebnisse dieser Experten-Studie vor. Sie zeigen, dass Optimierungen betrieblicher Prozesse sowie eine Verbesserung der Ökonomie als Vorteile gesehen werden, welche für die Nutzung eines Nachhaltigkeitssystems sprechen. Als nachteilig werden aus Expertensicht vor allem die damit verbundenen Kosten sowie der zu investierende Zeitaufwand gesehen.[1]

---

[1] Der Beitrag von Veronika Hannus über „Wie stehen Landwirte zu Nachhaltigkeitssystemen?" befindet sich in diesem Buch auf den Seiten 201–206

Indikatoren als Steuerungsinstrumente für eine nachhaltige Landwirtschaft

Fazit:

- Die Nachhaltigkeitsziele 2030 der Vereinten Nationen setzen die neuen globalen Leitplanken für eine ökologische und gerechte Landwirtschaftspolitik.
- Landwirtschaftliche Unternehmerinnen und Unternehmer tragen eine hohe Verantwortung und benötigen in besonderem Maße Nachhaltigkeitskompetenz, um sorgsam und schützend mit den natürlichen Lebensgrundlagen umzugehen. Damit nachhaltige Entwicklung Verbindlichkeit, Überzeugungskraft und Wirksamkeit vereinen kann, sind alle beteiligten Gruppen in der Pflicht, sich an der sorgfältigen Erarbeitung und Fortschreibung der Standards oder Anforderungen, die eine nachhaltige Entwicklung gewährleisten sollen, zu beteiligen.
- Indikatoren machen es möglich, den Nachhaltigkeitsstatus landwirtschaftlicher Betriebe zu messen. Auf dieser Grundlage können Optimierungen in den Betriebsabläufen vorgenommen werden. Die DLG bietet für Ackerbaubetriebe den DLG-Nachhaltigkeitsstandard an.
- Die Ergebnisse der Nachhaltigkeitsanalyse können für horizontale Betriebsvergleiche genutzt werden und auch zur Branchenberichterstattung. Das setzt voraus, dass das Netz der teilnehmenden Betriebe engmaschig ist, um valide Aussagen treffen zu können.
- Nachhaltigkeitsanalysen landwirtschaftlicher Betriebe zeigen, in welchen Bereichen die Betriebe gute Leistungen erbringen und wo Schwachstellen bei der Erreichung der Nachhaltigkeitsziele liegen.
- Für rinderhaltende Betriebe sind ökologische Indikatoren und Indikatoren zur Ermittlung der Tiergerechtheit entwickelt, die in ein Zertifizierungssystem eingearbeitet werden können.
- Für die Schweinehaltung befinden sich diese Indikatoren in der Erarbeitung.
- Es ist möglich, über die Landwirtschaft als Sektor Nachhaltigkeitsaussagen zu treffen. Das zeigt der DLG-Nachhaltigkeitsbericht. Um das Bild zu vervollständigen, ist es notwendig, über weitere Aspekte verlässliche Statistiken aufzubauen.
- Eine Expertenbefragung unter Landwirten zur Akzeptanz von Nachhaltigkeitszertifizierungssystemen zeigt, dass Optimierungen betrieblicher Prozesse sowie eine Verbesserung der Ökonomie als Vorteile gesehen werden, welche für die Nutzung eines Nachhaltigkeitssystems sprechen. Als nachteilig werden aus Expertensicht vor allem die damit verbundenen Kosten sowie der zu investierende Zeitaufwand gesehen.

Literatur

Bundesvereinigung der deutschen Ernährungsindustrie (BVE, 2015): BVE-Branchenleitfaden zum Deutschen Nachhaltigkeitskodex. Oktober 2015

Biermann, Steffen (1995): Flächendeckende, räumlich differenzierte Untersuchung von Stickstoffflüssen für das Gebiet der neuen Bundesländer. Aachen: Shaker Verlag.

DIN 19708 [Deutsches Institut für Normung] (2005): Bodenbeschaffenheit – Ermittlung der Erosionsgefährdung von Böden durch Wasser mit Hilfe der ABAG. Berlin: Beuth Verlag.

DIN 4220 [Deutsches Institut für Normung e. V.] (1998): Bodenkundliche Standortbeurteilung – Kennzeichnung, Klassifizierung und Ableitung von Bodenkennwerten (normative und nominale Skalierungen). Berlin: Beuth Verlag.

DLG e. V. (2013): Prüfbestimmungen DLG-Zertifikat Nachhaltige Landwirtschaft. Frankfurt am Main

DLG e. V. (2015): Nachhaltigkeitsbewertung in der Rinderhaltung. (Arbeiten der DLG, Band 2016). Frankfurt am Main: DLG-Verlag

DüV – Düngeverordnung (2007): Verordnung über die Anwendung von Düngemitteln, Bodenhilfsstoffen, Kultursubstraten und Pflanzenhilfsmitteln nach den Grundsätzen der guten fachlichen Praxis beim Düngen in der Fassung vom 27. Februar 2007 (BGBl. I S. 221).

Heyer, Wolfgang; Roßberg, Dietmar; Abraham, Jens; Christen, Olaf (2005): Erfassung und Beurteilung der Intensität des betrieblichen Pflanzenschutzes innerhalb des REPRO-Konzeptes. In: Nachrichtenblatt des Deutschen Pflanzenschutzdienstes. Jg. 57, Nr. 6, Stuttgart: Ulmer-Verlag, S. 126-131.

Heyer, Wolfgang; Christen, Olaf (2009): Abbildung und Bewertung des betrieblichen Pflanzenschutzes im Umwelt- und Betriebsmanagementsystem REPRO. In: Grimm, Hülsbergen (Hrsg.): Nachhaltige Landwirtschaft Indikatoren, Bilanzierungsansätze, Modelle. In: Initiativen zum Umweltschutz. Band 74, Berlin: Erich Schmidt Verlag, S. 145 – 152.

Hülsbergen, K.-J.; Abraham, J.; Biermann, S.; Werner, S.; Hensel, G.; Diepenbrock, W.; et al. (2000): Einsatz des Modells REPRO zur Stoff- und Energiebilanzierung im Versuchsgut Scheyern. (Forschungsbericht im Auftrag der TU München). Martin-Luther-Universität Halle-Wittenberg: Institut für Acker- und Pflanzenbau.

Hülsbergen, Kurt-Jürgen (2003): Entwicklung und Anwendung eines Bilanzierungsmodells zur Bewertung der Nachhaltigkeit landwirtschaftlicher Systeme. In: Berichte aus der Agrarwirtschaft. Aachen: Shaker Verlag.

Küstermann, B; Kainz, M; Hülsbergen, K.-J., (2007): Modeling carbon cycles and estimation of greenhouse gas emissions from organic and conventional farming systems. In: Renewable Agriculture and Food Systems. Vol 23. Cambridge University Press, S. 1-16.

Ott, Konrad; Döring, Ralf (2008): Theorie und Praxis starker Nachhaltigkeit. Marburg: Metropolis-Verlag, 2. überarb. und erweiterte Auflage.

Schwertmann, U.; Vogl, W.; Kainz, M. (1987): Bodenerosion durch Wasser: Vorhersage des Abtrags und Bewertung von Gegenmaßnahmen. Stuttgart: Ulmer Verlag.

Richtlinie 2014/95/EU vom 22. Oktober 2014

Roedenbeck, Inga A. (2004): Bewertungskonzepte für eine nachhaltige und umweltverträgliche Landwirtschaft: Fünf Verfahren im Vergleich Bewertungskonzepte für eine nachhaltige und umweltverträgliche Landwirtschaft. (BIOGUM-Forschungsbericht, Nr. 8). Universität Hamburg: Biotechn. Gesellsch. Umwelt, Februar 2004.

VLI (2016): Ökologische Nachhaltigkeit deutscher Ackerbaubetriebe. Halle, Ochsenfurt: VLI-Verbindungsstelle Landwirtschaft-Industrie e. V.

Indikatoren als Steuerungsinstrumente für eine nachhaltige Landwirtschaft

Meike Packeiser

ist Fachgebietsleiterin Nachhaltigkeit und ländliche Räume im DLG-Fachzentrum Landwirtschaft. Die Diplom-Agraringenieurin stammt aus Hattingen an der Ruhr (NRW). Sie studierte von 1987 bis 1993 an der Justus-Liebig-Universität Gießen Agrarwissenschaften mit dem Schwerpunkt Wirtschafts- und Sozialwissenschaften des Landbaus. Nach dem Diplom ist Meike Packeiser seit 1993 bei der DLG tätig. Zunächst als Fachgebietsleiterin Entwicklung ländlicher Räume, wo sie unter anderem das „Aktionsbündnis Ländlicher Raum" mit den Schwerpunkten der Wirtschafts- und Lebensverhältnisse in peripheren Regionen und der politischen Rahmenbedingungen verantwortete. Danach war sie Fachgebietsleiterin Landtourismus. Hier lag das Qualitätsmanagement für die Gütezeichenvergabe Urlaub auf dem Bauernhof, die Weiterentwicklung der Prüfkriterien, die Schulung der Prüfer und die Weiterentwicklung der Reiseführer sowie der Internetauftritt in ihrem Verantwortungsbereich. Seit Anfang 2007 arbeitete sie im Fachgebiet Nachhaltige Landwirtschaft und war mit für die Entwicklung des Qualitätsmanagementsystems für den DLG-Nachhaltigkeitsstandard für Marktfruchtbetriebe zuständig. Seit 2009 ist sie Fachgebietsleiterin Nachhaltigkeit und Bioenergie, heute Nachhaltigkeit und ländliche Räume. In diesem Tätigkeitsbereich liegen die Projekte DLG-Nachhaltigkeitsstandard und DLG-Nachhaltigkeitsbericht sowie die Projekte der Deutschen Bundesstiftung Umwelt (DBU) zur Entwicklung von Nachhaltigkeitsindikatoren in der Rinderhaltung (abgeschlossen 2015), in der Schweinehaltung, als auch die Entwicklung des Nachhaltigkeitskodex der deutschen Landwirtschaft. Meike Packeiser ist zuständig für die jährliche Durchführung des DLG-Kolloquiums in Berlin. Sie ist Geschäftsführerin der Arbeitsgruppe Nachhaltige Landwirtschaft, des DLG-Ausschusses Entwicklung ländlicher Räume und des Dachverbands Agrarforschung.

Dipl.-Ing. agr. Veronika Hannus, *Forschungsdepartment Agrarökonomie, Wissenschaftszentrum Weihenstephan, TU München*

Wie stehen Landwirte zu Nachhaltigkeitssystemen?

Ergebnisse einer aktuellen Studie vom Forschungsdepartment Agrarökonomie in Weihenstephan und von der DLG

„Welche Bedingungen sind für die Akzeptanz von Nachhaltigkeitssystemen bei Landwirten entscheidend?" Dieser Fragestellung geht der Lehrstuhl für Produktions- und Ressourcenökonomie landwirtschaftlicher Betriebe an der Technischen Universität München in Zusammenarbeit mit der DLG unter der Hypothese nach, dass Nachhaltigkeitssysteme von Landwirten nur dann freiwillig genutzt werden, wenn diese ihren Erwartungen entsprechen. Im Frühjahr 2017 ist dazu eine groß angelegte Befragung der DLG-Mitglieder geplant. Vorbereitend hierzu wurde eine Vorstudie unter ausgewählten Betriebsleitern durchgeführt. Zielsetzung dieser Experten-Studie war es, in einem zunächst offenen

Wie stehen Landwirte zu Nachhaltigkeitssystemen

Übersicht 1:
Gründe für und gegen die Nutzung eines Nachhaltigkeitssystems

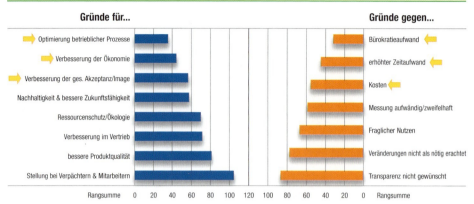

Die Pfeile markieren die wichtigsten Gründe. Beim dargestellten Ranking bedeutet eine **geringe Rangsumme**, dass dem betreffenden Grund von vielen Teilnehmern eine **hohe Bedeutung** beigemessen wurde.

Quelle: Eigene Darstellung, vorläufige Ergebnisse der DELPHI-Studie „Nachhaltigkeitssysteme in der Landwirtschaft", Auswertung Runde 2, Stand: 23.1.2017.

Ansatz umfassend die Motivation und Beweggründe von Landwirten zur erfragen, welche dazu führen, dass Nachhaltigkeitssysteme positiv gesehen und genutzt werden – oder eben nicht.

Mit der Delphi-Methode werden dabei die Antworten in mehreren aufeinander aufbauenden Befragungsrunden ermittelt, wobei den Experten vor der nächsten Befragung die Ergebnisse der vorherigen Befragung vorgelegt werden. Von besonderem Interesse waren bei dieser Studie vor allem die Aspekte, die von den Experten als Begründung für oder gegen die Nutzung von Nachhaltigkeitssystemen genannt wurden. Übersicht 1 zeigt dazu das Ergebnis der zweiten Befragungsrunde.

Was spricht für Nachhaltigkeitssysteme?

Nach dem Überdenken der gesammelten Begründungen aus der ersten Runde sehen die Experten die „Optimierung betrieblicher Prozesse" sowie eine „Verbesserung der Ökonomie" als wichtigste Vorteile. Daneben wird der „Verbesserung der gesellschaftlichen Akzeptanz bzw. des Images" sowie der „Nachhaltigkeit und bessere(n) Zukunftsfähigkeit" der landwirtschaftlichen Betriebe als Selbstzweck eine große Bedeutung beigemessen. „Ressourcenschutz und Ökologie" sowie „Verbesserung im Vertrieb" stellen weitere wichtige Gründe für die Nutzung eines Nachhaltigkeitssystems dar. Eine „bessere Produktqualität" stellt für viele der befragten Betriebsleiter einen weniger wichtigen Grund dar, wird aber noch vor der „Stellung bei Verpächtern und Mitarbeitern" als Motivation für die Nutzung eines solchen Systems gesehen.

…was spricht dagegen?

Gegen die Nutzung eines Nachhaltigkeitssystems sprechen aus Expertensicht vor allem der verbundene „Bürokratieaufwand", „erhöhter Zeitaufwand" und „verbundene Kosten". Während die Kategorie Zeitaufwand sich auf die Dauer zusätzlicher Arbeitsschritte im gesamten Betriebsablauf beziehen kann, ist der Zeitaufwand in der Kategorie Bürokratieaufwand genauer spezifiziert. Es handelt sich um die Bewertung der Arbeit(-szeit), die für Dokumentationspflichten aufgewendet werden muss. Als weitere Gründe sprechen nach Ansicht der Experten gegen die Nutzung eines Nachhaltigkeitssystems, dass die „Messung von Nachhaltigkeit aufwändig und zweifelhaft" ist sowie, dass der verbundene „Nutzen" fraglich ist. Die in der ersten Runde genannten Aspekte „Veränderung nicht als nötig erachtet" und „Transparenz nicht gewünscht" haben, gemäß der Bewertung der zweiten Runde, eine untergeordnete Rolle.

Wie könnten Nachhaltigkeitssysteme besser gestaltet sein?

Im zweiten Teil der Delphi-Studie wurden den Teilnehmern dreizehn Kriterien zur Ausgestaltung von Nachhaltigkeitssystemen zur Bewertung vorgelegt. Die Kriterien mussten in beiden Runden auf einer Skala von null bis zehn hinsichtlich ihrer Bedeutung für die Akzeptanz eines Nachhaltigkeitssystems bei Landwirten bewertet werden. In der ersten Runde wurden die Teilnehmer zudem in einer weiteren Frage gebeten, eine Rangfolge für vorgeschlagene Ausgestaltungsmöglichkeiten des jeweiligen Kriteriums zu bilden.

Wie stehen Landwirte zu Nachhaltigkeitssystemen

Übersicht 2 zeigt eine Gegenüberstellung der Bewertungsergebnisse aus beiden Befragungsrunden für die 16 Experten, welche an beiden Runden teilgenommen haben.

Die 2. Befragungsrunde lieferte bisher die folgenden Ergebnisse:

- Die Kriterien „höhere Produktpreise", „zur Bewertung verwendete Datengrundlage", „technische Unterstützung" und „geographische Gebietskulisse" (regionale Gültigkeit eines Zertifikats) stellen sich für die Expertengruppe in beiden Runden als die Bedeutendsten dar. Bei der „Preissteigerung" erachtet ein Großteil der Teilnehmer mindestens 10 % als nötig, wobei es auch hier andere Expertenansichten gibt. Während für die Datengrundlage klar Bestandsdaten genutzt und gegebenenfalls ergänzt werden sollen und hierzu technische Unterstützung in Form einer Datenübernahme von vorhandener staatlicher Meldedaten präferiert wird, sollte die Gebietskulisse regional oder national sein.

- Die Bedeutung und der nötige Umfang an „Beratung und Unterstützung" sind unter den Experten umstritten. Dies zeigt sich auch anhand der unterschiedlichen Bewertung dieses Kriteriums in den beiden Fragerunden.

- Die Möglichkeit „Innovationen zu integrieren" ist vielen Experten ebenso wichtig wie die „Mitwirkung bei der Standardgestaltung". Die „Bewertung der Zielerreichung" sowie die „Kennzeichnung mit einem Label" sind aus Expertensicht von mittlerer Bedeutung. Dabei sollte die Bewertung der Zielerreichung graduell (zum Beispiel mit einem Sterne-System) erfolgen.

- Von geringerer Bedeutung erscheinen die Bereiche „Handelspartnerschaften" und die „öffentliche Kommunikation der Teilnahme im Zertifizierungsprozess". Die geringste Bedeutung wird der „Festlegung individueller Nachhaltigkeitsziele" sowie der „Grenzwerte für Nachhaltigkeitsindikatoren" beigemessen. Bezüglich der Grenzwerte scheint sich eine Mehrheit für die Wahl eines mittleren Niveaus für Nachhaltigkeitsindikatoren zu finden.

Die Gegenüberstellung der beiden Befragungsrunden zeigt deutlich die Herausbildung einer einheitlichen Gruppenmeinung. Dies wird durch die Delphi-Methode angestrebt. Die Ergebnisse sind damit besser abgesichert und zuverlässiger. Auf dieser Grundlage erfolgt eine vertiefte Analyse von Hinderungsgründen der Nutzung und dazu, wie man die Verbreitung von Nachhaltigkeitssystemen fördern kann. Ziel ist es, gangbare Lösungen für die Praxis zu entwickeln.

Übersicht 2:
Bewertung der Gestaltungskriterien von Nachhaltigkeitssystemen

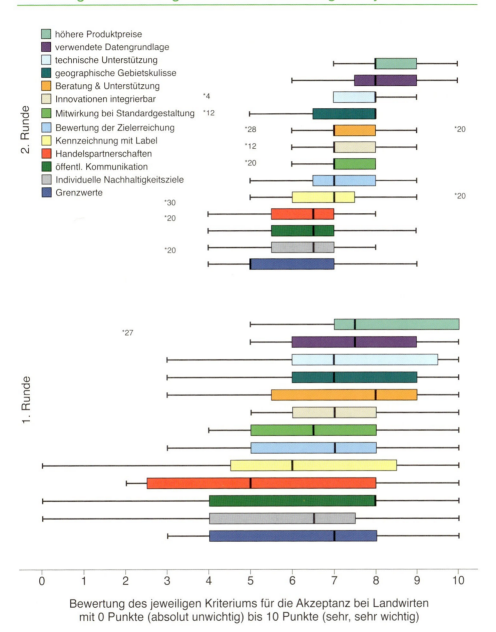

Bewertung des jeweiligen Kriteriums für die Akzeptanz bei Landwirten
mit 0 Punkte (absolut unwichtig) bis 10 Punkte (sehr, sehr wichtig)

Dargestellt ist: Spannweite der Bewertungen mit jeweils kleinstem und größten Wert (horizontale Linien); Verteilung der mittleren 50 % der Antworten (farbige Boxen); Median (= mittelster Wert) als schwarzer Längsstrich. Die Ausreißer sind im Boxplot mit der Fallnummer beschriftet.

Quelle: Eigene Darstellung, vorläufige Ergebnisse der DELPHI-Studie „Nachhaltigkeitssysteme in der Landwirtschaft", Auswertung Runde 2, Stand: 23.1.2017.

Wie stehen Landwirte zu Nachhaltigkeitssystemen

Veronika Hannus

ist Wissenschaftlerin an der Technischen Universität München. Aktuell arbeitet die Diplom-Agraringenieurin am Lehrstuhl für Produktions- und Ressourcenökonomie landwirtschaftlicher Betriebe am Wissenschaftszentrum in Weihenstephan an ihrer Promotion. Die gebürtige Münchnerin studierte von 1994 bis 2000 in Weihenstephan Agrarwissenschaften mit dem Schwerpunkt Landbewirtschaftung und Umwelt. Nach ihrem Studium startete Veronika Hannus bei der Beratungsfirma AFC in Bonn in das Berufsleben, wo sie zuletzt 2010 als Senior Consultant tätig war. Danach war sie Dozentin für Kostenrechnung, Controlling und Umweltmanagement an der Hochschule Weihenstephan-Triesdorf. Dank einer Stipendienförderung kann sie sich seit 2015 ihrer Promotion widmen und untersucht landwirtschaftliche Nachhaltigkeitssysteme aus betriebswirtschaftlicher Sicht. In Zusammenarbeit mit dem Bereich Betriebsführung & Nachhaltigkeit im DLG-Fachzentrum Landwirtschaft führt Veronika Hannus derzeit Befragungen zur Nutzung von Nachhaltigkeitssystemen durch.

Dr. Valentin von Massow, *Vorsitzender des Stiftungsrats, WWF Deutschland*

Nachhaltige Landwirtschaft – Ernährung sichern, ohne biologische Vielfalt zu zerstören

Biodiversität ist die Vielfalt des Lebens auf der Erde und das Ergebnis der Evolution über Jahrmillionen. Diese biologische Vielfalt zählt mit zu den wertvollsten Ressourcen unseres Planeten und ist essentielle Lebensgrundlage auch für uns Menschen. Die Grundlagen unserer Ernährung, Reinigung der Luft, die Bereitstellung von sauberem Trinkwasser, die Bodenfruchtbarkeit und viele andere organische Prozesse werden durch zahllose Pflanzen, Tiere und Mikroorganismen geleistet.[1] Gleichzeitig spielen diese natürlichen Ökosysteme eine entscheidende Rolle bei der Regulierung des globalen Klimas. Sie zu erhalten, gehört zu den größten Herausforderungen, vor denen wir weltweit stehen.[2] Dies erkennt

---

[1] Vgl. Lozán, José L. et al. (2016): Warnsignal Klima: Die Biodiversität.
[2] Vgl. Steffen, W. et al. (2015): Planetary boundaries: Guiding human development on a changing planet.

Nachhaltige Landwirtschaft

auch die deutsche Politik an: Wie viele andere Staaten hat sich Deutschland dazu verpflichtet, den Rückgang der biologischen Vielfalt bis 2020 zu stoppen.[3]

1. Verlust der Artenvielfalt weltweit

Bereits seit den 1960er Jahren wurde weltweit ein alarmierender Biodiversitätsverlust nachgewiesen. Die Weltnaturschutzunion IUCN schätzt, dass das Tempo des Artenverlustes derzeit mehr als 1.000-fach, vielleicht sogar 10.000-fach über der sogenannten Hintergrund-Aussterberate liegt. Auf der Roten Liste der bedrohten Tiere 2015 stehen 77.340 Arten. Die Bestände von Wirbeltierarten haben sich in den letzten 40 Jahren mehr als halbiert (WWF Living Planet Report 2016). Die Verluste im Bereich der Pflanzen sind nicht weniger bedrohlich. Von den 323 in Deutschland vorkommenden Ackerwildkrautarten stehen 93 Arten auf der Roten Liste.[4] Eine groß angelegte Analyse von Vegetationsdaten aus Mittel- und Norddeutschland kommt zu dem Ergebnis, dass die Häufigkeit einer großen Mehrheit der früher für das Acker- und Grünland kennzeichnenden Pflanzenarten in den letzten 50–60 Jahren zwischen 95–100% abgenommen hat.[5]

Hauptursachen für den Artenrückgang sind die Veränderung, Zerschneidung, Degradation und Vernichtung von Lebensräumen. Die Landwirtschaft ist global einer der wichtigsten Treiber dieser Landnutzungsänderungen, insbesondere wegen der Erzeugung von Rindfleisch, Soja und Palmöl.[6]

Wie der nachfolgende Exkurs zum Sojamarkt exemplarisch aufzeigt, wird der Landnutzungswandel in den Tropen vor allem durch den Anbau von Agrarrohstoffen für den Export vorangetrieben. Dies gilt für den Sojaanbau in Südamerika genauso wie für die Palmölproduktion in Asien und zunehmend auch in Afrika.

Die Märkte für Soja haben sich entlang einer globalen Wertschöpfungskette entwickelt, in der die Futtermittelproduktion in Südamerika die Veredlungsbetriebe der intensiven Rinder-, Schweine- und Hühnermast sowie der Milcherzeugung in den nördlichen Industrieländern beliefert. An beiden Enden der Lieferkette kommt es zu erheblichen Umweltschäden: einer großflächigen Zerstörung von wertvollen biodiversen Ökosystemen in den Soja-Produktionsländern sowie zu überhöhten Stickstoffkonzentrationen in Grund- und Oberflächengewässern in den Veredlungsländern durch Überdüngung von Ökosystemen, begleitet von Tierschutz- und Folgeproblemen, die auf überhöhten Einsatz von Medikamenten, insbesondere Antibiotika zurückgehen. Die Arbeitsteilung trägt zudem zu einer reduzierten Fruchtfolge ohne Leguminosen in der hiesigen Landwirtschaft bei, da heimische Futtermittel nicht mit den komparativen Kos-

---

[3] *Bundesamt für Naturschutz (2010): Strategischer Plan 2011–2020 für den Erhalt der Biodiversität.*
[4] *Siehe Hofmeister, H; Garve, E. (2006): Lebensraum Acker*
[5] *Leuschner et al. (2013): Veränderung und Verarmung der Offenlandvegetation Norddeutschlands seit den 1950er Jahren*
[6] *Siehe OECD (2012): OECD environmental outlook to 2050*

Nachhaltige Landwirtschaft

88 % der Soja-Nettoimporte in die EU stammen aus Südamerika – vor allem aus Brasilien und Argentinien. (Bild: WWF)

tenvorteilen südamerikanischen Sojas mithalten können. Die langfristigen volkswirtschaftlichen Kosten der Umweltschäden bleiben bei dieser Rechnung allerdings unbeachtet.

> **Exkurs: Der Soja-Boom und seine Folgen**
>
> Der weltweite Sojaanbau hat sich in den vergangenen fünfzig Jahren verzehnfacht. Getrieben wird diese Entwicklung von der weitgehenden Umstellung der Eiweißfuttermittel auf Import-Soja in der Tierproduktion etablierter Industrieländer sowie vom steigenden Fleischkonsum in den Schwellenländern. Soja ist heute weltweit das mit Abstand wichtigste Tierfuttermittel.
>
> Die EU ist mit jährlich 15 Mio. Tonnen der zweitgrößte Soja-Importeur. 88 % der Soja-Nettoimporte in die EU stammen aus Südamerika – vor allem aus Brasilien und Argentinien. Aber auch in Paraguay und Bolivien wächst der Anbau täglich. Die Fleischproduzenten in Deutschland zählen mit ca. 4,5 Mio. t Soja zu den größten Abnehmern innerhalb der EU von Soja aus Südamerika. Nach Berechnungen des WWF belegt die deutsche Veredlungsindustrie in Südamerika eine Soja-Anbaufläche von der Größe Hessens (vgl. WWF, 2012: Fleisch frisst Land).

Der Sojaboom geht auf Kosten natürlicher Ökosysteme, die zu den weltweit artenreichsten gehören: des tropischen Regenwaldes und der Savannengebiete des Cerrado (Brasilien). Von 2000 bis 2010 wurden 24 Mio. Hektar Land in Südamerika umgewandelt, davon 20 Mio. Hektar alleine für die Ausweitung des Sojaanbaus.[7] Der Anteil der Sojafläche an der gesamten Ackerfläche in Uruguay beträgt 57 % (2014), 2005 waren es noch 20 %. Paraguay hatte einen Anteil von über 70 % (2014).[8] Der Begriff Monokultur erhält unter diesen Bedingungen eine neue Dimension. Gleichzeitig wird die Produktion immer weiter intensiviert. Als Folge davon steigt der Einsatz von Pflanzenschutzmitteln, insbesondere von Glyphosat, gefördert durch den Anbau gentechnisch veränderten, herbizidresistenten Sojas.

Die ökologischen Auswirkungen des Booms sind deutlich spürbar: Die biologische Vielfalt schwindet. Die Bodendegradation steigt, Erträge gehen zurück, und in der Folge müssen noch mehr Flächen gerodet werden. Im Rahmen einer Fallstudie zur Bodendegradation in Argentinien wurden die Kosten für die verlorengegangenen Ökosystemleistungen aufgrund der rapiden Ausweitung von Ackerland in Wälder und Flächen mit hoher Biodiversität auf jährlich 70 Milliarden US-Dollar berechnet.[9] Zudem beschleunigt die Freisetzung großer Mengen Kohlenstoffs in Form von Kohlendioxid durch Abholzung und Brände den globalen Klimawandel.

Die Gesetzgebungen zum Schutz von Grasland und Waldflächen sind in den Erzeugerländern oftmals nicht ausreichend, und die bestehenden Gesetze werden zudem unzureichend umgesetzt. So werden immer mehr Flächen im Cerrado umgewandelt, der artenreichsten Savanne der Welt und eines der wichtigsten Wasserreservoire Brasiliens, ebenso in der Gran Chaco Region in Argentinien, Paraguay und Bolivien. Dort mussten zwischen 2010 und 2012 eine halbe Million Hektar natürliche Vegetationen den Sojafeldern weichen.

2. Verlust der Artenvielfalt in Deutschland

Über die Hälfte der Fläche Deutschlands wird landwirtschaftlich genutzt und prägt so den Lebensraum für viele Tiere und Pflanzen. In den vergangenen Jahrzehnten hat eine beständige Intensivierung stattgefunden, die zu einer beachtlichen Steigerung der Erträge von Weizen und anderen Marktfrüchten seit den 1950er Jahren geführt hat. Die Erfolge im Ertrag gingen allerdings mit erheblichen Auswirkungen auf Lebensräume und Arten einher (vgl. Leuschner et al., 2013).

---

[7] *Siehe WWF (2014): The Growth of Soy.*
[8] *FAOStat (2015)*
[9] *Siehe Bouza E. Marina et al. (2016): Economics of Land Degradation in Argentina*

Nachhaltige Landwirtschaft

Rund 29 % der untersuchten 32.000 ursprünglichen heimischen Pflanzen-, Tier-, und Pilzarten sind in ihrem Bestand gefährdet, 5 % sogar bereits ausgestorben (WWF Living Planet Report 2016). Fachlich unbestritten ist die Rolle der Landwirtschaft bei dieser negativen Entwicklung. Ein Messinstrument für den Zustand der Artenvielfalt ist der „Indikator Artenvielfalt und Landschaftsqualität des Agrarlandes". Er wurde entwickelt, um den Zustand von Natur und Landschaft unter dem Einfluss vielfältiger Nutzungen zu bewerten und die Veränderungen der Bestände ausgewählter Vogelarten darzustellen, die die wichtigsten Lebensräume des Agrarlandes repräsentieren.[10] Der Zielwert des Indikators ist 100 %. Als 1990 mit der Erfassung begonnen wurde, lag der Wert noch bei 77 %. Im Jahr 2013 war der Wert bereits auf 59 % gesunken (Stand der Daten: 10/2015), und der Negativtrend setzt sich fort.

Weitere Untersuchungen ergaben, dass 18 von 25 typischen Agrar-Vogelarten in Deutschland seit 2008 negative Bestandstrends aufweisen. Seit den 1980er Jahren haben viele Arten um 20–50 % abgenommen. Dazu gehören unter anderem Feldlerche, Bluthänfling und Rauchschwalbe.[11] Eine weitere Gruppe, die von massiven Verlusten betroffen ist, sind die Ackerwildkräuter. Die Artenzahl in Vegetationsaufnahmen aus Mittel- und Norddeutschland ging gegenüber den 1950er und 1960er Jahren von 23 auf 7 Arten zurück (also um 71 %), der Deckungsgrad der Wildkräuter von 40 % auf 4 %. Ähnlich hohe Rückgänge werden für die Wildpflanzen in Grünland und Flussniederungen beschrieben.[12]

2.1 Maßgebliche Faktoren, die für die negative Bestandsentwicklung von Flora und Fauna verantwortlich sind

2.1.1 Verlust von Lebensräumen

Wichtige Lebensräume der Agrarlandschaft sind den wild lebenden Arten in den vergangenen Jahren verloren gegangen. Dazu gehört der Verlust von Dauergrünland und dessen Umwandlung in intensiv genutzte Äcker. In den norddeutschen Bundesländern Schleswig-Holstein und Mecklenburg-Vorpommern ist das Grünland gegenüber den 1960er Jahren um ca. ein Drittel zurückgegangen (siehe Leuschner et al., 2013). Außerdem ist ein starker Rückgang von extensiv genutzten Äckern, Brachflächen, Hecken und Säumen zu verzeichnen (vgl. Flade et al., 2012).

Ein weiterer wichtiger Lebensraum ist das Ökosystem „Boden". Auch der Boden verliert stark an Artenvielfalt, was sich unmittelbar auf die natürliche Bodenfruchtbarkeit auswirkt.

---

[10] Bundesministerium für Umwelt, Naturschutz, Bau und Reaktorsicherheit (2014): Indikatorenbericht 2014
[11] Siehe Flade M. et al. (2012): Bestandsentwicklung häufiger deutscher Brutvögel 1991–2010.
[12] Vgl. Meyer S. et al. (2014): Diversitätsverluste und floristischer Wandel im Ackerland seit 1950

Exkurs: Boden und Artenvielfalt

Die natürliche Bodenfruchtbarkeit wird vom Mikrokosmos des Bodenlebens geschaffen, dem mehr Arten angehören, als auf der Erdoberfläche leben.[13] Im Ökosystem Boden spielt die Anzahl und vor allem die Vielfalt der Bodenlebewesen eine entscheidende Rolle. Nur ein lebendiger Boden wird in der Lage sein, langfristig unsere Ernährung zu sichern. In den meisten Böden sind Regenwürmer die prägenden „Leittiere". Ende 2016 wurde erstmalig die rote Liste für Bodentiere veröffentlicht und unter anderem darauf hingewiesen, dass deutsche Ackerstandorte „häufig von einer – hinsichtlich Artenzahl, Abundanz und Biomasse – verarmten Regenwurmgemeinschaft besiedelt werden".[14] Die Zahl der Regenwürmer, insbesondere in Ackerböden je nach Bewirtschaftung sehr unterschiedlich, ist auf erschreckend niedriges Niveau gesunken: Monokulturböden mit eintöniger Fruchtfolge und sehr starkem Maschinen- und Chemieeinsatz beheimaten nur noch maximal 30 Tiere pro Quadratmeter. Ein durchschnittlicher Boden in der noch relativ klein strukturierten Landwirtschaft Süddeutschlands enthält rund 120, eine ökologisch bewirtschaftete Ackerfläche mit geringer Bodenbearbeitung erzielt Spitzenwerte bis zu 450.[15] Grünland, mit stetem Nachschub an frisch abgestorbenen Halmen und Blättern, weist mehr Regenwürmer auf als Ackerland. Untersuchungen in Bayern und der Schweiz fanden im Grünland durchschnittlich 250 Würmer.[16] Dennoch birgt auch die Grünland-Bewirtschaftung erhebliche Risiken für die bislang stabilen Regenwurmbestände: Sehr hohe Achslasten von Güllefässern und Erntemaschinen zerdrücken Streubewohner und Flachgräber. Die verbreitete Zurückdrängung von Leguminosen und Kräutern und immer häufigere Wiesenschnitte reduzieren die Ernährungsgrundlage vieler Wurmarten weiter.

2.1.2 Zu hohe Nährstoffeinträge

Die Stickstoffüberschüsse stiegen auf Ackerland von 1950 bis 1980 um das Vierfache und verbleiben bis heute auf einem hohen Niveau von ca. 100 kg N/ha (WWF Living Planet Report 2016). Diese sehr hohe Nährstoffzufuhr über Mineraldünger oder Gülle hat sowohl im Ackerland als auch im Grünland vielfältige negative Auswirkungen. So verschwinden die bei hohem Nahrungsangebot konkurrenzschwächeren Pflanzenarten. In dichten, hochwüchsigen Kulturbeständen auf Ackerland können sich Feldvögel und Feldhasen sehr schlecht bewegen und ihr Lebensraum ist stark eingeschränkt. Die Nutzungsintervalle im

---

[13] Siehe European Commission DV ENG (2010): Soil Biodiversity
[14] Lehmitz et al. (2016): Rote Liste und Gesamtartenliste der Regenwürmer Deutschlands.
[15] Bestandserhebungen der LfL Bayern, Angaben aus Ehrmann (2015) und mündlich von Sepp Braun (Freising).
[16] Vgl. FiBL (2013): Regenwürmer.

Grünland werden enger, und das Artenspektrum verschiebt sich von Kräutern zu schnellwüchsigen Gräsern.[17]

2.1.3 Einsatz von Pflanzenschutzmitteln

Die Bekämpfung der Ackerwildkräuter führt einerseits zu direktem Artenverlust in der Flora als auch zu Verlusten bei Folgenutzern wie Insekten und Vögeln. Im Rahmen des Umweltgutachtens von 2016 stellt der Umweltrat fest, dass *„die Verwendung von Pflanzenschutzmitteln wie Insektiziden, Herbiziden und Fungiziden in der Landwirtschaft eine wichtige Ursache für den weiterhin anhaltenden Rückgang der Biodiversität in der Agrarlandschaft ist. Besonders betroffen sind unter anderem Feldvögel, Wildbienen und Hummeln, Amphibien und Wildkräuter."*[18]

Ende 2016 wurde erstmalig die „Rote Liste für Bodentiere" veröffentlicht, die darauf hinweist, dass deutsche Ackerstandorte häufig von einer „verarmten Regenwurmgemeinschaft" besiedelt werden.

Die Wirkstoffmengen sind im Zeitraum 2005 bis 2014 bei abnehmender Fläche von etwa 35.500 t auf 46.100 t gestiegen, wenn auch mit jährlichen Schwankungen. Die Zunahme ist dabei im Wesentlichen auf den vermehrten Einsatz von Herbiziden (Gesamtanteil von 39 % im Jahr 2014) und Fungiziden (27 %) im Ackerbau zurückzuführen.[19]

2.1.4 Verkürzte Fruchtfolgen

Die Vereinheitlichung und Verkürzung von Fruchtfolgen und die damit einhergehende Zunahme von großflächigem Raps- und Maisanbau führt unter anderem zu einer Einengung von Brutbiotopen. Hinzu kommen eine Vergrößerung der Ackerschläge bei gleichzeitiger Abnahme der Randstrukturen sowie ein früher Stoppelbruch nach der Ernte.[20] Allerdings gibt es regional große Unterschiede, je nach Landschaft und Art der Betriebe.

---

[17] Stein-Bachinger, Karin; Gottwald, Frank (2013): Grundlage für einen Naturschutzstandard im Ökolandbau.
[18] Umweltrat (2016): Umweltgutachten 2016
[19] Vgl. Umweltrat 2016
[20] Stein-Bachinger & Gottwald F. (2013).

Nachhaltige Landwirtschaft

3. Rolle der Landwirtschaftspolitik auf die Produktionssysteme

Die deutsche Landwirtschaft ist in weiten Teilen eine nationale Übersetzung der Gemeinsamen Agrarpolitik der EU (GAP). In dem Zwei-Säulen-System werden finanzielle Förderungen an Landwirte ausgezahlt, die in Summe ökologisch unwirksam oder gar schädlich sind. Über die erste Säule werden erhebliche Direktzahlungen in Form der Hektarprämien – in Deutschland 370 €/ha – vergeben, die nicht an wirksame Nachhaltigkeits- und Naturschutzkriterien gebunden sind. Auch die 2015 eingeführten Greening-Maßnahmen sind aus ökologischer Sicht kaum wirksam.

Die Wirkungen der zweiten Säule der GAP, der Programme der ländlichen Entwicklung und Agrar-Umweltprogramme, sind ökologisch zwar teilweise positiv. Jedoch ist der finanzielle Anteil an der gesamten GAP-Agrarförderung in

Homepage von dem Modellprojekt „Landwirtschaft für Artenvielfalt", das der WWF gemeinsam mit dem Bio-Anbauverband Biopark und unterstützt von EDEKA initiiert hat. In Zusammenarbeit mit Biopark-Betrieben und einer Arbeitsgruppe von Fachleuten des ZALF (Leibniz-Zentrum für Agrarlandschaftsforschung) wurde ein neues Bewertungssystem für Naturschutzleistungen im ökologischen Landbau entwickelt.

Deutschland mit ca. 9 % viel zu gering und nicht annähernd in der Lage, die ökologischen Schäden der intensiven Landwirtschaft zu kompensieren. Die deutsche Agrarpolitik hat dabei ihren verbleibenden Spielraum, bis zu 15 % der Mittel aus der 1. Säule in die 2. Säule umzuschichten, um mehr Nachhaltigkeit zu fördern, nicht genutzt.

Trotz massiver finanzieller Förderungen ist die ökonomische Situation in der Landwirtschaft unbefriedigend und von erheblichen Ungleichgewichten geprägt. Verbunden mit der starken Nachfrage nach Agrarland als Finanzanlage führt dies zu fortschreitendem Strukturwandel, in dessen Folge die Anzahl der Betriebe von 2007 bis 2015 um 14 % auf 276.100 gesunken ist.

Das Agrarfördersystem in Europa und Deutschland hat es also trotz verschiedener Kurskorrekturen nicht vermocht, aus der bereits Mitte der 1970er Jahre beschriebenen ökologischen und ökonomischen Sackgasse herauszufinden. Ein wesentlicher Grund für dieses Versagen ist, dass nach Erreichen der Selbstversorgung die öffentliche Unterstützung nicht an die Bereitstellung anderer, klar definierter öffentlicher Güter geknüpft wurde, zum Beispiel an die Nachhaltigkeit der Landwirtschaft, an den Landschaftsschutz oder ans Tierwohl.

Ein Beispiel aus der Praxis:
Landwirtschaft für Artenvielfalt im ökologischen Landbau

Von der Gesamtfläche Deutschlands sind nur knapp 4 % als Naturschutzgebiete ausgewiesen. Wir brauchen also die Agrarlandschaft, um den Gesamtrückgang der Artenvielfalt in Deutschland zu stoppen. Leider sind mit den heutigen intensiven Produktionssystemen und unter den derzeitigen Rahmenbedingungen in der Agrarlandschaft die meisten Arten in ihrer Vielfalt und der notwendigen Populationsstärke nicht zu erhalten.

Es gibt jedoch Möglichkeiten, landwirtschaftliche Flächen so zu bewirtschaften, dass sie Lebensraum für wildlebende Tier- und Pflanzenarten bieten. Aufgrund vielfältigerer Fruchtfolgen und des Verzichts auf chemisch-synthetische Pflanzenschutzmittel und mineralische Stickstoffdünger kann der ökologische Landbau grundsätzlich einen höheren Beitrag zum Erhalt der Biodiversität leisten als die konventionelle Landwirtschaft (Sachverständigenrat für Umweltfragen, 2010). Um dies zu gewährleisten, bedarf es allerdings konkreter Kriterien zur Förderung der Artenvielfalt, die in die Richtlinien des ökologischen Anbaus integriert werden müssen.

Hier setzt das Projekt „Landwirtschaft für Artenvielfalt" an, das der WWF gemeinsam mit dem Bio-Anbauverband Biopark und unterstützt von EDEKA initiiert hat. Wissenschaftlich begleitet und umgesetzt wird es vom Leibniz-Zentrum für Agrarlandschaftsforschung (ZALF). In Zusammenarbeit mit Biopark-Betrieben und einer Arbeitsgruppe von Fachleuten wurde ein neues Bewertungssystem für Naturschutzleistungen im ökologischen Landbau entwickelt. Ziel des Natur-

Nachhaltige Landwirtschaft

schutzmoduls ist es, die Vielfalt der wild lebenden Tier- und Pflanzenarten zu erhöhen. Das Modul ist eine zusätzliche Qualifikation zur produktionsintegrierten Umsetzung für besondere Leistungen zur Förderung der biologischen Vielfalt.[21]

Es beruht auf einem umfassenden Leistungskatalog mit über 100 Auswahlmöglichkeiten für Ackerland, Grünland sowie für spezifische Landschaftselemente. Überdies werden Vorkommen von gefährdeten Arten und Lebensräumen bewertet. Einige Beispiele dafür sind:

Extensive Beweidung mit Säumen und Tümpeln bietet Lebensraum für Rotbauchunken, Große Feuerfalter und Kammmolche.

In Drilllücken im Getreide entfaltet sich Artenvielfalt. Feldvögel und Feldhasen finden dort reichlich Nahrung und Deckung.

---

[21] Siehe Gottwald; Stein-Bachinger (2016): Landwirtschaft für Artenvielfalt.

Nachhaltige Landwirtschaft

Das im Auftrag des WWF entwickelte Naturschutzmodul (zur „Landwirtschaft für Artenvielfalt") basiert auf einem Punktesystem, das anzeigt, wie effektiv die jeweilige Maßnahme wild lebende Tier- und Pflanzenarten sowie deren Lebensraum schützt. Derzeit nehmen 60 Betriebe aus Norddeutschland mit einer Gesamtfläche von 40.000 ha an dem Projekt teil. Die mit dem Label „Landwirtschaft für Artenvielfalt" versehenen Produkte werden über EDEKA Nord vermarktet. Die Teilnahme ist mit einem zusätzlichen Anreiz verbunden, da die Produkte einen von der EDEKA bezahlten Aufpreis erhalten, der entsprechend der durchgeführten Maßnahmen bestimmt wird.

Ungemähte Streifen im Grünland: Streifen oder Randstreifen werden bei einer Nutzung der Wiese ausgespart. Dort finden Insekten, Wiesenvögel und Feldhasen sichere Rückzugsräume.

Der positive Effekt des derart angepassten ökologischen Landbaus auf die Artenvielfalt ist beeindruckend: Nach einer noch unveröffentlichten Vergleichsuntersuchung des ZALF, in der die 196 Ackerflächen der teilnehmenden Biopark-Betriebe zeitgleich mit 66 konventionell bewirtschafteten Ackerflächen verglichen werden, ist auf den Öko-Äckern die Vielfalt der Ackerwildkräuter bis zu 9-mal größer. Von Kornblume, Lämmersalat oder Feld-Rittersporn gibt es bis zu 20-mal mehr Exemplare. Die Kräuter bedecken bis zu 37 % der Ökofläche, im herkömmlichen Bereich sind es höchstens 7 %.

Neben der Verbreitung und Weiterentwicklung im ökologischen Landbau, wie im Rahmen des oben beschriebenen Projektes, muss „Landwirtschaft für Artenvielfalt" aber auch in die konventionelle Landwirtschaft Eingang finden, um den Rückgang der Artenvielfalt zu stoppen. Die Maßnahmen für Grünland und Landschaftselemente sind überwiegend auch im konventionellen Landbau anwendbar, ebenso einige Maßnahmen aus dem Ackerbau, wie zum Beispiel Blühstreifen. Die kompletten Ackermodule sind hingegen nicht übertragbar, da sie eine Bewirtschaftung ohne Verwendung von Pflanzenschutzmitteln zur Voraussetzung haben. Maßnahmen, die im konventionellen Anbau pilotiert werden sollten, umfassen den reduzierten, stärker ökologisch gesteuerten Einsatz von Nährstoffen und Pflanzenschutzmitteln sowie flächige und kleinräumige Maßnahmen zur Förderung der Artenvielfalt.

4. 10 Lösungsansätze des WWF für eine global nachhaltige Landwirtschaft

Der WWF setzt sich für eine nachhaltige Landbewirtschaftung ein, die weltweit die Ernährung sichert, die biologische Vielfalt auf und außerhalb der Äcker, Wiesen und Weiden schützt, zum Klimaschutz beiträgt und ein sozial akzeptiertes Einkommen gewährleistet. Der vorliegende Beitrag, mit den darin beschriebenen Problemen und den daraus abgeleiteten Lösungsansätzen, soll die häufig in Grabenkämpfen festgefahrene politische Debatte beleben, wie eine nachhaltigere und gerechte Landwirtschaft in Deutschland und Europa mit minimalen negativen Auswirkungen außerhalb unserer Grenzen erreicht werden kann. Auch aufgrund der jüngst veröffentlichten 10 Thesen zur „Landwirtschaft 2030" der DLG besteht die Hoffnung, dass die Lösung dieser lebenswichtigen Aufgabe von allen Beteiligten jetzt mit der notwendigen Priorität und Kompromissbereitschaft angegangen wird.

> *Den Fußabdruck der europäischen Landwirtschaft reduzieren*

1. **Grundsätzliche Reform der Gemeinsamen Agrarpolitik (GAP).** Die Reform der GAP muss die angestrebten Ziele und Lenkungsfunktionen der Agrarpolitik neu und klar definieren. Die Vergabe von Fördermitteln muss an messbare soziale und ökologische Indikatoren gebunden sein, insbesondere an den Erhalt biologischer Vielfalt, den Schutz von Böden und Gewässern sowie den Klimaschutz.
2. **Weltweit transparente Lieferketten.** Für alle importierten Agrarrohstoffe und Agrarprodukte müssen, wie derzeit schon für Biokraftstoffe, verpflichtende Mindeststandards für Nachhaltigkeit mit belastbaren Kriterien zum Landnutzungswandel festgeschrieben werden.
3. **Bodenschutz-Rahmenrichtlinie.** Die EU muss klare Rahmenvorgaben für den Schutz der europäischen Böden formulieren, die zugleich bindend für die Ausgestaltung der Gemeinsamen Agrarpolitik sein müssen.

> *Landnutzungswandel durch Entwicklungsplanung steuern*

4. **Auf Nachhaltigkeit ausgelegte Entwicklungszusammenarbeit.** Die deutsche Zusammenarbeit mit Entwicklungs- und Schwellenländern muss verstärkt auf eine nachhaltige Landnutzungsplanung und deren Umsetzung abzielen, um die Ausweitung von Agrarflächen auf ökologisch- und sozialverträgliche Standorte zu begrenzen, Ökosysteme mit hoher Biodiversität und wichtigen Ökosystemdienstleistungen zu schützen sowie Verdrängung von Kleinbauern, örtlichen Gemeinden und Indigenen Völkern zu verhindern.
5. **Strukturreiche Landschaften.** Bund und Länder müssen Förderprogramme zum Erhalt und zur Entwicklung von Landschaftsstrukturelementen und zur Förderung von biologischer Vielfalt in der Agrarlandschaft auflegen; insbe-

sondere die extensive Bewirtschaftung von artenreichem Grünland muss attraktiver gemacht werden.

Agrarpolitik in Deutschland für Biologische Vielfalt

6. **Reduzierung des Einsatzes von Pflanzenschutzmitteln.** Die Bundesregierung muss eine Strategie zur kontinuierlichen Reduzierung des Einsatzes von Pflanzenschutzmitteln auflegen. Ein erster Schritt muss ein stufenweiser Ersatz von Totalherbiziden und Neonikotinoiden sein.
7. **Novellierte Düngegesetzgebung.** Um den durchschnittlichen Stickstoffüberschuss auf einen naturverträglichen Zielwert (30 kg N/ha) zu reduzieren, sollte aufbauend auf der Stoffstrombilanz der neuen Düngeverordnung eine Stickstoffüberschuss-Abgabe eingeführt werden.
8. **Verlängerung der Fruchtfolgen.** Vielfältigere Fruchtfolgen müssen ein verbindlicher Bestandteil der Definition guter fachlicher Praxis werden. Eine besondere Bedeutung muss hierbei wegen ihres Blühaspekts und ihrer bodenverbessernden Wirkungen den Leguminosen zukommen.
9. **Strategie für Eiweißfuttermittel.** Die Bundesregierung hat politische Instrumente zu entwickeln, um den Anteil heimischer Eiweißfuttermittel in der Tierhaltung signifikant zu erhöhen und für Sojaimporte verbindliche ökologische und soziale Mindeststandards einzuführen.

Gezielte Ausdehnung des ökologischen Landbaus

10. **Wettbewerbsfähiger ökologischer Landbau.** Die Bundesregierung muss die ökonomischen Rahmenbedingungen, einschließlich der Entlohnung der vermiedenen externen Kosten im Vergleich zur konventionellen Landwirtschaft, so gestalten, dass der ökologische Landbau in Deutschland einen bedeutenden Flächenanteil einnimmt.

Literatur

Bouza Marina E.; Aranda-Rickert, Adriana; Brizuela, Maria Magdalena; Wilson, Marcelo G.; Sasal, Maria Carolina (2016): Economics of Land Degradation in Argentina. In: Economics of Land Degradation and Improvement – A Global Assessment for Sustainable Development, Washington (D.C.): International Food Policy Research Institute, S.291-326.

Bundesamt für Naturschutz (2010): Strategischer Plan 2011–2020 für den Erhalt der Biodiversität. Online unter: https://www.bfn.de/0304_2010ziel.html

Bundesministerium für Umwelt, Naturschutz, Bau und Reaktorsicherheit (2014): Indikatorenbericht 2014 zur Nationalen Strategie zur Biologischen Vielfalt

European Commission DV ENG (2010): Soil Biodiversity: functions, threads and tools for policy makers. EU Technical Report 2010-049.

Forschungsinstitut für biologischen Landbau FiBL (2013): Regenwürmer. Steckbrief. Online unter: https://shop.fibl.org/fileadmin/documents/shop/1610-regenwuermer.pdf

Flade, Martin; Schwarz, Johannes; Trautmann, Sven: Bestandsentwicklung häufiger deutscher Brutvögel 1991–2010. In: Vogelwarte. Wilhelmshaven. Band 50, Heft 4/2012, S. 307–309

Gottwald, Frank; Stein-Bachinger, Karin (2016): Landwirtschaft für Artenvielfalt – Ein Naturschutzmodul für ökologisch bewirtschaftete Betriebe. 2. Auflage. Hg. vom WWF Deutschland.

Hofmeister, Heinrich; Garve, Eckhard (2006): Lebensraum Acker. Remagen: Verlag N. Kessel

Nachhaltige Landwirtschaft

Lehmitz, Ricarda; Römbke, Jörg; Graefe, Ulfert; Beylich, Anneke; Krück, Stefanie (2016): Rote Liste und Gesamtartenliste der Regenwürmer (Lumbricidae et Criodrilidae) Deutschlands. Hg. vom Senckenberg-Museum für Naturkunde, Görlitz

Leuschner, C.; Wesche, K.; Meyer, S.; Krause, B.; Steffen, K.; Becker, T.; Culmsee, H. (2013): Veränderung und Verarmung der Offenlandvegetation Norddeutschlands seit den 1950er Jahren: Wiederholungsaufnahmen Äckern, Grünland und Fließgewässern. In: Berichte der Reinhold Tüxen Gesellschaft, Hannover, Band 25, S. 166–182

Lozán, José L.; Breckle, Siegmar-W.; Müller, Ruth; Rachor; Eike (Hrsg., 2016): Warnsignal Klima: Die Biodiversität. Hamburg: Verlag Wissenschaftliche Auswertungen.

Meyer, S.; Wesche, K.; Krause, B.; Brütting, C.; Hensen, I.; Leuschner, C. (2014): Diversitätsverluste und floristischer Wandel im Ackerland seit 1950. In: Natur und Landschaft. Jg. 89, Heft 9/10, S. 392–398

OECD (2012): OECD environmental outlook to 2050. The consequences of inaction

Steffen, Will; Richardson, Katherine; Rockström, Johan; Cornell, Sarah E.; Fetzer, Ingo; Bennett, Elena M.; Biggs, R.; Carpenter, Stephen R.; de Vries, Wim; de Wit, Cynthia A.; Folke, Carl; Gerten, Dieter; Heinke, Jens; Mace, Georgina M.; Persson, Linn M.; Ramanathan, Veerabhadran; Reyers, B.; Sörlin, Sverker (2015): Planetary boundaries: Guiding human development on a changing planet. In: Science; Vol 347, 15 January 2015.

Stein-Bachinger, Karin; Gottwald, Frank (2013): Grundlage für einen Naturschutzstandard im Ökolandbau. Pilotprojekt in Mecklenburg-Vorpommern. Hg. vom WWF Deutschland

Umweltrat (2016): Umweltgutachten 2016. Online unter: http://www.umweltrat.de/SharedDocs/Downloads/DE/01_Umweltgutachten/2016_Umweltgutachten_Kap_06.pdf;jsessionid=C78F1B8FFF724BA3312FC5675E1D314A.1_cid325?__blob=publicationFile

WWF (2012): Fleisch frisst Land. WWF Deutschland. Berlin

WWF (2014): The Growth of Soy: Impacts and Solutions. WWF International, Gland (Switzerland).

WWF (2016): Living Planet Report 2016. Online unter: http://www.wwf.de/living-planet-report/

Dr. Valentin von Massow

arbeitet seit 2006 in verschiedenen Aufsichtsgremien in den Sektoren Energie, Landwirtschaft und Umwelt in Deutschland, Belgien, Indien und Großbritannien. Davor war er knapp 20 Jahre bei The Boston Consulting Group, einer der weltweit größten Unternehmensberatungen, zuletzt als Managing Partner in Indien. Nach dem Studium der Landwirtschaft mit der Fachrichtung Ökonomie und Promotion in Göttingen wirkte er zwei Jahre am International Livestock Centre for Africa in Addis Abeba. Dr. Valentin von Massow ist seit 1994 dem WWF in verschiedenen Funktionen verbunden: als Berater von WWF Deutschland (1994/1995) und von WWF International (2004/2005), als Mitglied des Stiftungsrates von WWF Deutschland (1999-2011) und von WWF Großbritannien (2008-2014) sowie in verschiedenen Ausschüssen und Arbeitsgruppen. Er ist Mitglied im Board von WWF International und Mitglied im Finanzausschuss von WWF Deutschland.

VII. Risikovorsorge, Landwirtschaft und Gesellschaft

Prof. Dr. Dr. Andreas Hensel, *Interview mit dem Präsidenten des Bundesinstituts für Risikobewertung (BfR), Berlin*

„Sicherheit bedeutet immer ein akzeptables Risiko"

Der Sicherheitskonsens für Landwirtschaft und Lebensmittel muss mit der Gesellschaft gefunden werden

■ **Lebensmittelsicherheit ist im wörtlichen Sinne in aller Munde: Auf was achten Sie als oberster deutscher Risiko-Bewerter im Alltag?**
Prof. Andreas Hensel: Als Wissenschaftler weiß ich, dass Risiko die Wahrscheinlichkeit ausdrückt, mit der eine Gefahr eintreten kann.

■ **Geht es weniger theoretisch?**
Hensel: Ja klar. Wiederum als Wissenschaftler beobachte ich beispielsweise mit Sorge, wie einige Fernsehköche die einfachsten Regeln der Küchenhygiene komplett missachten. Da wird auf dem gleichen Brett erst rohes Fleisch und

„Sicherheit bedeutet immer ein akzeptables Risiko"

anschließend Obst oder Gemüse geschnitten. Das ist der ideale Weg, um krankmachende Keime zu übertragen.

■ **Also Fernseher abschalten und Mutter fragen?**
Hensel: So einfach ist es auch wieder nicht. Der Umgang mit Lebensmitteln hat sich verändert. Die Convenience-Generation scheint tendenziell damit ein wenig überfordert zu sein, frische Lebensmittel sicher zuzubereiten. Ob die derzeit jungen Leute von Anfang bis Mitte Zwanzig es nicht von ihren Eltern nicht gelernt haben, sei dahingestellt. Fakt ist, dass lebensmittelbedingte Durchfallerkrankungen durch Campylobacter-Bakterien in dieser Altersgruppe weltweit dominieren.

> „Der Umgang mit Lebensmitteln hat sich verändert. Die Convenience-Generation scheint tendenziell damit ein wenig überfordert zu sein, frische Lebensmittel sicher zuzubereiten."

■ **Was heißt denn überhaupt „Sicherheit" mit Blick auf Landwirtschaft und Lebensmittel?**
Hensel: Sicherheit bedeutet immer ein akzeptables Risiko. Was akzeptabel ist, verhält sich umgekehrt proportional zum Einkommen, respektive Wohlstand. Wer hungert, isst alles. Wer mehr hat, achtet auf Sicherheit. Sicherheit ist ein gesellschaftlich ausgehandelter Konsens. Konkret bedeutet das: Die Schwellen- und Entwicklungsländer scheitern oftmals im internationalen Handel an unserem Sicherheitsverständnis, weil wir die von der Weltgesundheitsorganisation WHO gesetzten Standards legislativ unterbieten.

- **Das ist ein hervorragendes Argument, um der heimischen Landwirtschaft zu vertrauen.**

Hensel: Sie unterschätzen, wie komplex solche Entscheidungen sind. Die Landwirtschaft hat genau das übersehen. Die Landwirtschaft hat lange von der Legitimation gelebt „wir versorgen die Menschen". Das ist verständlicherweise ein Aspekt, den die Bauern nicht missen wollen. Sie müssen aber erkennen: Die Gesellschaft fühlt sich in der Frage ausgeschlossen, wie der Sicherheitskonsens für Landwirtschaft und Lebensmittel gefunden wird.

> „Die Gesellschaft fühlt sich in der Frage ausgeschlossen, wie der Sicherheitskonsens für Landwirtschaft und Lebensmittel gefunden wird."

- **Ist die Gesellschaft ausgeschlossen oder vermitteln die Meinungsmächtigen genau diesen Eindruck?**

Hensel: Das ist sicherlich eine Bildungsfrage, aber es wäre vermessen zu glauben, dass nur gebildete wohlhabende Städter mit der gegenwärtigen Kritik etwas zu tun haben.

- **Hat die Landwirtschaft ein Problem mit der Glaubwürdigkeit?**

Hensel: Das kann man so pauschal nicht beantworten.

- **Doch, versuchen Sie es bitte.**

Hensel: Es gibt „Peer-Groups", also zum Beispiel das soziale Umfeld, dem man sich zugehörig fühlt oder, noch größer, die „Verbraucher". Das ist zunächst einmal dafür wichtig, wie man denkt und handelt. Für die gesellschaftliche Debatte sind aber im Zweifel die „Pressure-Groups" bedeutender. Mit anderen Worten: Meinungsmachende Nichtregierungsorganisationen mit vergleichsweise wenigen Akteuren, wie Greenpeace, Foodwatch, Campact und Co. können die individuellen Meinungen von Millionen Verbrauchern in der Debatte ersetzen.

> „Meinungsmachende Nichtregierungsorganisationen mit vergleichsweise wenigen Akteuren, wie Greenpeace, Foodwatch, Campact und Co. ersetzen die individuellen Meinungen von Millionen Verbrauchern."

- **Und genau da sind Sie als Wissenschaftler gefragt.**

Hensel: Wissenschaft bietet keine einfachen Antworten. Politik und Gesellschaft wollen aber genau die einfache und gesicherte Entscheidungsgrundlage. Darin liegt ein unauflösliches Spannungsfeld verborgen, und deshalb funktioniert auch wissenschaftliche Politikberatung oft etwas holperig. Wir bieten als Wissenschaftler das gesicherte Nicht-Wissen und vermuten das Nicht-Wissen, von dem wir noch nicht wissen, dass wir es wissen müssen.

"Sicherheit bedeutet immer ein akzeptables Risiko"

Das Bundesinstitut für Risikobewertung (BfR) bietet zwei Smartphone-Apps zur kostenlosen Nutzung an. Jeder Interessierte kann so jederzeit zu ausgewählten wissenschaftlichen Fragen auf aktuelle Kenntnisse des BfR zurückgreifen.

■ **Jetzt schieben Sie mit großen Worten die Verantwortung von sich.**
Hensel: Nein, das tue ich nicht. Ein nicht angemessener Umgang mit Risiken gefährdet in der Politik die ordnungspolitische Kontinuität. Das Vorsorgeprinzip ist die politische Antwort auf den Umgang mit Nicht-Wissen.

> „Das Vorsorgeprinzip ist die politische Antwort auf den Umgang mit Nicht-Wissen."

■ **Wie groß ist die Gefahr, respektive das Risiko, dass Ihr Institut dafür instrumentalisiert wird?**
Hensel: Wir werden nicht instrumentalisiert, weil wir unseren Kunden die wissenschaftlichen Risikobewertungen über unsere Internetseiten ja nur anbieten – aktuell, transparent und jederzeit verfügbar. Hauptkunde ist natürlich, und das ist gesetzlich so vorgesehen, die Bundesregierung. Aber auch andere Kunden nutzen unsere Risikobewertungen. Die reichen von den NGO über die Medien bis zu den Verbraucherverbänden und der Lebensmittelindustrie. Vor allem den Wissensanspruch der Industrie haben wir anfangs vielleicht eher unterschätzt. Die Industrie will sich nicht gegen ein messbares Risiko wehren, sondern davon wissen, um damit in der Praxis umgehen zu können. Unabhängig davon ist es ganz wichtig, dass es nicht nur darum geht, lange über Risiken zu forschen. Die praktische Frage ist doch, was passiert, wenn man sich Risiken gegenseitig erklärt oder deren Dimension darlegt. Spätestens, wenn daraus folgend Höchstgehalte von vermeintlichen oder tatsächlich unerwünschten Stoffen festgelegt werden, ist das eine politische Entscheidung.

„Sicherheit bedeutet immer ein akzeptables Risiko"

Gesunde Lebensmittel können Tiere nur liefern, wenn sie einwandfreies Futter erhalten. Vor diesem Hintergrund bewertet das BfR am Standort Berlin-Alt-Marienfelde die Unbedenklichkeit von Futtermitteln und Futtermittelzusatzstoffen.

■ Was folgt daraus für Sie?

Hensel: Wir müssen darauf schauen, wie wir unsere Gesellschaft entwickelt haben. Den Umweltschutz hat sich die Gesellschaft hart miteinander erkämpft. Es wurde dann viel Geld in die Hand genommen, um Luft und Wasser von Belastungen zu befreien. Ebenso müssen wir darüber nachdenken, wie wir unsere Landwirtschaft bei der Entwicklung der ländlichen Räume neu organisieren.

> *„Wir müssen darüber nachdenken, wie wir unsere Landwirtschaft bei der Entwicklung der ländlichen Räume neu organisieren."*

■ Wer ist in diesem Fall „Wir"?

Hensel: Grundsätzlich erst einmal die gesamte Gesellschaft, Städter wie Landbewohner. Aber es wäre sehr wichtig, den Diskurs zu institutionalisieren. Es existieren zahlreiche Bundesstiftungen, nur genau in diesem Themenfeld, also eine für unsere natürlichen Lebensgrundlagen, fehlt bisher. Einen Namen für die Stiftung hätte ich bereits: „Leben.Wissen".

> *Plädoyer für eine neue Bundesstiftung „Leben.Wissen"*

■ Das BfR gibt es doch bereits.

Hensel: Eine Bundesstiftung „Leben.Wissen" würde weit darüber hinausgehen. Es geht nicht nur um Wissen. Wir brauchen eine Institution, die in diesem Zusammenhang eine gesellschaftliche Plattform bietet, und das unbedingt wissensbasiert. Es ist nicht die Aufgabe des Staates, den Bürgern Werte vorzu-

"Sicherheit bedeutet immer ein akzeptables Risiko"

> "Es ist nicht die Aufgabe des Staates, den Bürgern Werte vorzuschreiben. Das müssen die Bürger schon untereinander ausmachen."

schreiben. Das müssen die Bürger schon untereinander ausmachen. Die Bundesstiftung „Leben.Wissen" wäre dafür Impulsgeber und Rahmen zugleich.

■ **Ist es in einer fragmentierten Gesellschaft wie der unsrigen überhaupt möglich, kollektive Werte zu vereinbaren?**
Hensel: Selbstverständlich. Jeder kennt das vom Reisen. Wenn man aus anderen Kontinenten nach Europa zurückkommt, stellt man rasch fest, dass man als Deutscher beispielsweise mit Portugiesen oder Polen gemeinsame Werte und Kultur teilt.

> "Landwirtschaft ist ohne Zweifel ein tiefer Eingriff des Menschen in die Natur. Wir müssen uns aber fragen, ob die Globalisierung in ihrer jetzigen Form das ist, was wir für unsere Landwirtschaft wollen."

■ **Jetzt müssen wir wieder die Kurve zur Landwirtschaft bekommen.**
Hensel: Landwirtschaft ist ohne Zweifel ein tiefer Eingriff des Menschen in die Natur. Wir müssen uns aber fragen, ob die Globalisierung in ihrer jetzigen Form das ist, was wir für unsere Landwirtschaft wollen. Ist es richtig, Turbohühner mit gentechnisch veränderten Importfuttermitteln bei uns zu mästen, um sie anschließend zu exportieren? Sind ländliche Räume mehr als Produktionsstandorte, die nach den Bedürfnissen der Landwirtschaft ausgerichtet werden müssen? Radikale Positionen der Naturnutzer einerseits und der Umweltschützer andererseits haben heute zu einer gewissen Sprachlosigkeit geführt und die kommerzielle Landnutzung und Tierhaltung unter Generalverdacht gestellt. Es wäre gut, wenn alle mal innehalten würden und feststellten: Wir haben schon eine Menge erreicht. Ich begrüße es daher sehr, dass politische Initiativen die ländlichen Räume in deren Gesamtheit fokussieren. Jeder, der seit mehr als zwanzig Jahren einen Hund auf dem Land

> "Den Deutschen…ist ihre gesamte Heimat, und nicht nur die Wiesen, die Äcker, der Wald, als Kulturraum sehr wichtig. Es wird nur aber immer einen Konflikt zwischen Schützen und Nützen der Natur geben. Diesen Konflikt müssen wir im Konsens lösen, wir haben nur diese eine Umwelt."

spazieren führt, bemerkt die „entrümpelten" gleichförmigen Flächen. Gleichzeitig sieht der Natur liebende Städter keine Nutztiere mehr draußen herumlaufen. Da hat sich etwas verändert und nicht unbedingt zum Guten. Den Deutschen, ob sie nun in der Stadt oder auf dem Land wohnen, ist ihre gesamte Heimat, und nicht nur die Wiesen, die Äcker, der Wald, als Kulturraum sehr wichtig. Es wird nur aber immer einen Konflikt zwischen Schützen und Nützen der Natur geben. Diesen Konflikt müssen wir im Konsens lösen, wir haben nur diese eine Umwelt.

■ **Dazu haben Sie jetzt die Gelegenheit, indem Sie Sätze vervollständigen. Die Debatte über BSE war…**
Hensel: …fruchtbar, weil man sich erstmals in einem gesamtheitlichen Ansatz mit der Lebensmittelsicherheit beschäftigt hat.

■ **Die Gefahr von Glyphosat im Bier …**
Hensel: …wird zu einem gesundheitlichen Risiko, wenn Sie ein Leben lang jeden Tag 1000 Liter Bier trinken.

Das Gespräch führte Dietrich Holler, Kommunikationleiter der DLG.

Prof. Dr. Dr. Andreas Hensel

Der Veterinärmediziner, Mikrobiologe und Hygieniker ist Präsident des Bundesinstituts für Risikobewertung (BfR) in Berlin. Nach dem Studium der Veterinärmedizin, Promotion und wissenschaftlicher Tätigkeit an der Tierärztlichen Hochschule Hannover war Hensel von 1991 bis 1994 an der Universität Utrecht tätig, wo er den Ph.D. erwarb. Von 1994 bis 1997 forschte er als Senior Scientist im Zentrum für Molekulare Biologie am Biozentrum der Universität Wien. 1997 habilitierte er sich an der Tierärztlichen Hochschule Hannover im Fachgebiet Mikrobiologie. Hensel wechselte im gleichen Jahr an die Veterinärmedizinische Fakultät der Universität Leipzig, wo er bis 2003 den Lehrstuhl für Tierhygiene und Tierseuchenbekämpfung innehatte sowie auch der Direktor des Instituts für Tierhygiene und Öffentliches Veterinärwesen war. Im Mai 2003 wurde er als erster Präsident an das im Jahre 2002 neu gegründete Bundesinstituts für Risikobewertung (BfR) in Berlin berufen. Seitdem ist Prof. Hensel auch der deutsche Vertreter im Wissenschaftlichen Beirat der Europäischen Behörde für Lebensmittelsicherheit (EFSA) und ist Honorarprofessor für Gesundheitlichen Verbraucherschutz und Risikobewertung an der Universität Leipzig sowie für Lebensmittelhygiene an der Freien Universität Berlin.

VIII. Digitalisierung und zukunftsfähige Landwirtschaft

Ulrich Wagner, *Geschäftsführender Gesellschafter der Wimex Unternehmensgruppe, Regenstauf (Landkreis Regensburg)*

Schlüsseltechnologie Digitalisierung, Landwirtschaft und Gesellschaft[*]

Welchen Beitrag leistet sie zur Steigerung von Effizienz, Produktivität und gesellschaftlicher Akzeptanz?

Gesellschaftliche Akzeptanz

Um einen Zusammenhang zwischen der gerade im Entstehen befindlichen Digitalisierung der Landwirtschaft als Motor zur Verringerung einer gesellschaftlichen Diskrepanz zu sehen, bedarf es vorab einer Einordnung in die aktuelle Situation der Land- und Ernährungsindustrie. Was bedeutet gesellschaftliche

---

[*] Überarbeitete Fassung des Vortrages im Rahmen der Klausurtagung der DLG über „Landwirtschaft 2030" am 12. Oktober 2016 im DLG-Haus in Frankfurt a. M.

Schlüsseltechnologie Digitalisierung, Landwirtschaft und Gesellschaft

Akzeptanz in der heutigen sogenannten „post faktischen" Zeit? Was ist damit gemeint? Um diesen Zusammenhang etwas zu erläutern, beziehe ich mich auf eine Studie des Kölner Instituts für markt- und Medienforschung „rheingold salon", die es im Auftrag der Heinz Lohmann Stiftung zum Thema „Wankelmütigkeit der öffentlichen Meinung" aus dem Jahr 2015/16 durchgeführt hat (siehe Lönneker, 2016, S. 99 ff.). Dort wurde aufgrund von Befragungen festgestellt, dass wir es mit folgenden Phänomenen in der heutigen Gesellschaft zu tun haben:

- **Phänomen 1:** „Der schizophrene Bürger oder die Erlaubnis gleichzeitig dafür oder dagegen zu sein"

Was bedeutet das an Hand eines Beispiels? Bei den Befragungen stellte sich heraus, dass eine Mehrheit gegen die industrielle Landwirtschaft ist, aber Sie gehen trotzdem zum Discounter und unterstützen es damit. Diese Beispiele ließen sich beliebig, auch für andere Branchen, feststellen. Es liegt vor allem daran, dass die Deutungshoheit im öffentlichen Raum über die Jahre durch die emotionale Komponente, der früher vor allem im privaten Bereich überwiegenden weiblichen Meinungsbildung, überlagert wird. Das bedeutet, dass neben der Faktenlage immer mehr die Emotion die Handlungen beeinflusst, und dass es somit zu diesem Zwiespalt in der gesellschaftlichen Wahrnehmung kommt. Der Verstand sagt das Eine, die Gefühle etwas Anderes. Eine aktuelle Studie von ATKearny zeigt diesen Zwiespalt am Beispiel der größeren Nachfrage nach regionalen Lebensmitteln gegenüber biologisch hergestellten Produkten. Hier sollte die Vernunft eher für eine biologische Produktion sprechen, die ja eine regionale Produktion implizit voraussetzt, gibt aber der regionalen Produktion den Vorzug, da das Bauchgefühl mit dem bekannten konventionellen Produzenten eher etwas anfangen kann, als der durch die Sinnkrise behaftete Bioanbau, der über den Lebensmitteleinzelhändler und Discounter vertrieben wird (siehe ATKearny, 2014).

*Der gespaltene Bürger, oder: Kultur der Widersprüchlichkeit. Das ist ein bestimmendes Phänomen der Meinungsbildung: Ein- und dieselben Bürger entwickeln je nach Kontext unterschiedliche Meinungen und Verhaltensweisen zu ein- und demselben Thema.
(Ausschnitt von Titelbild Heinz Lohmann Stiftung mit Titel: Öffentliche Meinung in der Krise)*

Schlüsseltechnologie Digitalisierung, Landwirtschaft und Gesellschaft

- **Phänomen 2:** „Die gesättigte Gesellschaft oder die Angst vor neuen Entwicklungen"

Dieses Phänomen ist nicht nur in der Land- und Ernährungsbranche beheimatet. Die Globalisierungsängste sowie zunehmende Digitalisierung mit der Furcht vor Arbeitsplatzverlust, verängstigen die Gesellschaft. Ebenso fragt sich jeder Einzelne in den Industrienationen, welche Ziele man noch anstreben sollte, da man doch gefühlt schon alles erreicht hat. Es gilt, die Besitzstände zu wahren, gegen Fremde sowie gegen neue Technologien, die man ja gar nicht benötigt. Aktuelle politische Entwicklungen zeigen uns den gesellschaftlichen Wandel leider sehr eindringlich. Die Auferstehung von Populisten wie Donald Trump, Marie Le Pen, Gert Wilders, um nur einige zu nennen, macht viele von uns sehr nachdenklich. Die Entstehung der AfD (alternative für Deutschland) sowie der Brexit zeigen die Zerrissenheit der Gesellschaft zwischen Vernunft und Emotion sehr deutlich.

- **Phänomen 3:** „Die überarbeitete Gesellschaft oder weniger ist mehr"

Dieses weitere in der Studie postulierte Phänomen fügt sich nahtlos in die gerade erwähnte Situation ein. Neben der Angst vor Neuem fühlt sich die Mehrheit der Gesellschaft durch die Veränderungen der letzten Dekaden gestresst und überarbeitet. Die Komplexität erzeugt eine Zukunftsangst, die sich auch auf zahlreiche neue Technologien erstreckt. Die ständige Erreichbarkeit über Smartphones ist hier ein hervorragendes Beispiel. So entwickelt sich ein Trend, der auch als Ausbruch aus dieser Entwicklung zu verstehen ist. Diese Gegenreaktion ist der Rückzug ins Private, ins Überschaubare.

Was hat das aber jetzt mit der Land- und Ernährungsbranche zu tun? Die Branche sieht sich inzwischen leider mit einer veränderten Anspruchshaltung der Gesellschaft konfrontiert. Essen und Ernährung werden zu einem politischen Thema hochgeschaukelt, bis alles in Gut und Böse eingeteilt ist. Über Jahrzehnte wurde den Produzenten als das ideale Ziel vorgehalten, dass die Steigerung der Produktqualität einhergehend mit der Reduzierung der Gestehungskosten über Produktivitätssteigerung der richtige Weg sei. Nicht durch die Verbraucher, sondern innerhalb der Branche und deren Vertretern. Die Gesellschaft hat diesen Wohlstandsgewinn wohlwollend zur Kenntnis genommen. Inzwischen wird der individuelle Essstil zum moralischen und politischen Identifikationselement. Biofanatiker, Veganer, Gesundheitsapostel und Foodies erscheinen wie religiöse und politische Eiferer. Meist sind sie völlig harmlos. Ärgerlich ist es hierbei vor Allem, dass Sie einen medialen Hype erzeugen.

Riskant ist diese Stimmungslage für die Produzenten von Konsumgütern. Diese versuchen sich in der Regel auf die Kunden auszurichten, verstehen diese aber oftmals anders, als das wirkliche Kaufverhalten dann in der Realität zeigt.

Schlüsseltechnologie Digitalisierung, Landwirtschaft und Gesellschaft

Schlüsseltechnologie Digitalisierung

Welchen Einfluss hat nun die Digitalisierung in Bezug auf eine Verbesserung der Akzeptanz der Gesellschaft gegenüber der Land- und Ernährungsbranche?

Der Megatrend Digitalisierung erreicht inzwischen alle Bereiche unserer Gesellschaft. Waren zu Beginn vor Allem der private Konsument im Fokus der Digitalisierung, so durchdringt der Trend inzwischen nahezu alle Branchen, mal etwas früher, mal etwas später – aber letztendlich doch beinahe alle Bereiche, auch die der Produktion. Die erfolgreichsten Unternehmen kommen nicht mehr aus dem Bereich der Rohstoffförderung oder dem Bereich der Händler, sondern von den „Datenkraken" des privaten Sektors – google, Apple, Amazon.

Nebenbei verspricht sich die Landwirtschaftsbranche, neben den neuen Züchtungsmethoden CRISPR/Cas durch die Digitalisierung eine wichtige globale Produktivitätssteigerung, die zur Bewältigung der wachsenden Nachfrage durch eine rasant steigenden Weltbevölkerung, als dringend nötig erscheint.

Weltweit wächst demnach der Markt für Präzisionslandwirtschaft nach einer Studie von Roland Berger aus dem Jahre 2015 jährlich um 12 Prozent. Somit erreicht dieser Trend auch eine wirtschaftliche Größe, die inzwischen auch große Player wie Monsanto/Bayer anzieht (siehe Roland Berger Strategy Consultants, 2015).

a) Neue Themen: Cyber-physikalische Systeme

Diese Systeme bezeichnen den Verbund informatischer, softwaretechnischer Komponenten mit mechanischen und elektronischen Teilen, die über eine Dateninfrastruktur, wie z. B. das Internet, kommunizieren. Ein cyber-physisches System ist durch seinen hohen Grad an Komplexität gekennzeichnet.

1. Smart-X

So ist der Bereich Industrie 4.0 sehr stark mit der Landwirtschaft vergleichbar. In der Landwirtschaft 4.0 kommunizieren Maschinen mit Maschinen (M2M), es fahren autonome Maschinen über den Acker (Lenksysteme), die Produktion ist mit modernster Informations- und Kommunikationstechnik vernetzt und die ersten Entscheidungsunterstützungssysteme kommen auf den Markt.

Schlüsseltechnologie Digitalisierung, Landwirtschaft und Gesellschaft

Übersicht 1:
Megatrend Digitalisierung

Quelle: acatech, Situationsbericht 2016

Es sind aber noch einige Hürden auf dem Weg zu überbrücken. So sind zwar bei Einzelnen schon sehr weitreichende Lösungen im Einsatz – leider aber fehlt es noch an einer flächendeckenden Infrastruktur, um alle Betriebe und Wertschöpfungspartner ausreichend zu vernetzten. So ist eine der wesentlichen Voraussetzungen gerade erst am Anfang der Umsetzung. Die Betriebe müssen sich für sogenannte Cloudlösungen öffnen und ihre Daten zur Vernetzung bereitstellen. Dieser Prozess findet aktuell statt und die nächsten Jahre wird eine Aufteilung der „Kunden" erfolgt sein. Später in den Markt eindringende Anbieter werden es deutlich schwerer haben, signifikante Marktanteile an den Endkunden zu gewinnen. Da die Erkenntnis größerer Unternehmen, durch die Erfolge der großen Player wie Apple, Google & Co. aufgeschreckt, gereift ist, dass die Zukunft den datengetriebenen Geschäftsmodellen gehört, versuchen viele auf den gerade abfahrenden Zug aufzuspringen. Inzwischen interessieren sich dadurch nicht nur die angestammten Platzhirsche der Branche, wie John Deere und Bayer dafür, sondern auch Quereinsteiger wie Bosch und SAP. Auch fürchtet der Handel in Deutschland um seine Marktstellung durch disruptive Geschäftsmodelle neuer junger Start-ups. Somit investieren BayWa und Agravis inzwischen auch in Ihre eigenen digitalen Geschäftsmodelle. Der Kampf um Marktanteile zur Eroberung von Cloudkundschaft ist von verschiedenen Seiten aktuell im vollen Gange und wird durch kostenlose Lockangebote weiter forciert. Es zeigt sich

Schlüsseltechnologie Digitalisierung, Landwirtschaft und Gesellschaft

auch, dass es ein sehr teures Unterfangen ist, die gesamte Funktionalität bestehender klassischer Softwaresysteme in die Cloud zu heben und mit den neuen Möglichkeiten der Vernetzung und Automatisierung auszustatten. Damit wird es ein Rennen von eher finanzstarken Beteiligten und weniger von kleinen Start-ups, da sich so schnell keine disruptiven Geschäftsmodelle etablieren lassen – aufgrund von überschaubaren Kundenzahlen sowie hohen technischen Anfangshürden einer Abbildung landwirtschaftlicher Produktion. Ebenfalls erkennbar ist eine Öffnung der Plattformen für eine Partneranbindung, um eine weitere Fragmentierung des Marktes zu verhindern. Wurden früher Softwaresysteme genutzt, um Kunden in seiner eigenen Welt zu halten, versucht man heute, die Daten zusammenzuhalten und gewährt vermeintlichen Konkurrenten Zugang zu den Systemen.

2. IoT – Das „Internet der Dinge"

Mehr Daten – mehr Vernetzung – mehr Leistung. Das „Internet der Dinge" wird bisher etablierte Wertschöpfungsketten verändern. Der Trend geht weg von einzelnen Produkten hin zu Systemen, die aus eng miteinander verknüpften Produkten bestehen, und weiter zu „Systemen von Systemen", die mehrere Produkte und Dienstleistungen zusammenbringen. Hier interessieren sich vor allem Anbieter, die diese Entwicklung auch in anderen Branchen bearbeiten und in der Landwirtschaft eine willkommene Erweiterung dieser Technologie sehen. SAP

Übersicht 2:
Cyber-physikalische Systeme

investiert inzwischen über 2 Mrd. € in das „Internet der Dinge" und kooperiert eng mit Unternehmen wie Bosch, die Sensorik und Vernetzung aus ihrem Know how als Automobilzulieferer beisteuern. Hier befinden wir uns aber gerade erst am Anfang und auch hier fehlt eine etablierte Infrastruktur, um beispielsweise diese Daten im großen Stil von Maschinen abzufragen und sie in geeignete Datenbanksysteme zu speichern und einer Nutzung zuzuführen. Das bedeutet, dass wir erst einmal ein Vielzahl von Geräten (Things) brauchen, die mit dem Internet (Cloudplattformen) vernetzt sind und daraus eine Information bzw. einen Nutzen generieren. Wenn diese Systeme mehr und mehr im Markt auftauchen, findet sich zum Beispiel ein Landmaschinenhersteller, zunehmend in einer erweiterten Branche, die „alles Mögliche" rund um die landwirtschaftliche Automatisierung umfasst.

3. Autonome Systeme

Einen durchaus schon bedeutenden Erfolg dürfte die Teilautomatisierung durch Lenksysteme in der Landwirtschaft darstellen. Schon über einen Zeitraum von über zehn Jahren führt diese Technologie zu nennenswerten Umsätzen in der Branche und zu entsprechenden Nutzen bei den Anwendern.

Unternehmen wie Trimble und Topcon sind inzwischen zu relativ globalen Playern der Automatisierungstechnologie geworden. Hier ist die Landwirtschaft tatsächlich schon erheblich weiter als die Automobilbranche.

Aktuell sind vermehrt Bemühungen zu erkennen, die zumeist universitären Arbeiten, rund um Robotik im Pflanzenbau, auch in eine kommerzielle Nutzung zu überführen. So hat Bosch mit seiner Ausgründung Deepfield Robotics erste Schritte in eine Kommerzialisierung gemacht. Die Roboter in der Landwirtschaft haben durchaus ein enormes Potenzial, klassischen Gemüse- und Ackerbau zu verändern. Kleine Einheiten mit Schwarmintelligenz können eventuell große und schwere Maschinen ersetzen und autonom zusätzliche Arbeiten übernehmen, für die heute die großen und schweren Traktoren nur bedingt geeignet sind. Ebenfalls können solche Monitoringaufgaben mit unterschiedlichen Sensoren ausgestattet auch ‚Roboter der Luft" übernehmen. Drohnen oder sogenannte UAV´s erobern gerade den Himmel, nicht nur bei den Logistikdienstleistern, die die sogenannte letzte Meile zum Kunden überbrücken wollen, sondern auch in der Landwirtschaft. Von ursprünglich teuren Spezialgeräten werden diese Flugobjekte gerade massentauglich und bezahlbar. Im privaten Konsumentenmarkt werden weltweit gerade große Stückzahlen in die Lüfte gebracht und deren rasante Weiterentwicklung bringt auch hier den Nebeneffekt in die Landwirtschaft. Es gibt bereits bezahlbare, leicht zu beherrschende Flugsysteme mit guten spektralen Kameras, die brauchbare Bilder zur Verfügung stellen. Die ersten Integrationen in Cloudlösungen lassen auch diese Fernerkundungsdaten massentauglich und bezahlbar werden.

Schlüsseltechnologie Digitalisierung, Landwirtschaft und Gesellschaft

Sensoren, GPS, Drohnen: Heute nutzen Bauern modernste Technik, um ihre Felder zu bewirtschaften. Ausschnitt aus dem Bericht in der „Welt" (24.7.2014).

Somit fahren Maschinen immer autonomer, nicht nur geradeaus, sondern neben Kurven beherrschen sie auch komplettes Vorgewendemanagement. Roboter navigieren sogar fahrerlos durch die Bestände und Drohnen fliegen autonom ihre Flugrouten ab und prozessieren die Daten immer häufiger automatisch. Neben den Automatisierungsgraden der Maschinen wird auch bei der Aufbereitung der Daten mehr und mehr von autonomen Systemen gesprochen. Es werden auf diesen Big-Data Plattformen Automatisierungsroutinen zur Verfügung gestellt, die autonome Analysen der Datenbestände durchführen und bei entsprechenden Überschreitungen von Grenzwerten dieser Analysen, auch automatisch benachrichtigen.

Big-Data ist somit zum großen strategischen Ziel geworden. Jeder möchte Daten sammeln und aus diesen in Zukunft Wertschöpfung betreiben.

All diese Systeme führen damit immer mehr zu einer datengetrieben Veränderung der Wirtschaft.

4. Nutzen von einer digitalisierten Landwirtschaft für die Gesellschaft

Was hat den nun die Gesellschaft von dieser Veränderung der Wirtschaft? Die sogenannte Präzisionslandwirtschaft soll mit diesen Technologien intelligent, produktiv und nachhaltig werden. Wenn wir uns die Effekte höherer Produktivität sowie bessere Wirtschaftlichkeit betrachten, werden wir unter den zu Beginn festgestellten Phänomenen eher wenig Interesse der Gesellschaft an den Errungenschaften bemerken, da sie überwiegend dem Produzenten nutzen und nicht unmittelbar der Gesellschaft. Bei den Effekten der Nachhaltigkeit sieht der Prozess schon besser aus. Hier kann man am ehesten eine gemeinsame Interessenlage erkennen. Leider nur, und da komme ich erneut auf den Vergleich der Erzeugung von medialen Interessen (Veganer, Gesundheitsapostel), wenn dieser Vorteil auch entsprechend kommuniziert wird.

5. Zusammenfassung: Digitalisierung in der Landwirtschaft

Zusammenfassend lassen sich diese cyber-physischen Systeme in der Landwirtschaft wie folgt beschreiben. Es gibt seit Jahrzehnten bereits informatische, softwaretechnische Komponenten und deren Zusammenarbeit mit technischen

Schlüsseltechnologie Digitalisierung, Landwirtschaft und Gesellschaft

Komponenten im Bereich der Landwirtschaft. Bordcomputer haben schon recht früh Einzug in Schlepperkabinen gehalten. So gibt es eigentlich schon seit Anfang der 90er Jahren technische Möglichkeiten, Applikationskarten für Terminals zu schreiben, die die Jobrechner dann teilflächenspezifisch abarbeiten. Das war aber mit enormen Anstrengungen verbunden und auf wenige Pioniere beschränkt, die sich diesem Aufwand gestellt haben. Viele unterschiedliche Softwaresysteme benötigten Experten für die Bedienung, sowie eine große Anzahl von manuellen Schritten, um zu Ergebnissen zu kommen. Ganz zu schweigen von den Problemen der Dateninkompatibilitäten durch unterschiedliche proprietäre Datenformate.

Auch waren die ersten autonomen Systeme wie Lenksysteme noch stark inselgeprägt und auf das einfache Geradeausfahren beschränkt. Der entscheidende Schub und die dadurch entstehenden Chancen kommen jetzt erst durch die Vernetzung mit dem Internet und der Öffnung dieser Systeme. Wissen kann kombiniert werden, auf einer Ebene, die durch Industriestandards leichter überwindbar erscheint und somit Lösungen bezahlbarer für den Endanwender macht. War der Nutzen von precision farming früher schnell vom Aufwand aufgezehrt, gelingt es heute, durch Automatisation von Prozessen und Systemen eher wirtschaftlich zu arbeiten. Auch durch das Interesse von großen Playern, die ihr Wissen aus anderen Branchen mitbringen und für die Landwirtschaft nutzbar machen, wird ein Entwicklungs- und Innovationsschub erreicht, der mit den Umsätzen und Anwendungen aus der Branche nur viel langsamer stattfinden würde. Neben der Verbesserung der wirtschaftlichen Situation bei precision far-

Schlüsseltechnologie Digitalisierung, Landwirtschaft und Gesellschaft

ming Aktivitäten rückt über die Analyse großer Datenbestände auch eine Produktivitätssteigerung durch BigData in erreichbare Nähe.

Verteilte und vernetzte Systeme können globales, wissenschaftliches, wirtschaftliches, gesellschaftliches und regionales Wissen zusammenbringen und überall verfügbar machen. Im Moment werden die Grundlagen für diese Analysefähigkeit gerade geschaffen. Der Kampf um die Kundendaten ist bereits in vollem Gang – die anonymen großen Datenmengen wie Klimadaten, Bodendaten und Maschinendaten werden im großen Stil gesammelt. Die Welt wird vermessen durch die IoT-Geräte und in BigData Datenbankstrukturen abgelegt. Data scientists sind die wichtigen Berufe der Zukunft. Andere Branchen zeigen hier genau, wie in Zukunft Wertschöpfung erfolgreich betrieben wird – nämlich durch datengetriebene Unternehmungen. Diese Entwicklung macht vor keiner Branche halt.

> *Neben der Verbesserung der wirtschaftlichen Situation bei precision farming Aktivitäten rückt über die Analyse großer Datenbestände auch eine Produktivitätssteigerung durch BigData in erreichbare Nähe.*

Ein Problem hat die Land- und Ernährungswirtschaft aber bei dieser Entwicklung zu beachten. Die Anzahl der Nutzer ist, verglichen beispielsweise mit dem privaten Sektor oder dem Automotive Bereich, überschaubar und nimmt tendenziell ab. Also ist die Skalierbarkeit über Nutzerzahlen eher beschränkt. Der CLV („customer livetime value") ist hier dagegen positiv zu sehen. Jedes Jahr werden durch Klimaveränderungen und anderer Einflüsse immer neue Kombinationen zur Optimierung der Prozesse nötig, sodass der Bedarf an solchen Systemen nachhaltiger sein wird als beispielsweise ein Computerspiel wie Pokemon Go. Innerhalb der Branche sind noch nicht so viele disruptive Geschäftsmodelle erfolgreich geworden. Das liegt u. a. daran, dass man zum einen eine relativ komplexe Welt zur Abbildung eines landwirtschaftlichen Betriebes beherrschen muss, zum anderen die Infrastruktur nur langsam verfügbar ist (Maschinen, Kunden cloud-fähig), sowie aus anderen Branchenveränderungen vorgewarnt ist. So will sich z. B. der Agrar-Handel seine Kernkompetenz nicht streitig machen lassen von neuen Geschäftsmodellen, die über Nacht im Internet auftauchen. Das führt innerhalb der Branche zu nicht unerheblichen Investitionen, die so aktuell kurz- bzw. mittelfristig nicht durch Umsätze in diesem Bereich hereingespielt werden können.

> *Data scientists sind die wichtigen Berufe der Zukunft. Andere Branchen zeigen hier genau, wie in Zukunft Wertschöpfung erfolgreich betrieben wird – nämlich durch datengetriebene Unternehmungen.*

In USA sieht man deshalb gerade ein Abflauen der Investitionen, abzulesen an den verminderten VC-Kapitalflüssen, die für eine gewisse Blasenbildung sprechen, da sich manche Investitionspläne nicht bewahrheiten. Amerika ist hier sicherlich in der Entwicklung voraus und gibt indirekt einen Einblick in unsere Entwicklungszyklen.

Das sind normale Anpassungsschritte an einen wachsenden Markt. Mehr und mehr zeigt sich, dass vor allem nur große Unternehmen mit einem langen Atem das Zeug haben, langfristig Kapital aus dieser Entwicklung zu schlagen. Es gibt aber für Europa auch Szenarien, wo sich Wirtschafts- und Technologieverbünde erfolgreich etablieren könnten. Wichtig hierbei ist das Verständnis der Beteiligten, nicht alles allein machen zu wollen. Es ist schlicht nicht bezahlbar und fragmentiert die Märkte so sehr, dass zu wenig kritische Masse für BigData-Analyse vorhanden ist.

Die Landwirtschaft wird durch diese Technologien über die eigenen Landesgrenzen hinaus „bewirtschaftbar" und somit sieht man sich immer mehr Anbietern gegenüber, die die Welt als Marktplatz sehen und globale Angebote entwickeln. Damit vermindern sie auch das Problem von zu geringen Kundenzahlen. Gerade in Entwicklungs- bzw. Schwellenländern sind noch Millionen von Kunden, die darauf warten, digitale Services zu konsumieren. Auf diesem Weg ist der Kunde, in dem Fall der Landwirt, als wichtigstes Element in der Entwicklung, in den Fokus zu stellen. Nur Systeme, die die Probleme der Kunden lösen, werden erfolgreich sein. Dieser proof of concept steht in vielen Fällen noch aus, sollte aber alsbald gelingen.

Um am Ende erfolgreich die Umsetzung der Digitalisierung und der Branche vollzogen zu haben, bedarf es aber der Akzeptanz der Gesellschaft. Nur wenn es gelingt, die Errungenschaften dieser Technik auch als Mehrgewinn bei den Verbrauchern und der Gesellschaft zu verankern, kann von einer erfolgreichen Veränderung gesprochen werden.

b) Bestehende Systeme und Renaissance alter Themen

1. Personalisierung von Produkten und Dienstleistungen im Bereich Lebensmittel

Aktuell befindet sich der Vertrieb von Produkten der Land- und Ernährungsindustrie überwiegend in der Hand des Lebensmitteleinzelhandels sowie den Discountern. Geschichten werden von diesen erzählt und Trends von Produzenten eingefordert, aber fast ausschließlich als imagefördernder Erfolg des Händlers in den Augen der Verbraucher verbucht. Die Digitalisierung ermöglicht es jetzt leichter, an den Ketten vorbei neue Wertschöpfungsoptionen zu entwickeln und der Produktion direkt ein Gesicht zu geben, da er den Produktionsprozess mit den Kunden stärker verbindet. Standen bislang Produkte und Unternehmen im Mittelpunkt vieler erfolgreicher Geschäftsmodelle, rückt in der digitalen Welt der Nutzer personalisierter Produkte und Dienstleistungen in den Mittelpunkt

Schlüsseltechnologie Digitalisierung, Landwirtschaft und Gesellschaft

(smart services). Hier können Anbieter am Handel vorbei Bindungen zum Kunden aufbauen, um zumindest als Minimalziel einen Feedback für weitere Produktentwicklungen zu haben, ohne die Händler direkt Fragen zu müssen.

So lassen sich heute Geschichten digital leichter und ortsunabhängiger erzählen und somit einem stärker fragmentierenden Markt ermöglichen, mehrere Gesichter anzubieten.

> *In der digitalen Welt rückt der Nutzer personalisierter Produkte und Dienstleistungen in den Mittelpunkt (smart services). Hier können Anbieter am Handel vorbei Bindungen zum Kunden aufbauen, um zumindest als Minimalziel einen Feedback für weitere Produktentwicklungen zu haben, ohne die Händler direkt Fragen zu müssen. So lassen unterschiedliche Nischen entwickeln und deren Geschichte digital verbreiten.*

Wie in der Übersicht 3 dargestellt, lassen sich entlang der Qualitäts- und Preismatrix unterschiedliche Nischen entwickeln und deren Geschichte digital verbreiten. Produzenten, auch bei geringen Stückzahlen, können beim Namen genannt werden, wenn sie über besondere Eigenschaften verfügen, über die es sich lohnt zu berichten. Ein

Übersicht 3:
Im Online-Lebensmittel Handel lassen sich unterschiedliche Nischen entwickeln

veränderte Wertschöpfungsketten

es entstehen mehr Räume für Nischen, da der Online-Handel herkömmliche Grenzen verschiebt

große Player wie LEH und Internetgrößen besetzten auch hier den Mainstream „preisbewusst"

Beispiel wäre eine handwerklich gut gemachte personifizierte Produktion, die wie bei dem Start-up Gegessenwirdimmer, eine gewichtige Rolle spielt. Ein anderes Beispiel wäre das Herausstellen des innovativen Produktionsverfahren, wie bei Kukumi, welches als Alleinstellungsmerkmal eine Geschichte Wert sein kann.

> *Social-Media Kompetenz und Online-Marketinginstrumente sind entscheidende Wissensgebiete, über die digital arbeitende Unternehmen heute verfügen müssen.*

Entscheidend für einen erfolgreichen Online-Auftritt im Bereich Lebensmittel erscheint mir jedoch auch, eine Vertrauensbasis, die man als Anbieter erreichen muss, zu haben. Dieses sogenannte „Brandbuliding" funktioniert heute ebenfalls überwiegend digital. Man muss sicherlich die Basics wie Produkt- und Lieferqualität sowie den Kundenservice beherrschen, diese aber über entsprechende Kanäle auch kommunizieren. So sind Social-Media Kompetenz und Online-Marketinginstrumente entscheidende Wissensgebiete, über die digital arbeitende Unternehmen heute verfügen müssen, um die Geschichten verteilen zu können und entlang der customer-journey auch analysieren und entsprechend reagieren zu können.

Die Stimmungen in den sozialen Netzwerken wahrzunehmen und genau zu analysieren und sie in Einklang zu bringen mit den eigenen Ansprüchen an Produktqualität und Nachhaltigkeit, ist mit den neuesten Analysetools möglich und geboten. Deshalb sollten die Produzenten und Händler von Lebensmittelproduk-

Übersicht 4:
Neue Märkte und Nischen im Lebensmittelhandel durch Digitalisierung

ten nicht vergessen, dass sie mit der Analyse und dem Feedback des Kundenkaufverhaltens einen neuen digitalen Schatz in Händen halten, den es gilt, intelligent zu nutzen und zwar so, wie es die modernen Player der Internetwelt bereits vorgemacht haben. Als erfolgreiche Bemühungen beim Wechsel der klassischer Vertriebsstrukturen, sind in diesem Zusammenhang die Multichannel-Anstrengungen einiger Anbieter im Markt zu werten.

2. IT-basierte Dienstleistungen: beschleunigen und vereinfachen komplexe Vorgänge auf landwirtschaftlichen Betrieben

Auch in bereits etablierten Wertschöpfungsketten kann durch die Digitalisierung ein Mehrwert entstehen. IT-basierte Dienstleistungen beschleunigen und vereinfachen komplexe Vorgänge auf landwirtschaftlichen Betrieben. Beispielhaft sei hier der Grunddüngungsprozess genannt.

Dienstleister für folgende Leistungen wurden hier digital zusammengebracht:
- Managementzonenkarten
- Beprobung
- Labordienstleistung
- Beratung
- Lohnunternehmer für Ausbringung

Acht Prozessschritte mit fünf unterschiedlichen Servicepartnern arbeiten hier an einer gemeinsamen Plattform an einer Problemlösung für den Betrieb. Ein Dashboard gibt Auskunft über den Status der Zusammenarbeit und die jeweiligen Ergebnisse. So können Mitarbeiter der jeweiligen Partner verteilt an einem gemeinsamen Projekt arbeiten und ein gemeinsames Produkt anbieten. Es können durch diesen Digitalisierungsklebstoff neue Geschäftsmodelle entwickelt und in den Markt gebracht werden, die normalerweise so nicht realisierbar gewesen wären (siehe hierzu Übersicht 4).

3. Neue Plattformen

Neben einer Personifizierung von Produkten und Dienstleistungen entsteht durch die Digitalisierung auch eine Veränderung bisheriger Wertschöpfungsketten. Waren die Beispiele bisher eher geeignet, mehrere und fragmentierte Nischen neben dem Mainstream Lebensmitteleinzelhandel zu etablieren, so können veränderte Wertschöpfungsketten durchaus disruptiv aus bestehenden Systemen wirken und vehemente Veränderungen im Markt herbeiführen.

> *Durch die Digitalisierung entsteht auch eine Veränderung bisheriger Wertschöpfungsketten, so im Bereich Lebensmittelhandel und -vermarktung.*

Diese schmerzlichen Erfahrungen haben in anderen Branchen schon große Unternehmen zu Fall gebracht, wie das Beispiel

Übersicht 5:
IT-basierte Dienstleistungen im Gründüngungsprozess

von Kodak in der Fotobranche anschaulich macht. In der Land- und Ernährungsbranche ist man zum einem vorgewarnt aus den anderen Branchen, zum anderen sind die Kräfteverhältnisse schon sehr stark ausgeprägt und über die Jahrzehnte erprobt sehr wettbewerbsfähig und wandlungsfähig entwickelt, wie man es exemplarisch am LEH festmachen kann. Sie verfügen neben der Marktmacht auch über ausreichende finanzielle Ausstattungen und wollen der drohenden Veränderung keinesfalls kampflos das Feld überlassen. So sind die Bemühun-

Schlüsseltechnologie Digitalisierung, Landwirtschaft und Gesellschaft

Seit 2007 sind sie in US-Großstädten unterwegs: Lieferfahrzeuge von Amazon fresh. Im Herbst 2017 soll der Start von Amazon fresh in Deutschland erfolgen.

gen des LEH´s auch bei Fragen der Digitalisierung ihres Geschäftsmodells sehr groß, trotz verlustreicher Anfangsinvestitionen – man will sich „die Butter einfach nicht mehr vom Brot nehmen lassen". Aber vor einem haben sie wirklich Respekt, und das ist der Eintritt des Internetgiganten Amazon in ihren Sektor, der gerade mit Amazon Fresh auch in Deutschland startet. Diesem Unternehmen traut man zu, den angestammten Platzhirschen ihren Platz streitig machen zu können. Nicht mit billigeren Produkten oder Services, nein einfach mit dem Wissen über die Kunden, die ein Internethändler besser und effizienter auswerten und nutzen und somit seinen Kunden bessere personifizierte Angebote machen kann.

> **Neben den großen Internetplayern können bestehende Wertschöpfungsketten auch durch kleinere Initiativen verändert werden. Beispiele entstehen gerade im Netz.**

Ein Lebensmitteleinzelhändler kennt in der Regel seine Kunden nicht mit Namen. Ein Versuch über Paybackkarten an seine Vorlieben zu kommen, wird seit geraumer Zeit unternommen. Ein Internethändler hat die Adresse und in der Regel auch seine Kreditkartendaten und kann über seine Expertisen viel besser und direkter seine Kunden erreichen und ansprechen. Amazon hat also durchaus das Zeug dazu, hier bestehende Verhaltensmuster der Wertschöpfung zu verändern.

Aber neben den großen Internetplayern können bestehende Wertschöpfungsketten auch durch kleinere Initiativen verändert werden. Beispiele entstehen gerade im Netz. So gibt es in Frankreich und England schon seit Längerem

Schlüsseltechnologie Digitalisierung, Landwirtschaft und Gesellschaft

Homepage von Food Assembly

einen Wochenmarkt im Internet, der Produzenten bündelt und überregional gegen sogenannte Vermittlungsgebühren die Preishoheit beim Produzenten lässt. Das heißt die Produzenten geben den Preis vor und die anteiligen Lieferkosten werden abgezogen, genauso wie die Bündelungskosten sowie die Plattformgebühr. Hier ist nicht der Händler derjenige, der mit den Kunden verhandelt, sondern der Produzent selbst, der seine Waren direkt anbietet und die Preise bestimmt. Eine ähnliche Plattform wurde gerade Ende 2016 unter dem Namen Foodassembly, einer Rocket internet Tochter, ins Leben gerufen.

Noch weitergehend ist eine Entwicklung, die gerade die globale Urbanisierung als Chance sieht, nämlich sogar auf den Produzenten und den klassischen Händler zu verzichten. Diese Plattform produziert mit Containern Obst und Gemüse direkt in der Stadt, direkt beim Verbraucher. Und das mit geringerem Input, da unter kontrollierten Bedingungen und hat somit weniger Auswirkungen auf die Umwelt und erschient damit nachhaltiger und umweltfreundlicher als herkömmliche Systeme. Also durch innovative Produktionsverfahren werden durch Digitalisierung herkömmliche Player umgangen und neue Wege entwickelt. Agricool lautet die Plattform, die soeben diese neuen Wertschöpfungswege beschreitet und in Megacities dieser Welt durchaus Potenzial verspricht.

4. Zusammenfassung

Neben den neuesten Entwicklungen im Bereich der cyber-physikalischen Systeme, werden auch in den uns bekannten IT-Systemen Neuerungen mit der aktuellen Digitalisierung verbunden. Die Digitalisierung betrifft nahezu allen Branchen und auch immer mehr Bereiche des privaten sowie öffentlichen Lebens. Erst durch die Revolution in der Smartphoneentwicklung und deren globale Verbreitung sowie der Infrastruktur über Mobilfunknetze und Breitband kön-

Schlüsseltechnologie Digitalisierung, Landwirtschaft und Gesellschaft

nen wir diese Evolutionsschritte machen. Durch das Internet verbundene Rechnercluster bringen uns Rechenpower und Verarbeitungskapazitäten, die vor kurzem noch nicht bezahlbar gewesen wären. Diese Infrastruktur ermöglicht es auf einmal, disruptive Geschäftsideen zu entwickeln und global anzubieten. Das geht nur, weil man nicht mehr verantwortlich ist, alles mitzubringen, um Produkte weltweit zu entwickeln und zu vertreiben. Es genügt eine Idee, die man umsetzt, am besten mit fremden SDK´s (Software Development Kit), die einen Teil von Wissen schon gekapselt zur Verfügung stellen und dann über einen App-Store zum Download anbietet, um erfolgreich zu sein. Ich kaufe mir diese Dienste ein und muss mir keinen Kopf mehr über die Technologie und die Bearbeitung dieser Themen machen. 500 Millionen Downloads vom Spiel Pokemon Go wären mit eigener Infrastruktur so nie darstellbar gewesen. Beispiele wie Kodak oder Tesla zeigen aber auch, dass sich radikale Veränderungen am Markt so leicht nicht mehr wiederholen lassen – man ist vorgewarnt und beschäftigt sich mit den Themen. Das gilt natürlich hauptsächlich für die großen und global agierenden Unternehmen.

> *Die mittelständischen Unternehmen in der Land- und Ernährungsbranche sind gut beraten, die Zeit zu nutzen und sich über ihre eigenen Digitalisierungsstrategien Gedanken zu machen. Da ihnen oft die personelle wie finanzielle Kraft fehlt, sind Kooperationen das Gebot der Stunde..*

Gefährlich ist diese Entwicklung eher für die mittelständischen Unternehmen, die speziell in der Land- und Ernährungsbranche noch in einer Überzahl zu finden sind. Da die Digitalisierung der Landwirtschaft ein längerer Prozess ist, sind die Mittelständer gut beraten, die Zeit zu nutzen und sich über ihre eigenen Digitalisierungsstrategien Gedanken zu machen. Da ihnen oft die personelle wie finanzielle Kraft fehlt, sind Kooperationen das Gebot der Stunde. Sich mit agilen Entwicklungen und sogenannten „DevOps" zu beschäftigen scheint angebracht, denn auf dem Weg zum datengetriebenen Unternehmen müssen auch Unternehmenskulturen und Zusammenarbeiten mit firmenfremden Strukturen gelernt werden. Kurzfristig lassen sich durch diese Kooperationen vernetzte Dienstleistungen entwickeln, die es ermöglichen am Markt zu bleiben, damit den Kunden besser einzubinden, die Produkte zu verbessern und entsprechende personifizierte Angebote zu entwickeln.

Die Digitalisierung verbessert die Möglichkeiten, direkt an den Verbraucher heranzutreten. Was aktuell nur in Nischen in der Direktvermarktung um kaufkräftige Ballungszentren gelingt, kann mit Hilfe von digitalen Geschichten auch über diese hinaus gelingen. Nötig hierzu ist aber, sich in eine veränderte Kommunikationswelt zu begeben und die Instrumente des Social Media sowie der e-commerce analytics zu beherrschen. Man benötigt USP´s (Alleinstellungsmerkmale), um in der digitalen Welt wahrgenommen zu werden und muss diese viral verbreiten. Das ist weder einfach noch günstig, bietet aber die Chance, Kunden direkt anzusprechen und mit Produkten und Dienstleistungen an sich zu binden. Ebenso ist eine Imageverbesserung für sich oder die Gesamtbranche über diese Kanäle beeinflussbar und zwar zielgerichteter als über die klassischen Kanäle. Die Branchenfremden (NGO´s), die gerade versuchen, die Richtung der Branche zu beeinflussen, nutzen sehr wohl dieselben Kanäle und beeinflussen die Meinung eines Großteil der Bevölkerung. Somit bedarf es eines exzellenten Wissens über die Möglichkeiten, Kommunikation über das Internet zu betreiben und die Ergebnisse zu „lesen", um nicht unvorbereitet von einem „candy storm" in einem „shit storm" zu versinken.

> *Die Digitalisierung verbessert die Möglichkeiten, direkt an den Verbraucher heranzutreten. Was aktuell nur in Nischen in der Direktvermarktung um kaufkräftige Ballungszentren gelingt, kann mit Hilfe von digitalen Geschichten auch über diese hinaus gelingen. Nötig hierzu ist aber, sich in eine veränderte Kommunikationswelt zu begeben und die Instrumente des Social Media sowie der E-commerce Analytics zu beherrschen.*

Wenn man die Techniken der Social Media Kommunikation, Oline-Marketing, Brand-Building und Smart Services usw. beherrscht, kann man auch versuchen, neue Wertschöpfungswege zu gehen. Die Digitalisierung gibt die Freiheit, bestehende Grenzen wie Länder oder Systemgrenzen, leichter zu umgehen wie früher, aber der Aufwand steckt in dem Wissen um diese Technologien und der Umsetzung im Unternehmen. Man braucht das Know how im Unternehmen, um vom Kunden her zu denken und, dessen Probleme vor Augen habend, smarte Lösungen für diesen und den Rest der Branche zu entwickeln und anzubieten.

Fazit

Die cyber-physikalischen Systeme stellen die Grundlage für eine Wissensallokation sowie die einfache und effiziente Nutzungsmöglichkeit dar. Diese ist zum größten Teil die Voraussetzung für eine Entwicklung von neuen Geschäftsmodellen. Um diese erfolgreich zu vermarkten, werden wiederum digitale Instrumente benötigt und um eine Geschichte, über die vermeintlichen Alleinstellungsmerkmale und über die entsprechenden Kanäle, viral zu entwickeln. Die Chancen sind somit neu am Markt entstanden und lassen neue Entwicklungen erwarten.

Der Erfolg hängt aber im hohem Masse von der Akzeptanz der Gesellschaft über die aktuelle Art und Weise der Produktion ab. Viele kritische Stimmen versuchen die konventionelle Landwirtschaft als Auslaufmodell zu brandmarken. Die Digitalisierung hat hier eine nicht unerhebliche Chance, der Gesellschaft Angebote zu machen, über Transparenz der Produktionsprozesse und die Ver-

Schlüsseltechnologie Digitalisierung, Landwirtschaft und Gesellschaft

knüpfung mit Nachhaltigkeitskriterien, das Vertrauen für die Branche zurückzugewinnen und den Verbraucherwünschen individueller zu folgen. Es laßen sich vielleicht durch Personifizierung der Produktion und durch die Personalisierung von Dienstleistungen Verbraucher wieder näher an die Landwirtschaft heranführen, anders als es die Anonymität der arbeitsteiligen Wirtschaft über die letzten Jahrzehnte erreicht hat.

Es ist allen Beteiligten der Wertschöpfung innerhalb der Land- und Ernährungsbranche anzuraten sich mit diesen Themen auseinanderzusetzen. Die Entwicklung ist unumkehrbar, und wenn wir im Land diese Angebote nicht machen, werden es andere tun, und ein Teil der volkswirtschaftlichen Wertschöpfung wird außerhalb unseres Steuerkreises erwirtschaftet.

Sehr anschaulich zu sehen ist dies an der Nutzung unserer privaten Daten durch google, Apple & Co. Innerhalb der Automobilbranche findet dieser Verteilkampf gerade statt und es bleibt zu hoffen, dass die Stütze der deutschen Wirtschaft hierbei nicht ins globale Hintertreffen gerät.

In der Land- und Ernährungsbranche haben wir global gesehen einen ähnlichen Stellenwert. Gerade was die Entwicklung von neuen Technologien betrifft, traut man Deutschland eine Menge zu. Wissen in der Landwirtschaft ist ein über Jahrhunderte entwickelter Schatz, der über die Institutionen wie die DLG immer wieder befeuert wird und mit Hilfe der Digitalisierung enormes Potenzial beinhaltet. Wir dürfen uns dieses Potenzial nicht so einfach aus den Händen nehmen lassen und müssen versuchen, es auch zur Imageverbesserung der Branche zu nutzen.

Die Verbraucher sind zunehmend kritisch, die Politik verunsichert und die NGO's versuchen mit Emotionen die Gesellschaft für sich zu gewinnen. Wir müssen Alternativen den Verbrauchern und der Gesellschaft anbieten. Dies kann mit Hilfe der Digitalisierung leichter und kostengünstiger von statten gehen, aber nur, wenn wir vernetzt und gemeinsam agieren.

Literatur

ATKearney (2014): Lebensmittel: Regional ist keine Eintagsfliege. Düsseldorf: A.T. Kearney GmbH

Lönneker, Jens (2016): Der neue Wankelmut in der öffentlichen Meinung. Neue Methoden der Einflussnahme auf öffentliche Meinungsbildung – Auswirkungen und Herausforderungen auf die Zukunft der Landwirtschaft. In: DLG (Hrsg.): Moderne Landwirtschaft zwischen Anspruch und Wirklichkeit. Eine kritische Analyse. (Archiv der DLG, Band 110). Frankfurt am Main: DLG-Verlag, S. 97-114

Neumann, Hinrich (2015): Markt für Präzisionslandwirtschaft wächst stark. In: eilbote-online.com. 12.08.2015

Rheingold Salon (2015): Öffentliche Meinung in der Krise. Eine tiefenpsychologische Studie des rheingold salons im Auftrag der Heinz Lohmann Stiftung. Rechterfeld: Heinz Lohmann Stiftung GmbH

Roland Berger Strategy Consultants (2015): Business opportunities in Precision Famring: Will big data feed the world in future? Munich: Roland B erger Strategy Consultants GmbH Automotive Competence Center.

Ulrich Wagner

ist Kaufmännischer Geschäftsführer der WIMEX Agrarprodukte – Import und Export GmbH mit Sitz in Regenstauf (Oberpfalz). Nach Abitur und Bundeswehr studierte er in Regensburg Betriebswirtschaft. Nach dem Studium trat er in das Unternehmen seines Vaters Gerhard Wagner ein und baut in Sachsen-Anhalt einen landwirtschaftlichen Großbetrieb auf. Heute befindet sich in Baasdorf (Sachsen-Anhalt) auch der Sitz des Unternehmens. 1996 wurde er Geschäftsführer von Gut Mennewitz und danach weiterer Tochtergesellschaften der WIMEX. Im Jahre 2001 übernahm er die kaufmännische Geschäftsführung der WIMEX. Der kaufmännische Bereich sowie die Fragen der Unternehmensführung gehören zu seinen Aufgabengebieten.

Schon früh hat sich der heute 50-jährige Ulrich Wagner auch als ausgesprochener technischer Pionier erwiesen, denn die Aspekte von Future Farming haben ihn fasziniert. Seit über 20 Jahren beschäftigt er sich mit großem unternehmerischen Elan, mit Kreativität und auch mit Hartnäckigkeit auch mit der Technik und der Anwendung von Precision Farming. Gerade auch in dem landwirtschaftlichen Großbetrieb in Baasdorf wollte er Technik einsetzen, die ihm den Überblick über die verschiedenen Schläge erleichtert. So war er 1997 Geschäftsführer der AGRO-SAT Consulting GmbH geworden. Er gehört mit zu den Pionieren bei der Weiterentwicklung von Precision Farming, unter anderem arbeitet er in dem Forschungsprojekt Preagro, das vom Bundesforschungsministerium mit gefördert worden ist, sowie an diversen anderen Projekten mit. 2008 gründete er die iXmap GmbH in Regenstauf, deren Schwerpunkt die Softwareentwicklung zur Erfassung und Analyse von Umwelt, Positions- und Prozessdaten ist. 2011 erfolgte die Fusion mit der Geo-Konzept GmbH in Adelsschlag (Kreis Eichstätt), zu deren Leistungsspektrum die Entwicklung und Dienstleistungen von Satellitennavigationssystemen und GIS-Technologien für die Land- und Forstwirtschaft gehören.

Sehr früh engagierte sich Ulrich Wagner auch in der DLG. So ist er Mitglied im Arbeitskreis Banken und Versicherungen und im Ausschuss für Betriebsführung, dessen Vorsitzender er seit 2016 ist.

Literatur

ATKearney (2014): Lebensmittel: Regional ist keine Eintagsfliege. Düsseldorf: A.T. Kearney GmbH

Lönneker, Jens (2016): Der neue Wankelmut in der öffentlichen Meinung. Neue Methoden der Einflussnahme auf öffentliche Meinungsbildung – Auswirkungen und Herausforderungen auf die Zukunft der Landwirtschaft. In: DLG (Hrsg.): Moderne Landwirtschaft zwischen Anspruch und Wirklichkeit. Eine kritische Analyse. (Archiv der DLG, Band 110). Frankfurt am Main: DLG-Verlag, S. 97-114

Neumann, Hinrich (2015): Markt für Präzisionslandwirtschaft wächst stark. In: eilbote-online.com. 12.08.2015

Rheingold Salon (2015): Öffentliche Meinung in der Krise. Eine tiefenpsychologische Studie des rheingold salons im Auftrag der Heinz Lohmann Stiftung. Rechterfeld: Heinz Lohmann Stiftung GmbH

Roland Berger Strategy Consultants (2015): Business opportunities in Precision Famring: Will big data feed the world in future? Munich: Roland B erger Strategy Consultants GmbH Automotive Competence Center.

Ulrich Wagner

ist Kaufmännischer Geschäftsführer der WIMEX Agrarprodukte – Import und Export GmbH mit Sitz in Regenstauf (Oberpfalz). Nach Abitur und Bundeswehr studierte er in Regensburg Betriebswirtschaft. Nach dem Studium trat er in das Unternehmen seines Vaters Gerhard Wagner ein und baut in Sachsen-Anhalt einen landwirtschaftlichen Großbetrieb auf. Heute befindet sich in Baasdorf (Sachsen-Anhalt) auch der Sitz des Unternehmens. 1996 wurde er Geschäftsführer von Gut Mennewitz und danach weiterer Tochtergesellschaften der WIMEX. Im Jahre 2001 übernahm er die kaufmännische Geschäftsführung der WIMEX. Der kaufmännische Bereich sowie die Fragen der Unternehmensführung gehören zu seinen Aufgabengebieten.

Schon früh hat sich der heute 50-jährige Ulrich Wagner auch als ausgesprochener technischer Pionier erwiesen, denn die Aspekte von Future Farming haben ihn fasziniert. Seit über 20 Jahren beschäftigt er sich mit großem unternehmerischen Elan, mit Kreativität und auch mit Hartnäckigkeit auch mit der Technik und der Anwendung von Precision Farming. Gerade auch in dem landwirtschaftlichen Großbetrieb in Baasdorf wollte er Technik einsetzen, die ihm den Überblick über die verschiedenen Schläge erleichtert. So war er 1997 Geschäftsführer der AGRO-SAT Consulting GmbH geworden. Er gehört mit zu den Pionieren bei der Weiterentwicklung von Precision Farming, unter anderem arbeitet er in dem Forschungsprojekt Preagro, das vom Bundesforschungsministerium mit gefördert worden ist, sowie an diversen anderen Projekten mit. 2008 gründete er die iXmap GmbH in Regenstauf, deren Schwerpunkt die Softwareentwicklung zur Erfassung und Analyse von Umwelt, Positions- und Prozessdaten ist. 2011 erfolgte die Fusion mit der Geo-Konzept GmbH in Adelsschlag (Kreis Eichstätt), zur deren Leistungsspektrum die Entwicklung und Dienstleistungen von Satellitennavigationssystemen und GIS-Technologien für die Land- und Forstwirtschaft gehören.

Sehr früh engagierte sich Ulrich Wagner auch in der DLG. So ist er Mitglied im Arbeitskreis Banken und Versicherungen und im Ausschuss für Betriebsführung, dessen Vorsitzender er seit 2016 ist.

Bildnachweis

Seite 9:	TIMDAVIDCOLLECTION/ fotolia; Portrait: DLG
Seite 15:	DLG
Seite 35:	www.frankfurter-beete.de
Seite 38:	alabiso/agrar-press
Seite 40:	Krick/agrar-press
Seite 42:	peshkova / fotolia
Seite 46:	Autor
Seite 47:	Krick/agrar-press
Seite 49:	Matthias Wolfschmidt
Seite 51:	ziechaus/agrar-press
Seite 52:	Pixelbliss/fotolia
Seite 53:	Rido/fotolia
Seite 56:	DLG
Seite 57:	Krick/agrar-press
Seite 58:	miglbauer/agrar-press
Seite 60:	Krick/agrar-press
Seite 63:	Big Dutchman
Seite 64:	DLG
Seite 67:	Hochformat: africanway/fotolia; Kinder: jf Levèvre/fotolia; Frühstück: lunamarina/fotolia
Seite 69:	DLG
Seite 71:	ap/agrar-press
Seite 75:	uni-goettingen.de
Seite 77:	Hafen Hamburg/Lindner
Seite 90:	Autor
Seite 91:	Kartoffelroder: miglbauer/ agrar-press; Milch: iprachenko/ fotolia; Spritzengestänge: Krick/agrar-press; Pflanzenzucht: KWS; Mehl: BillionPhotos.com/fotolia
Seite 93:	LeonidEremeychuk/fotolia
Seite 96:	Budimir Jevtic/fotolia
Seite 99:	beide Motive: BMZ
Seite 107:	alabiso/agrar-press
Seite 115:	DLG
Seite 116:	Krick/agrar-press
Seite 118:	DLG
Seite 119:	Krick/agrar-press
Seite 128:	beide Motive: Deutsche Bundesstiftung Umwelt (DBU)
Seite 129:	DBU
Seite 130:	DBU
Seite 134:	DBU
Seite 137:	Countrypixel/fotolia
Seite 142:	bluedesign/fotolia
Seite 144:	Aleksandar Mijatovic/fotolia
Seite 145:	Interessengemeinschaft der Schweinehalter Deutschlands e.V. (ISN)
Seite 146:	DLG
Seite 147:	Ferkel: Krick/agrar-press; Hähnchen: miglbauer/agrar-press; Kühe: Krick/agrar-press
Seite 151:	beide Motive: Krick/agrar-press
Seite 157:	Krick/agrar-press
Seite 160:	DLG
Seite 164:	Autor
Seite 165:	Felix Holland
Seite 166:	Google Map
Seite 167:	Felix Holland
Seite 169:	DLZ/Martina Hungerkamp
Seite 170:	Felix Holland
Seite 173:	stockWERK/fotolia
Seite 190:	Ebschke od. Peters
Seite 194:	Peters od. Ebschke
Seite 200:	DLG
Seite 201:	Gajus/fotolia
Seite 203:	weerapat1003/fotolia
Seite 206:	wzw.tum.de
Seite 207:	Frank Gottwald/WWF
Seite 209:	Luciano De Faveri/fotolia
Seite 213:	Perytskyy/fotolia
Seite 216:	beide Motive: WWF/Frank Gottwald
Seite 217:	WWF/Frank Gottwald
Seite 220:	WWF/Laurin Schmid
Seite 223:	Felix Holland
Seite 224:	Felix Holland
Seite 227:	Felix Holland
Seite 229:	Felix Holland
Seite 233:	ekkasit919/fotolia
Seite 241:	Montri/fotolia
Seite 248:	www.thehonestbison.com
Seite 253:	Autor